BESTSELLER

Shane Watson es columnista en la revista *Sunday Times Style* y colabora además en las revistas *Easy Living* y *Grazia*. Es también autora de otros dos libros: *The One to Watch* y *Other People's Marriages*.

SHANE WATSON

Viva los cuarenta

Traducción de
Silvia Pons Pradilla

DEBOLS!LLO

Título original: *How To Meet a Man After Forty (or Thirty) and Other Midlife Dilemmas Solved*

Primera edición: noviembre, 2010

© 2009, Shane Watson
© 2010, Random House Mondadori, S. A.
   Travessera de Gràcia, 47-49. 08021 Barcelona
© 2011, Silvia Pons Pradilla, por la traducción

Quedan prohibidos, dentro de los límites establecidos en la ley y bajo los apercibimientos legalmente previstos, la reproducción total o parcial de esta obra por cualquier medio o procedimiento, ya sea electrónico o mecánico, el tratamiento informático, el alquiler o cualquier otra forma de cesión de la obra sin la autorización previa y por escrito de los titulares del *copyright*. Diríjase a CEDRO (Centro Español de Derechos Reprográficos, http://www.cedro.org) si necesita fotocopiar o escanear algún fragmento de esta obra.

Printed in Spain – Impreso en España

ISBN: 978-84-9908-384-1
Depósito legal: B-38611-2010

Compuesto en Anglofort, S. A.

Impreso en Litografia Rosés, S.A.
Progrés, 54-60. Gavà (Barcelona)

P 883841

Para Tris

ÍNDICE

Introducción 11

¿Estoy bien para mi edad? 15
¿Qué hago con mis amigos? 65
¿Estoy convirtiéndome en mi madre? 105
¿Son cosas mías, o la gente no deja de alardear? 133
¿Deberían haberme escrito para darme las gracias? ... 159
¿Puedo ser soltera y feliz? 189
Cómo conocer a un hombre (adecuado) después
   de los cuarenta 245
Ya eres madrastra 301

Epílogo 331
Agradecimientos 333

INTRODUCCIÓN

No hace mucho, durante una visita al centro de belleza de mi barrio, me sentí asaltada.

—¡Oh, eres tú! —chillaron las recepcionistas, cuando di mi nombre—. Cuéntanos, ¿cómo lo has hecho? ¡Eres nuestra heroína!

Las mujeres que había sentadas en la sala de espera apartaron la mirada de las revistas de moda, arquearon unas cejas a punto de ser depiladas y estiraron el cuello hacia delante, dispuestas a no perderse detalle. Jóvenes envueltas en albornoces blancos y calzadas con chanclas, con algodones entre los dedos de los pies, hicieron una pausa de camino a su siguiente tratamiento. Las terapeutas (¿o son técnicos esteticistas?, nunca lo sé) asomaron la cabeza por las puertas de salas perfumadas e iluminadas con luz tenue en las que habían entrado las clientas. Entonces, volví la cabeza hacia mi público y comencé a relatar la historia desde el principio. (Habría sido normal que enmudeciera ante tan arrebatada muestra de atención, pero la semana anterior, en una fiesta, me había sucedido algo parecido y empezaba a acostumbrarme a mi nuevo papel.)

En caso de que no estés al tanto de la razón de mi categoría de icono entre ciertas integrantes de la población femenina, ahí va: me casé por primera vez bien entrados los cuarenta. Como te puedes imaginar, es muy diferente a, pongamos, pasar por el altar a los cuarenta después de haber vivido en pareja desde la época de la universidad, o a casarse por segunda vez (y ni una cosa ni otra sirve de consuelo a las solteras sin remedio). En otras palabras, soy la excepción que desafía todas las estadísticas, un rayo de esperanza para la mujer soltera que no se plantea seguir soltera para siempre.

Más aún, he pasado una parte importante de mi larga carrera como periodista escribiendo sobre el hecho de no tener pareja. Y no me refiero al período aislado de soledad entre un novio y el siguiente, sino a prolongadas etapas a lo largo de la treintena y recién estrenados los cuarenta. Y no es solo que me haya casado cuando ya nadie lo esperaba, sino que durante unos quince años fui la portavoz de las mujeres solteras y realizadas. La defensora del «no al compromiso». La que escribió un artículo titulado «Por qué me alegro de no estar casada» y muchos otros, tantos que he perdido la cuenta, sobre el normal e incluso deseable hecho de vivir sola. Tenía un apartamento en el que predominaba el blanco, con las cajas de zapatos identificados con su correspondiente Polaroid, un trabajo glamouroso en diferentes periódicos y revistas de moda, y una vida «plena y rebosante de actividad» que incluía clases de yoga, días de descanso en balnearios y multitud de vacaciones de viajes de descubrimiento. Mujeres a las que apenas conocía me llamaban cuando sus relaciones se rompían para pedirme consejos sobre ser soltera... en serio. Era una soltera profesional y así de satisfecha vivía yo sin un hombre cuando lo conocí a Él. Así pues, es normal que la gente (principalmente mujeres sin compromiso) tengan curiosidad por saber cómo ocurrió.

Y no solo cómo ocurrió, sino cómo pudo ocurrirme a mí. No soy una rica heredera ni una belleza. No me he arreglado los dientes ni me he retocado ninguna parte del cuerpo (salvo por el pelo, tan teñido que comienza a parecer el de Donald

Trump). Soy una cocinera mediocre, bastante desastre y con un humor terrible por las mañanas. (Podría seguir, pero tal vez no sea este el lugar apropiado.) Y todas sabemos que aunque es posible que una mujer de cuarenta y tantos encuentre a un hombre, hoy en día tiene que competir con modelos rusas y divorciadas muy en forma y muy apetecibles (que aparentan treinta años, aunque en sus pasaportes conste que tienen cuarenta y cuatro), y jovencitas, y mujeres remodeladas de pies a cabeza por genios de la cirugía plástica. En otras palabras, si alguien como yo lo ha logrado, cualquiera puede hacerlo.

Y todo esto explica por qué razón me vi compartiendo con un grupo de desconocidas envueltas en albornoces blancos los factores clave que me llevaron a Él.

Fue entonces cuando me di cuenta de que el problema de cómo encontrar a un hombre es tan solo uno de los muchos nuevos dilemas que afrontan las mujeres de treinta y cuarenta. Sí, las mujeres han tenido esas edades antes, pero no de este modo: no en un ambiente en el que envejecer es un tabú y se espera de nosotras que tengamos un cuerpo para lucir biquini hasta los sesenta, un estilo fabuloso, carreras de éxito, una vida sexual apasionada y relaciones emocionales satisfactorias con todo el mundo. Aquellas mujeres del centro de belleza querían escuchar mi historia no porque estuvieran buscando a un hombre, sino porque eran conscientes de que esta etapa de nuestras vidas ha cambiado muchísimo y de que todas (estemos comprometidas o no) tratamos de comprender lo que conlleva ser una mujer adulta en el siglo XXI, cuando ya nadie sabe cuáles son las reglas.

Todo el mundo busca indicaciones y respuestas a las grandes preguntas —¿Cómo se supone que debemos ser? ¿Qué queremos realmente?— así como a las cuestiones no tan importantes pero igual de espinosas al estilo de: ¿Qué aspecto debería tener a los cuarenta y tantos? ¿Los hombres esperan encontrarse ingles brasileñas? ¿Es posible hacer una criba entre tus amigos sin causar demasiados estragos? ¿La gente es cada vez más grosera, o son cosas mías? Se lo preguntaríamos a nuestras madres, pero no pueden ayudarnos porque cuando tenían esta edad a nadie se le habría ocurrido depilarse todo el cuerpo, ni compartir vestuario con amigas, ni vivir solas en pisos decorados con mariposas de purpurina y bombillas de colores. Habitamos un territorio desconocido, en una época de inestabilidad, y solo nos tenemos a nosotras mismas.

Así pues, se me ocurrió que si alguien tenía que tratar las muchas crisis que atraviesan las mujeres de mediana edad de hoy en día, quién mejor para hacerlo que alguien que tiene experiencia de primera mano en buena parte de ellas —y tiempo de sobra para reflexionar sobre lo que necesitamos para ser felices—; de modo que ahí va...

¿ESTOY BIEN PARA MI EDAD?

Esta pregunta apunta de lleno al meollo de la crisis de identidad de las mujeres de mediana edad de hoy en día, porque la respuesta debería ser... pues que depende del lugar en que te encuentres (y de quien tengas al lado). Si estás en una clase de gimnasia para señoras en Skegness, es una cosa. Si estás esperando a las puertas de un exclusivo colegio privado en Chelsea, es otra muy distinta. En el pasado solía haber un patrón universal de Bien Para Tu Edad, en los tiempos en que Bien Para Tu Edad significaba que te conservabas bien en relación con el número de años que llevabas dando vueltas por el planeta. Eso sí, tu puntuación en la escala de BPTE depende del microplaneta que habites y de lo que las mujeres de tu mundo entiendan por «mantenimiento antiedad adecuado». ¿Consiste en hacer ejercicio con regularidad y comer mucha fruta y verdura, o más bien en inyectarte un poco de Botox con regularidad y someterte a una liposucción de vez en cuando? Tal vez seas afortunada y estés BPTE de manera natural, pero si te colocan al lado de tus elegantes amigas, todas ellas asesoradas por sus dermatólogos y entrenadores personales, la historia podría ser muy distinta.

Así pues, echa un vistazo alrededor. (Si estás en un autobús, no cuenta: tienes que estar en tu medio natural, entre iguales;

es decir, aquellos que dictaminan si estás BPTE o si no cabe duda de que Aparentas la Edad que Tienes.)

Las de Plástico contra las Naturales

Te contaré por dónde pretendo comenzar. Estoy sentada en la cafetería Tom's, en Notting Hill Gate, donde antes vivía y donde aún trabajo. Notting Hill, tal como aparece en la película de Richard Curtis, era una suerte de pueblo deslumbrante habitado por personajes estrafalarios. Hoy en día se parece más a una sala de primera clase del aeropuerto de Ginebra: el lugar de descanso temporal de la élite financiera internacional y de sus esposas, por las que pagaron un precio altísimo. Aquí, BPTE empieza y termina a los treinta y seis años. Antes de los treinta y seis, esa es la edad que tienes. Después de los treinta y seis, esa es la edad en la que te plantas. En este entorno, si aparentas cuarenta y seis años en el sentido convencional —unas cuantas raíces canosas, un poco de barriga, finas arrugas alrededor de los ojos, una o dos manchas de la edad—, significa que estás de paso por el barrio para hacer algún recado o que trabajas para una de treinta y seis. Esta no es tan solo una zona que requiere altos niveles de mantenimiento, sino que te hará parecer una vagabunda si no te ajustas a sus normas.

Todas las noches tomo el autobús en dirección sur hasta Battersea, que ocupa una zona de BPTE totalmente distinta. En la cafetería de mi barrio en Battersea Park Road, BPTE consiste en conservar la dentadura y lucir dos cejas en lugar de una. Puedes levantarte de la cama y arrastrarte hasta allí en pijama, y aun así el cocinero te echará una mirada de arriba abajo tan solo por no tener bigote ni el pelo manchado de nicotina.

Pero volvamos a la cafetería Tom's y a la mesa de mujeres sentadas a mi izquierda. Esta es la conversación que no puedo evitar oír:

—Necesitas un director de proyecto. Tienes que tener un director de proyecto.

—Ya lo sé. Malditos arquitectos. Por cierto, te vimos a ti y a tu guapísimo entrenador en el parque.

—¿A que está tremendo? Y me ha preparado una dieta desintoxicante increíble.

—Tienes buen aspecto.

—Bueno, me di cuenta de que con los dos ejercicios que seguía no bastaba después de tener al bebé.

—Te entiendo perfectamente. Puede que le pida a Xavier que venga a casa dos veces a la semana.

—También puedes ir al club y probar con la Power Plate. Además, hacen unos tratamientos fantásticos.

—Mmm. Pero, hagas lo que hagas, no se te ocurra ir a ver al doctor Zebedee [nombre ficticio para evitar una demanda].

—No, no se me ocurriría visitar a nadie que no fuera mi dermatólogo. Aunque el tipo que trata a Jane es fantástico. Me recomendó una [se señala la zona de los pechos]. Cinco ensaladas de granada, por favor. Y dos tés de menta.

Esas mujeres que se habían reunido para almorzar representan a la perfección a la clase acomodada de Notting Hill y tienen su equivalente en cualquier ciudad próspera del planeta. Tal vez parezcan poco sofisticadas en comparación con sus hermanas de Nueva York, y es probable que en Chelsea todas ellas lucieran más joyas, pero, aun así, estas son las mujeres que suben el listón de BPTE para todas y cada una de nosotras. Son cinco, y van desde la conejita de gimnasio que lleva zapatillas de alta tecnología inspiradas en los pies descalzos de los masai y un chándal de terciopelo, a la mujer maquillada en exceso y ataviada con un abrigo de mouton y botas de tacón de aguja. La conejita de gimnasio podría tener treinta y seis, o ser incluso mucho más joven; las otras deben de estar entre los treinta y pocos y los cincuenta y muchos. Me gustaría ser más precisa, pero la experiencia me ha enseñado que es muy difícil dar con la edad aproximada.

Yo no encajo en ninguno de los tipos de mujer que acabo de mencionar. No me he aumentado ni un poquito los pechos y nunca he utilizado Botox (una vez me lo inyectaron en las axilas, pero esa es otra historia). Soy socia de un gimnasio, aunque casi nunca voy. Una vez me hice hacer unas molduras de blanqueamiento dental, pero como no podía dormir con ellas supusieron un desperdicio de dinero. Probé la depilación láser, pero resultó que no pueden hacértela si te salen eccemas (además, necesitas un sueldo de seis cifras para llegar al final del duro proceso). Me tiño el pelo y las pestañas, eso sí, y aún compro ropa en Topshop, y en ocasiones me dejo seducir por productos de belleza que prometen realzar, tonificar y rejuvenecer. En definitiva, me preocupa la edad tanto como a cualquiera y me gustaría mantener un aspecto joven el mayor tiempo posible. Es solo que no quiero pasar por el quirófano ni recibir pinchazos en la cara cada dos meses para conseguirlo.

Las mujeres de Tom's considerarían que mi actitud está a caballo entre el suicidio social y la dejadez. Sin embargo, en mi mundo hay muchas mujeres incluso menos preocupadas que yo por la edad, si bien es cierto que no son tantas como hace unos años. Nosotras somos las Naturales (o eso es lo que nos gusta pensar). Ellas son las de Plástico.

El envejecimiento solía aceptarse como un proceso natural: las mujeres lo afrontaban juntas, encogiéndose de hombros y llevándose a la boca una galleta Rich Tea. Ahora se ha convertido en algo permanente y agotador en el que estas dos tribus libran una batalla para decidir cuál resultará vencedora. Las Naturales tienen a su favor el sentido común (los riesgos potenciales para la salud, lo inútil que resulta intentar frenar el paso de los años). Las de Plástico cuentan con un arsenal de bazo de lagarto y extracto de caviar, y con todo el repertorio de cortes y estiramientos, además del tiempo y del dinero para observarnos y subir la apuesta. Es la guerra.

¿Eres una de Ellas o una de Nosotras?

Las cosas se han puesto así de raras. No hace tanto, cuando te encontrabas con una amiga a la que hacía tiempo que no veías, hablabais de amigos en común, de hombres, de la crisis que afectaba a los créditos, de dejar de tomar café o de lo que fuera. Ahora te ventilas los preliminares con rapidez y pasas directamente a qué postura adoptas ante el Gran Tema. Suele ir más o menos así:

—¡Estás estupenda!
—¡Estoy mayor!
—¡Pues claro que no!
—¡Sí! Ya ha empezado a ocurrir.
—A mí me lo vas a decir... Pero no caigas en la tentación.
—¿Tú has caído?
—Botox. Una vez. No me gustó.
—¿En serio?
—No me sentí cómoda con el resultado. Además, una vez has empezado, ¿cómo sabes cuándo parar?
—Es verdad.
—Da la impresión de que todas se están haciendo algo. Y todas tienen ese aspecto.
—Es verdad. Reluciente. Como si la luz rebotara en ellas.
—Tienen un aspecto muy raro, sí.
—Yo no pienso pasar por eso.
—No, yo tampoco. Mi hermana se ha arreglado las tetas hace poco.
—¡Estás de broma! Pero si es...
—Normal. Sí, lo sé. Pero tiene un novio más joven, y ya ha tenido tres hijos, así que...

—Lo único que me tienta es hacerme algún día un arreglo en los párpados.

—¡Pero tienes que pasar por quirófano!

—No lo haré, está claro. Además, soy demasiado aprensiva. Pero según dicen, lo que más envejece son los párpados caídos...

Es sorprendente la frecuencia con que puedes mantener esta conversación y, de hecho, te garantizo que, en algún momento, la tendrás con todas las mujeres que formen parte de tu entorno. Tal vez no te consideres superficial, ni creas que estás obsesionada con la imagen —puede que nunca hayas debatido sobre brillo de labios o cómo cuidar tus prendas de cachemir—, pero esta es una historia totalmente distinta. Abordar el tema sobre si Lo Harás o No Lo Harás tiene como finalidad mostrarte tal como eres y de ese modo jurar lealtad a uno u otro bando, porque el instinto nos dice que esta decisión (inyectarse o no inyectarse) es la que marca la separación de los caminos. Es el principio de una escisión en la categoría de las mujeres y debemos saber quién se encuentra en qué parte del camino.

He aquí la razón por la que necesitas mantener esta conversación con todo el mundo, y por lo que se repite sin cesar por toda la ciudad, día tras día: es imposible saber quién resultará ser una de Plástico y quién es una auténtica Natural. No hay ninguna regla que garantice que las chicas listas, o las mujeres a las que respetas, o las feministas, sean Naturales. Es imposible asegurar que esta o aquella no lo harían porque son demasiado divertidas/sexies/campechanas/vegetarianas o porque les interesa demasiado la política. Quizá pudieras sostener que nunca harían trampas en la declaración de la renta, o saldrían con un hombre casado, o llevarían abrigos de piel, pero nunca digas nunca jamás cuando se trate de tratamientos para frenar el paso del tiempo.

En resumidas cuentas, este es el motivo por el que las mujeres están tan desorientadas en lo relativo al hecho de envejecer: las nuevas reglas nos han vuelto inseguras y, lo que es aún peor, nos han alienado de nuestro propio sexo. En casi cualquier otro tema que se te ocurra serás capaz de decir con exactitud cuál es la postura de tus amigas —drogas, política, tangas, depilación, la importancia del sexo, duchas vigorizantes o largos baños—, pero el envejecimiento nos ha hecho dudar de nuestra personalidad. En pocas palabras, ha alterado nuestro sentido de la solidaridad femenina. Ya no confiamos en nadie.

Y todo el mundo miente: las famosas que dicen «desde luego, no lo descarto», (cuando en realidad quieren decir «ya lo he hecho y pienso seguir haciéndolo») y también las otras, las que admiten haberse puesto un poco de Botox, (léase estiramiento facial y cirugía de párpados); las mujeres a las que conoces bastante bien y que te dan la razón con gesto convencido, sus frentes reflectantes como el mármol húmedo, mientras tú despotricas contra la presión insidiosa a la que nos vemos sometidas para vernos sin una sola arruga; incluso tus amigas más íntimas han empezado a mentirte, por si un día se te escapa delante de sus maridos que se han rellenado las arrugas. Es un engaño sin precedentes. Antes lo compartíamos todo —nuestras vidas sexuales, el nombre de nuestro peluquero, el hotelito de las afueras que perdería todo el encanto si la gente lo conociera—, pero la posibilidad de ir por delante en la carrera por permanecer jóvenes ha hecho de nosotras (de algunas de nosotras) mujeres ladinas y reservadas. (¿He mencionado que los hombres viven ajenos a la maldición de los tratamientos cosméticos? Por mucho que les des codazos en las costillas y les llames la atención sobre unos pómulos como el manillar de una bicicleta, por mucho que grites: «¡Oh, por el amor de Dios, mira eso! ¡Fíjate en cómo rebota en ella la luz! ¡Mira esas...! ¿No te parecen repugnantes?», nunca obtendrás la respuesta mordaz que estabas esperando. Sencillamente, no consideran que ser traicionadas por nuestro propio sexo sea tan horrible.)

Por eso envejecer nos parece ahora más grave que en el pasado. En cualquier caso, es uno de los motivos. Ahí van algunos otros:

- En algún momento, las celebridades, modelos y mujeres con maridos absurdamente ricos (mujeres que son sustituidas por otras si no mantienen el aspecto que tenían cuando se casaron) llegaron a confundirse con la gente normal. Ahora nos juzgan a todas por el nivel de perfección de mujeres como Cate Blanchett y Nicole Kidman (aunque también ella empieza a tener un aspecto raro, ¿no crees?). Por supuesto, uno no espera que todo el mundo fuera de Los Ángeles alcance la perfección reinante en Hollywood, pero estos personajes nos han enseñado que los años son un factor pésimo para el negocio. Si vas a una fiesta normal de gente anónima en Shepherd's Bush, verás a las mujeres examinándose las unas a las otras como si fueran cazatalentos de modelos en un casting: «¡Oh, qué mayor está! ¿No te parece? Es una lástima». Y lo que en realidad quieren decir es: «Debería aparentar treinta y seis. ¿Por qué no aparenta treinta y seis? Debe de tener cincuenta y dos, hay que ver... ¿en qué estará pensando?». Parecer mayor se ha convertido en algo sucio y descuidado, como no cepillarse los dientes o no lavarse el pelo. ¿Acaso no te cuidas? ¿No te cambias la ropa interior? ¿Es que no tienes orgullo?

- Tenemos más miedo a envejecer porque las personas mayores han sido desterradas de la sociedad. No son bien recibidas. En ningún sitio. Ni en tiendas de moda, ni en bares ni en restaurantes. Vas a un lugar fabuloso del tipo que sea —un hotel maravilloso, un balneario, una boutique, una fiesta—, y ¿dónde están los ancianos canosos? No los encontrarás por ninguna parte. ¿Cuándo viste a uno de ellos por última vez en la mesa de al lado, o echando un vistazo a los artículos rebajados? (En ocasiones, alguien organiza una salida glamourosa para una de esas personas mayores aunque asombrosamente bien conservadas, como en el caso de la modelo anciana que aparece en el anuncio de Gap. Sin embargo, eso es tan solo una estrategia para aparecer en los medios.)

- Quienes no mienten no pueden evitar que las comparen con quienes sí lo hacen. Si eres una de las Naturales, la mayor parte del tiempo estás bastante segura de no querer parecer una figura de cera. Pero se te olvida que, comparada con las frentes reflectantes, pareces la mayor insomne del mundo. Puede que ellas tengan un aspecto raro, no humano, pero a su lado tú estás arrugada, fofa y pareces enferma. Y si te expones a una situación en la que estés en minoría (cualquier situación que pueda darse en Los Ángeles, por ejemplo), te convertirás de repente en la rara: la vieja hecha polvo que un día se abandonó.

- La cirugía plástica, o el culto a la juventud, o ambas cosas, ha alterado el modo en que observamos los rostros de la gente. Alquila el DVD de *Jules et Jim* y entenderás a qué me refiero. Jeanne Moreau, una reconocida belleza francesa, tenía treinta y cuatro años cuando protagonizó esa película y en ella tiene un aspecto... bastante mayor. Es verdad. Gwyneth Paltrow podría haber interpretado el papel de su hija adolescente.

- Finalmente, ahora ya no tienes una segunda oportunidad para hacer que los hombres se vuelvan para mirarte. En un tiempo pasado y en su sentido más natural, mantener un buen aspecto a la edad que fuera estaba al alcance de cualquier mujer, al margen de su belleza. Era posible que hubieras sido una veinteañera bastante corriente y que después, a los cuarenta, se volvieran las tornas (¡Qué pelo tan brillante! ¡Qué piel tan magnífica! ¡Qué cuerpo tan proporcionado!) y les quitaras el puesto a las jovencitas sexies. Yo misma estaba deseando ponerme junto a esas monadas en el cajón de salida para comprobar si también podía subir de categoría. ¿Por qué no? Ninguna mujer ha envidiado jamás a otra por conservarse bien de manera natural: al contrario, la belleza juvenil provoca envidia, pero las mujeres que envejecen bien se ganan el derecho a ser admiradas. O, al menos, así era antes. La cultura del Botox —además de establecer un nuevo criterio en cuanto a quién tiene buen aspecto, basada en su mayor parte en pieles lisas como pistas de patinaje— ha apartado a las que se conservaban bien de manera natural y las ha privado de su momento de gloria.

De una cosa estoy segura: envejecer ya no es lo que era.

Las de Plástico

¿Quiénes son?

Hay diferentes grados de mujeres de plástico, que van desde las auténticas profesionales (Cher) hasta tu amiga que se ha inyectado Botox, pero que jura que solo en la frente y que no piensa hacerse nada más. A algunas mujeres de Plástico las perdonarías enseguida, e incluso te lo pasarías bien con ellas —como Lulu—, otras hacen que te entren ganas de gritar, como Faye Dunaway (sin duda alguna, Faye, a sus sesenta y tantos años, estaría mucho mejor sin cirugía). Sin embargo, todo esto ha dado a los Premios de la Academia un nuevo soplo de vida. Antes te sentabas delante del televisor para examinar los vestidos y las joyas prestadas por Bulgari. Ahora te dedicas a identificar a las últimas víctimas: «Oh... ella también ha caído. Y ella. ¿Esa no es... Oh, Dios, sí, lo es... ha caído». Eso ocurre si eres una de las Naturales, por supuesto. Si eres una de las de Plástico, te dedicas a tomar nota.

La Princesa de los Retoques
Dependiendo de cuándo haya empezado, la Princesa de los Retoques será clavada a Pete Best —mitad huevo hervido, mitad gato—, o será como Demi Moore, una versión reajustada con aerógrafo y un diseño más aerodinámico de su yo anterior. Es innegable que el nuevo ejército de Princesas de los Retoques que salen por la cinta transportadora tienen buen aspecto, pero no puedes evitar forzar la vista para identificar los empalmes.

La Almohadilla para Alfileres

De momento, se ha alejado de la cirugía en favor de todos los procedimientos que no impliquen tener que pasar una noche en el hospital. La mujer Almohadilla para Alfileres presenta un aspecto esponjoso e hinchado ciertos días del mes, y brillante y terso el resto, pero, al igual que todas las de Plástico, no parece ser consciente de los inconvenientes.

La de Plástico Natural

A menudo está casada con alguien mayor que ella, a quien entusiasma su estilo descalzo y sin sujetador, y en estos casos ella es el soplo de aire fresco en un tren de vida por lo demás muy caro de mantener. Naturalmente, las de Plástico Naturales no pueden confiar tan solo en la naturaleza para mantener su apariencia juvenil y lozana, de modo que siguen un régimen de mantenimiento consistente en mucho Botox, blanqueamientos dentales y, en los últimos tiempos, alguna que otra liposucción. Su mantenimiento es tan caro como el de las otras, solo que esta se alborota el pelo a propósito después de un secado profesional por el que ha pagado 60 euros.

Filosofía

Cualquier cosa es preferible a enfrentarse al miedo. La mujer de Plástico desea conseguir un trabajo glamouroso. Quiere evitar que su marido la abandone por una mujer que tenga el aspecto que ella tenía cuando se conocieron. (En el mundo del Plástico las cosas funcionan así. Y él se habrá hecho implantes de pelo y es posible que una reducción de pechos.) Las que también son de Plástico, aunque en menor grado, tienen algunas reservas, todas ellas relacionadas con la salud. Las fanáticas del Plástico se comerían el corazón aún latiente de un canguro si les garantizaran que con ello les quedaría un cuello liso y sin arrugas. Pero todas las de Plástico creen que los procedimientos a los que se someten son de escasa importancia e inofensivos, no tan diferentes de un sujetador maravilloso o un poco de corrector de ojeras.

Hace años, entrevisté a algunos de los mejores cirujanos plásticos de Harley Street, cuando aún considerábamos que el Botox era algo para gente rara y mujeres con una autoestima muy baja. Salvo por la mueca de asco que insinuaron, aunque uno de ellos la mostró sin reparos cuando les dije que no me interesaba el producto, fue un encuentro revelador porque me demostró que las de Plástico ven el mundo de manera diferente. Uno de los cirujanos, deseoso de demostrar que el rostro de una mujer mejoraba considerablemente con Botox y rellenos antiarrugas, pidió a su Almohadilla para Alfileres favorita que se sometiera a mi valoración (en aquel momento estaba en algún lugar del edificio, sometiéndose a alguna intervención, lo cual no me sorprendió demasiado). Aquella mujer tenía cuarenta y siete años y sin duda parecía más joven, pero también se la veía notablemente incómoda en su piel. Como si fuera la de otra persona. Sentí ganas de decir: «Sí, de acuerdo, no tiene arrugas. Pero la cabeza parece ortopédica». Aunque, ¿para qué? La mujer parecía encantada de la vida, orgullosa de que su creador la exhibiera. Él estaba sumamente pagado de sí mismo y parecía impresionado con su obra. En el país del Plástico, el concepto de belleza es diferente.

Desventajas

Tener un aspecto muy raro. O del todo irreconocible. Al parecer, a las de Plástico esto no les importa, pero sus hijos y sus mascotas sufren las consecuencias. Un cirujano plástico de Estados Unidos ha escrito un libro (*Mi bella mamá*) para ayudar a los niños a asumir el trauma que supone levantarse un día de la cama y descubrir que sus madres tienen el cuerpo de otra mujer. Para los perros que creen que se ha colado una extraña en casa aún no se ha publicado nada.

¿Cómo lo hacen?

¿De cuánto tiempo dispones? Hay tantos tratamientos antiedad que, aunque dejaras tu trabajo, no dispondrías de tiempo suficiente para todos. Sin embargo, incluso la de Plástico menos fanática tiene compromisos semanales que incluyen inyecciones de Botox, Restylane o ácido hialurónico, peelings faciales, carboxiterapia (para las estrías y el trasero), depilación láser y tal vez una liposucción en las cartucheras. Y ya sabes qué dicen: cuanto más arregles una zona, más necesitadas de retoques parecerán las otras.

Las Naturales

¿Quiénes son?

Las Naturales son realistas, puristas, escépticas, combativas, mujeres que no piensan demasiado en su aspecto y mujeres (*moi* incluida) que consideran que en la vida hay cosas más importantes que obsesionarse con las líneas de expresión (y, lo que es más relevante, reconocen que si encima tenemos que añadir el relleno de arrugas superficiales a la lista de cosas por hacer para ser mujeres competitivas, es probable que entremos en combustión espontánea). Además, las Naturales estamos un poco confundidas. A veces asumimos la autoridad moral, otras nos sentimos como esas mujeres que siguen utilizando compresas setenta años después de la invención de los tampones.

La mujer Anti-Tratamientos

Las A-T radicales se depilan con cuchilla en vez de con cera, no pierden el tiempo en manicuras y pedicuras, y su única estrategia para combatir el envejecimiento es teñirse el pelo de vez en cuando. Mucha gente cree que las mujeres que salen a la calle con la cara lavada y el pelo alborotado son todas A-T, pero eso es como pensar que Kate Moss no invierte un dineral en su aspecto porque sale a la calle andrajosa y en mocasines. Es difícil tener un aspecto natural y descuidado pasados los treinta, y la mujer A-T tiende a parecer más desgastada que atractiva (aunque diez años atrás habría tenido un aspecto totalmente normal). Una mujer A-T puede dar el pego si es a) delgada, b) glamourosa, en lo que respecta a su trabajo o a sus contactos, o c) atractiva. De hecho, puede incluso atraer más atención que sus iguales de Plástico, aunque no suele suceder.

La Chapada a la Antigua

Se cuida, come bien, le encantan los tratamientos de belleza, no puede resistirse a un producto antienvejecimiento, le gusta ir a la peluquería, pero no caerá en la trampa del suero para frenar el crecimiento del vello o de la fórmula alargadora de pestañas. Además, cree firmemente en el poder de la ropa para ocultar las partes de su cuerpo que no desea mostrar, en lugar de pagar a alguien para que se las absorba con una máquina. No te costará adivinar su edad, pero pensarás que la lleva con dignidad.

La «De Todo Menos Pinchazos»

¡Esa soy yo! Bueno, no me gusta todo (odio los tratamientos faciales, detesto que me depilen las cejas y he perdido toda la fe en los charlatanes de las botas hinchables y el agua magnetizada), pero eso me deja una gran cantidad de opciones con las que jugar. Me he sometido a una irrigación de colon, me han duchado con manguera y envuelto en algas, enterrado en arcilla, depilado al estilo de Hollywood, me han escoltado mujeres tailandesas y la misma Eve Lom me ha ofrecido una de sus toallitas faciales especiales. Con el dinero que me he gastado a lo largo de estos años, podría haberme comprado un pequeño *château* en el Loira, pero no me importa. Parte de ser Natural consiste en aceptar que esta clase de cosas pueden alegrarte el día y no solo sirven para rejuvenecerte.

Filosofía

En ocasiones, ser Natural resulta una cuestión de sentido común (¿quién sabe cuáles son los efectos a largo plazo del Botox?). A veces parece una cuestión de principios (¿qué diríamos de nosotras mismas si nos mostráramos demasiado asustadas para dejar que los demás vieran cómo somos en realidad?). Otras veces da la impresión de que la alternativa es traicionarse a una misma y comenzar a pensar como esas mujeres que se acostarían con lo que fuera con tal de conseguir un Mercedes SLR. Pero, sobre todo, para ser Natural tienes que estar convencida de que prefieres parecer vieja a dar miedo, y creer que tienes posibilidades de presentar un aspecto mejor que cualquiera de tus contemporáneas de plástico. (Olvidamos con frecuencia que tener un aspecto de plástico, en cierto modo, envejece, pues implica que has cruzado el temido umbral. Es como hacerse miembro de un club exclusivo cuyos miembros no están a la altura de ese club.)

De todos modos, nadie dice que las Naturales lo tengan fácil. Su fe es puesta a prueba al menos una vez al día, y se tambalea cada vez que ven a Sharon Osbourne en televisión (la transformación más exitosa de una mujer madura en toda Gran Bretaña... ¡Eso sí que es un estiramiento facial bien hecho!). Por supuesto, hay veces en que las Naturales se sienten superiores —en particular cuando están con alguien cuyos labios inyectados con Restylane tienen la forma de un pez globo—, pero en otras ocasiones dudan. En una discusión con una mujer que esté considerando pasarse al Plástico, puedes estar segura de que en algún momento te preguntará: «Y bien, exactamente ¿qué diferencia hay entre rellenarte las arrugas alrededor de los labios y teñirte el pelo, o blanquearte los dientes?». Y tarde o temprano, tú pensarás que te rindes. ¿Qué diferencia hay? ¿Por qué adopto esta postura?

No es tan distinto de lo que les sucede a Donald Sutherland y compañía en *La invasión de los ultracuerpos*. Al principio se muestran decididos a no quedarse dormidos y convertirse en zombis, pero llega un punto en el que se sienten tan cansados y hartos de luchar que se quedan sin fuerzas para seguir resistiendo.

Desventajas

En nuestra cultura, envejecer a un ritmo normal se está convirtiendo en una excentricidad comparable a vivir sin electricidad. Antes todo el mundo se burlaba de las de Plástico, pero hacerlo ahora sería como reírse de la gente que usa BlackBerrys: son de lo más habitual y han hecho un buen trabajo con ellas. Además, está muy bien posicionarse en contra de los tratamientos cosméticos si se tiene el aspecto de Isabella Rossellini. Pero si tu aspecto no es como el suyo, ¿de verdad puedes permitirte el lujo de mostrarte tan contraria?

¿Cómo lo hacen?

Las Naturales sensatas, que no tienen un proyecto en mente ni más vanidad de la cuenta, dicen que no a las batas blancas, bisturís y jeringuillas, mientras hacen uso de todos los otros recursos a su alcance. Aunque el secreto de una buena Natural es saber qué no debe hacer.

Cómo estar BPTE: Conoce tu estilo

Comemos mejor, hacemos más ejercicio y estamos más preocupadas por la salud que cualquier generación anterior, por lo que hoy en día hay muchas treintañeras y algunas cuarentonas que pueden vestirse como Kate Moss si les apetece. No solo eso, sino que todas aspiramos a tener un aspecto juvenil. Es genial que una mujer adulta vuelva a ponerse la ropa que utilizaba a los dieciocho (y la mayoría de nosotras concederíamos más mérito a esa mujer que a la que lleva un traje de falda y chaqueta «apropiado para su edad» y unos zapatos de tacón moderado). En realidad es una buena noticia: significa que tendremos más diversión, más libertad, más opciones. Pero si quieres estar BPTE, primero debes saber que vestirte como quieras no significa necesariamente que debas hacerlo. Esta es la regla más importante para vestirte acorde con tu edad: no confundas un cuerpo bonito con uno joven.

Ahí van otras recomendaciones:

- Todo el mundo tiene que adaptar su estilo en algún momento. Stevie Nicks es la única excepción, y solo ella puede ir como va y salir bien parada.

- Si te gustas con la ropa que llevas, eso te quita siete años de encima. Si además resulta que te queda bien, te quitará hasta diez.

- Lo que llevas es tan solo una parte de la imagen que das. Puedes ponerte ese minivestido vistoso y los tacones de doce centímetros y parecerte a Alexa Chung de cuello para abajo, pero entonces... ¡Ay! Esa expresión adusta de tener muchas cosas entre manos arruinará el conjunto como si te pasearas por el centro de la ciudad con un traje de tweed y botas ortopédicas.

Es necesario que tengas en cuenta las siguientes trampas de estilo, que pueden envejecerte más que a Sarah Jessica Parker unos calcetines hasta la rodilla. (Todas hemos sido víctimas de al menos una de ellas.)

Demasiado preocupada por el cuerpo

Si tienes buena figura, puede que tengas tentaciones de mostrar al mundo tu índice de masa corporal. Hablamos de camisetas de lycra escotadas, sujetadores de realce, vaqueros superajustados o minifaldas vaqueras, vestidos-jersey y botas altas con todo. Nadie pone en duda los impresionantes atributos tonificados de una mujer así, pero este estilo está quedando desfasado porque solo gusta a las cuarentonas que son socias de gimnasios muy caros. (Y, evidentemente, enseñar demasiada carne no es una buena idea nunca. Ponte una camiseta sin tirantes, por supuesto, pero no con una minifalda.)

Evita: ir demasiado estrecha por arriba y por abajo. Demasiado escote (con solo un poco se consigue mucho).*

En lugar de eso: Muestra tan solo un aspecto de tu fabuloso cuerpo. No te preocupes, aun así nos damos cuenta de que usas una talla 38.

---

* Hace algunos años fui a una boda con un vestido muy ajustado que acababa de comprarme (creí que me sentaba mejor que el de mi talla). Todo iba bien hasta que, mientras caminaba por el pasillo en dirección al banco que debía ocupar, me sentí terriblemente expuesta. Como si fuera desnuda y no tuviera tan buen aspecto como yo creía. Me sentí un poco como una zorra. Y se me revolvió el estómago. Allí, en el sobrio ambiente de la iglesia, mientras varios pares de ojos seguían mi avance, en seis segundos aprendí una lección que de otro modo habría tardado décadas en aceptar: la ropa ajustada sienta bien a las jovencitas, queda sexy a las vampiresas que tienen entrenadores personales, pero puede dar un aire desesperado a

Demasiado juvenil

Es cierto que el concepto de un estilo de ropa para determinada generación ha desaparecido por completo —las chicas llevan perlas y las mujeres calzan botas Ugg—, pero lo más común es que se dé en una sola dirección, y, la verdad, es difícil no sentir lástima por las generaciones más jóvenes. Todos los días tienen que compartir probadores con mujeres lo bastante mayores para ser sus madres (yo misma me he peleado por una chaqueta en Topshop con otra compradora que resultó ser una niña de uniforme). Pero debemos recordar esto: no toda esa ropa está hecha para nosotras. Es fantástico que te queden bien los pantalones bajos de cintura, los tacones de cuña y las chaquetas militares, pero algunas creemos que no es lo más acertado copiar todo lo que lleva tu sobrina, desde la pulsera tobillera de conchas hasta la camiseta de los Stranglers. Además, parecerá que estás padeciendo una crisis de identidad.

Evita: Antes, la regla era que si ibas a ponértelo por primera vez, no te lo pusieras. Ahora es más bien «no te lo pongas si sabes que tu ahijada de dieciocho años mataría por ello», sobre todo si se trata de una pieza imprescindible esa temporada (como un pañuelo estampado con calaveras, por ejemplo) o cualquier otra cosa que te pondrías para ir a una fiesta o a un baile de la facultad. Además, aléjate de todo lo que lleve un logotipo (en serio, ¿para qué entras en Abercrombie & Fitch?).

---

una mujer corriente que también lleva ropa interior corriente. Salí disparada hacia la tienda en cuanto terminó la ceremonia y cambié el vestido por otro de una talla más grande (la dependienta fue muy amable y no puso inconveniente alguno: era capaz de oler a una compradora demasiado preocupada por su cuerpo a kilómetros de distancia), y desde entonces he tenido cuidado de no confundir lo más ajustado con lo más apropiado.

En lugar de eso: Comprueba si la ropa y los complementos que te gustan podrían agruparse bajo la etiqueta «chic», por ejemplo: chaquetas, gafas de sol, botas, bolsos, un vestido de tubo, un abrigo militar. Y descarta los que no: el vestido globo, los pantalones bombachos, el mono, el vestido sin tirantes, las mallas, etcétera.

Creo que aún puedo permitirme el estilo de roquera desaliñada

Estoy en Rough Trade, una tienda de discos de Portobello Road, y veo a una joven con un cárdigan de hombre encima de la camiseta, una minifalda vaquera y botas de motorista. No lleva maquillaje ni sujetador; tiene el pelo largo y enredado, lleva las piernas al aire y es clavada a una versión joven de Jane Birkin, quien, en mi opinión, es el no va más en este estilo. Es un look también aparentemente fácil: la falda no es demasiado corta, no se enseña gran cantidad de carne. Entonces me fijo en dos cosas. Una, en las piernas de la joven, de color azúcar moreno y suaves como las de una Barbie. Dos, en otra mujer, tal vez diez años mayor, que también ha optado por el estilo Birkin —pelo sin cepillar, camiseta de su novio—, y que parece que acabara de levantarse de la cama, posiblemente tras una fuerte gripe. Este estilo es más difícil de llevar que un mono de vinilo, pues requiere una piel joven y cierta actitud soñadora y despreocupada. Un buen cuerpo y la piel morena no bastan para garantizarte la entrada en el club. Para este estilo, tienes que ser joven.

Evita: Las piernas al aire y las minifaldas, a menos que tengas unas piernas entre un millón. La ropa que tu novio ya no quiere (puedes usarla, pero solo en el dormitorio).

En lugar de eso: Cómprate unas medias opacas. Mejor aún, olvídate de este look.

El glamour de la vieja escuela

Verás, más vale que tengas cuidado. El problema del glamour en mayúscula —trajes de fiesta formales, colores brillantes, joyas caras y chales de piel, por no mencionar la gruesa base de maquillaje capaz de resistir un primer plano— es que hace que parezcas una mujer anterior a la revolución que sufrió la moda en los sesenta. Piensa en Nancy Dell'Olio. Nadie sabe cuántos años tiene —¿cincuenta y pico?—, pero lleva tantos años aparentándolos que la gente ha perdido la cuenta.

Evita: Toda esa ropa que lleva la etiqueta «de noche» y que cuelga en las zonas oscuras de los grandes almacenes. Evita también los colores de gran impacto, como el turquesa, el escarlata y el rosa chicle. El rojo con maquillaje brillante. Las pieles y el pelo cardado (véase el apartado «Cabello»).

Ponte un vestido de vampiresa sin joyas.

Ten en cuenta: La profusión de anillos, relojes caros, más anillos y pulseras con colgantes son tan delatores de tu edad como un escote arrugado. Todo el mundo sabe que las mujeres que sienten que están perdiendo su poder de seducción caen en la terrible tentación de lucir escotes de vértigo y joyas elegantes, sobre todo en las manos. No seas una de ellas. El esmalte rojo también es delator.

Soy una Señora Chic

En el sentido de llevar vestidos rectos de color azul marino y un abrigo de princesa con un elegante bolsito a juego. Este look estaba bien cuando Jackie O lo llevaba, pero, por favor, ella era una mujer única y de eso hace ya más de cuarenta años. ¿Podemos superarlo? Carla Bruni —que lleva una gran ventaja a la mayoría de las mortales— ha comenzado a aparentar su edad desde que se casó con su presidente de bolsillo y abandonó los vaqueros y los ponchos en favor del cachemir trenzado, los mocasines, los pantalones de vestir y los conjuntos de abrigo y vestido grises. (Sí, sí, se supone que es el modelo de elegancia europea, pero ¿qué más da si se ha echado encima diez años?) Un atuendo impecablemente combinado envejece más que darse reflejos azules.

Evita: Cubrirte demasiado (tienes que enseñar algo de carne, ya sea de los brazos o del cuello). Limitar tus colores al gris, azul marino y beige. Las pashminas (puedes llevarlas, pero sin excesivo orgullo, atadas en un nudo corredizo, cuando salgas a cenar). Las chaquetas con botones dorados. Zapatos planos con faldas por debajo de la rodilla. Gafas de sol en la cabeza: es por ese aire señorial y altivo que le dan a tu cabello; de repente te conviertes en la princesa Ana de Inglaterra en el concurso hípico de Burghley.

En lugar de eso: Rompe con la ropa a medida, cómprate unos zapatos extravagantes y córtate el pelo a lo Françoise Hardy (la musa de Bruni en cuestiones de moda en su etapa pre-Sarkozy).

Etérea y femenina

Te empeñas en creer que tu vestido floreado y cortado al bies es sexy y que te quedará igual que hace diez años. Sin embargo, ten en cuenta que lo etéreo y femenino se convierte en un estilo maternal y ordinario de forma bastante repentina, hacia la época en que, a principios de verano, tus pantorrillas empiezan a parecer un pedazo de queso azul. Y cuidado con ponerte una chaqueta encima a menos que sea pequeña y de un color de moda, como el tono sandía, por ejemplo.

Evita: Si vas a ponerte un vestido bonito, recurre a complementos que destaquen por diferentes. Olvídate de los chales de cachemir, las cestas de paja, las delicadas joyas de oro, las medias color carne y las sandalias de tacón bajo.

En lugar de eso: Prueba con una cazadora vaquera, tacones de cuña y muestra una tira de tu sujetador naranja. Te verás mejor.

La Chica Coqueta

¿En qué estás pensando? ¿Puedo ponerme lazos? ¿Soy adorable? La edad límite para ser una niña mona son los veinticinco.

Evita: Los lazos. Las prendas con bordado inglés. Los empalagosos tonos pastel. La tela de cuadros. Las mangas abullonadas. Nota: aunque esas mangas te sienten de maravilla frente al espejo del probador, saldrás con ellas y cuando alargues un brazo para alcanzar una copa de martini... ¡zas! Te sentirás de repente como una dama de honor en la boda de Ivana Trump. O aún peor (y créeme porque conozco esa sensación), como Grayson Perry.

En lugar de eso: Supéralo. Y jubila ese bolso de mano floreado con las rosas bordadas.

Otras cosas que, aunque no te lo parezca, envejecen una barbaridad (y no son las que crees)

- El maquillaje. Igual que sucede con el pelo (capítulo al que ya estamos llegando), un maquillaje exagerado puede envejecerte. Por extraño que resulte, las únicas que soportan con dignidad cantidades industriales de maquillaje son las jóvenes de rostro fresco. Cuando de verdad empiezas a necesitar maquillarte es cuando tendrías que olvidarte de las sombras de ojos oscuras, los pintalabios chillones y resistirte a usar polvos bronceadores. Una base anaranjada te envejece en cuanto te la pones. Es como llevar la faja pegada a la cara.

- El chiffon. El vestidito de chiffon te será muy útil hasta que llegue ese día, probablemente recién cumplidos los cuarenta, en que te lo pondrás, te mirarás en el espejo y descubrirás en él a la clase de mujer que lleva enaguas y un paquete de toallitas húmedas en el bolso. Es sorprendente cómo ese vestido hace que un día parezcas Holly Golightly y al siguiente se convierta en un elemento delatador.

- Los dientes. Todo el mundo cree que unos dientes blancos son la clave del éxito, y es cierto que unos dientes amarillos no ayudan en nada. Pero, por favor, ten en cuenta que esa ristra de reluciente porcelana blanca anuncia a gritos: «Nací antes de 1966».

- El negro. Puedes seguir vistiéndote de negro, por supuesto. Pero tiene que ser ese negro intenso y de calidad que refleja la luz; un negro tipo noche de los Oscar, no el de esa camiseta negra que lleva años en el cajón o, peor aún, el típico jersey de algodón de cuello alto.

- El cuero. Puedes seguir llevando ropa de cuero, pero debes evitar el look de motorista dura. Y el estilo ajustado y brillante. Y los pantalones (a menos que quieras parecerte a Honor Blackman en *Los Vengadores*). Tiene que ser algo suave, no demasiado voluminoso ni adornado con tachuelas. Tengo una chaqueta de cuero negro desgastado de Gap y, por ahora, me sirve. Pero sé que en cualquier momento tendré que deshacerme de ella. El cuero está siempre en la cuerda floja.

- Lo barato cuando lo que necesitas es lo auténtico, como en el caso del vinilo, la versión asequible de la chaqueta de cuero. La ropa de mala calidad te envejecerá en vez de hacer que parezcas moderna.

- Los sombreros. Tengo una amiga de cuarenta y tantos que está estupenda con su gorro de lana, como Ali MacGraw en *Love Story*. Aun así, en general, los sombreros que solías llevar —de ala curva, de fieltro, de ala ancha, las boinas— te hacen parecer más vieja. Es triste que precisamente cuando dispones de dinero para hacerte con ese enorme sombrero de cazador de coyotes, sea cuando empiezas a parecerte a la insulsa primera esposa de un oligarca ruso (la que ha sido desterrada a una dacha en Crimea).

- La grasa en la espalda. Es decir, ese bulto que se forma por encima de la tira horizontal del sujetador justo antes de deslizarse hasta debajo de la axila. Se puede solucionar comprando un sujetador nuevo.

- La ropa interior. Si cabe la posibilidad de que se te vea el sujetador, y es blanco y del año pasado, o color carne y de este año, entonces le estarás diciendo a todo el mundo que tus partes íntimas llevan una protección cómoda pero carente de alegría, y que sentirte sexy no es una de tus prioridades. Es tan fácil hacerse con un sujetador rosa chillón o amarillo canario... Y entonces, ¡cómo cambia la cosa!

- El sentido de lo práctico. No cedas jamás a la tentación de lo práctico: los forros polares, la vieja rebeca de lana, ese blazer que resulta tan útil (¿y aún te quejas de estar volviéndote invisible?).

- El bañador. Si siempre lo has llevado, está bien. Pero si eres una chica biquini, entonces el traje de una sola pieza hará que sientas que ya todo ha terminado. Sigue usando biquini. Joan Collins lo hace.

- La zona de la rodilla al pie. Por extraño que pueda parecer, el área que cubre de la rodilla a los dedos de los pies es la más peligrosa de todas. Es importante saber hasta dónde debe llegar tu falda. Un dobladillo por debajo de la rodilla con tacones bajos te sumará años (y kilos). Una falda hasta media pantorrilla resulta triste y, por exclusivo que sea el conjunto, te hará perder toda la gracia de inmediato. Las tallas maxi son difíciles de llevar, pero si te decides por una de ellas, asegúrate de combinarla con unos tacones de cuña peligrosamente altos. Y si da la casualidad de que tienes unas piernas para lucir faldas cortas y además aguantas los tacones de vértigo, entonces parecerás una auténtica jovencita.

- Si hace el calor suficiente para ir con las piernas al aire, cualquier media te hará parecer mayor, pero las finas de colores suaves y las que llevan diseños estampados (Dios nos libre) son las peores de todas.

• Los zapatos deben tener estilo y de ningún modo ser prácticos o seguros. (Dicho lo cual, nada envejece más que el aspecto supuestamente atrevido de mujeres como Theresa May, con sus zapatos con estampado de leopardo combinados con un viejo traje aburrido. Los zapatos chabacanos son el equivalente a las botas de agua con lunares, y es mejor no tirar por ahí.)

• Los pies venosos. Lamentablemente, llega el día en que los zapatos de tacón hacen que se hinchen las venas de los pies. La solución es llevarlos durante menos tiempo, o cambiarlos por unos un poco más bajos. Ten en cuenta lo siguiente: los pies hinchados envejecen tanto como las dentaduras postizas.

Cosas de las que deberías librarte antes de cumplir los cuarenta

- El maquillaje brillante
- Las joyas baratas
- Las trenzas
- Los pantalones de peto
- Las faldas de volantes
- Las cintas de pelo y las diademas
- Las pulseras de tobillo
- Las camisetas de bandas de rock
- Los tatuajes
- Las mallas

Cosas a las que deberías acostumbrarte una vez cumplidos los cuarenta

- Ir bien arreglada (verás, es más bien una cuestión de supervivencia: un solo pelo en las piernas se ve como una señal del más absoluto deterioro).
- Depilarte el bigote. A menos de que de verdad sea vello muy rubio, por el amor de Dios, depílatelo. La decoloración solo sirve para anunciar un bigote de mujer mayor.
- Pedicura. Aunque por debajo de la ropa vayas peluda como un oso, una buena pedicura hace pensar que todo está limpio y en orden.
- Gafas de verdad. Las monturas de tres euros que venden en la farmacia hacen que quien las lleva se parezca a tío Bulgaria, de los Wombles.
- Gafas de sol grandes. Llévalas siempre que tengas ocasión. No solo son perfectas para ocultar las líneas de expresión, sino que detrás de unas fabulosas Oliver Peoples también tú puedes convertirte en una estrella perseguida por los paparazzi.
- Color. La sencilla camiseta blanca ya no sirve.
- Feminidad. Incluso la mayor abanderada de la comodidad se ablanda un poco al llegar a los treinta y cinco y añade algunos detalles: podrías empezar por unos pendientes.
- Maquillaje. Tómatelo con calma, pero los días de ponerte un poco de rímel y nada más han pasado a la historia.
- Planchar. Solo las que no tienen ni una sola arruga en el cuerpo pueden permitirse salir a la calle con la ropa arrugada.
- Ejercicio. Es una necesidad. Yo lo sigo intentando.

Aprende a comprar

Recuerda que la dependienta no es tu amiga

No te conoce, ni a la gente con la que sales, ni los lugares que frecuentas. No está entrenada para preguntar: «Espere un momento, ¿dónde, exactamente, pretende lucir este caftán hasta los pies? Supongo que la han invitado a pasar las vacaciones en la villa de veraneo de los Missoni, porque, de otro modo, ¿a quién se le ocurriría ponerse eso?». La dependienta no sabe que ya tienes tres pares de vaqueros blancos, dos de ellos sin estrenar, porque cada vez que te los pruebas te sientes como la tercera esposa de un gestor de fondos de inversión. No puede adivinar que eres alérgica a la lana (¿cómo saberlo si no dejas de probarte prendas de lana?). No sabe que la seda te provoca sudores o que, por muy bien que te queden esos tacones de diez centímetros delante del espejo del probador, eres incapaz de dar un paso sobre algo más alto de siete centímetros. Y todo esto no debería ser ningún problema, siempre que no esperes que la dependienta te diga qué deberías comprarte.

El problema es que ahora confías más en las dependientas de lo que lo has hecho en toda tu vida. Había una época en que preguntabas a la joven que te atendía si creía que cabrías en una talla más pequeña. Ahora preguntas cosas como: «¿No crees que es un tono demasiado claro para mí?», o «No me parezco a Piggy, ¿verdad?». Ahí afuera hay dependientas estupendas pero, en general, consultar con ellas tiene tan poco sentido como preguntar a tu novio si lo que llevas te queda bien cuando ya llegáis dos horas tarde a la fiesta. Y no solo eso, sino que estás invitando a la dependienta a que te engatuse con su sabiduría de estilista: «...no, si lo combina con unos tacones y tal vez una torera brillante... no, si se lo ata y se pone una pata de conejo en la solapa... no, si lo lleva con un sujetador de tira baja y una enagua». La dependienta no sabe que no puedes atarte nada, y que preferirías dejar el vestido colgado en el fondo de tu armario antes que salir a comprar ese nuevo modelo de sujetador (¿por qué es tan deprimente comprar esa clase de cosas?). Asume que sabes lo que te queda bien y lo que no, lo que encaja con tu forma de vida y se ajusta a tu presupuesto, lo que ya tienes en el armario y lo que en realidad necesitas. Insiste en que compres porque a) cobra una comisión y b) porque ni por un momento ha pensado que una mujer adulta esté dispuesta a dejar en manos de una desconocida toda la responsabilidad sobre su aspecto. Repito: no te conoce.

Mi persona favorita para llevarme de compras es mi Amiga Mentora (de quien oirás hablar más adelante). Una vez me dijo: «Sé a quién crees parecerte —a Jane Fonda en *Klute*—, pero no es así, créeme». Es imposible argumentar en contra de eso.

Lo que te sienta bien no es lo mismo que lo que tú quieres que te siente bien

Este es el problema de base. En los inicios de tu carrera como compradora, lo que te quedaría bien ni siquiera aparece en tu lista de prioridades. La ropa mola o no mola, es guay o no lo es, es igual que la de tu mejor amiga o totalmente diferente. Las consideraciones sobre si te realza el color de los ojos son para las perdedoras. La ropa es lo que cuenta y tú, quien la lleva, tan solo tienes que limitarte a lucirla lo mejor que puedas (vaqueros de pitillo y piernas gordas... oh, bueno, qué se le va a hacer). Son estas experiencias formativas las que hacen posible que después de los treinta te mires en el espejo de un probador y te preguntes si el vestido es sexy, y no si tú estás sexy con ese vestido; que mires con desprecio la bonita chaqueta entallada y esa falda tan mona que también está en color rosa claro (rosa claro... a quién se le ocurre) y es la razón por la que en tu armario abunda el negro. Y te las has arreglado hasta ahora, pero a partir de este momento tienes que reajustar tus gustos y centrarte en las cuatro cuestiones esenciales:

Tu forma ideal.
El largo de falda ideal.
Los colores que mejor te sientan.
El punto fuerte de tu físico.

Sí, parece el fin de las compras divertidas, pero es imprescindible.

Nota: La amiga que te acompaña de compras es de gran utilidad a la hora de diferenciar entre lo que te queda bien a ti y lo que queda bien colgado de la percha. Conoce tus puntos débiles y fuertes, y sabe si puedes arriesgarte a mostrar las rodillas. Con mi Amiga Mentora he llegado al punto en que podemos hacerlo todo por teléfono, en apenas quince segundos:

AM: ¿Dónde estás?
Yo: En Oasis. En el probador.
AM: No te estarás probando el vestido estampado y sin espalda, ¿verdad?
Yo: Mmm. Bueno. Es que...
AM: Devuélvelo a su sitio.
Yo: ¿Y qué me dices del otro más corto?
AM: Voy a colgar. Cómprate un abrigo.

En serio, esta mujer me ha ahorrado una fortuna.

Lo que le favorece a ella no es lo mismo que lo que te favorece a ti

Es posible que te enamores del estilo de alguien que conoces, o de una desconocida que ves en el metro. El cerebro femenino posee una sorprendente habilidad antidarwiniana para pasar por alto los detalles importantes (por ejemplo, la edad del objeto de tu deseo, la talla, la altura, el tono de piel, etc...) e ir directamente al «quiero lo que lleva puesto». Sea lo que sea, tienes que conseguirlo: pantalones marineros de pata ancha y un bustier elástico, ¿por qué diablos no? ¿Qué más da si el conjunto es más apropiado para una adolescente de metro ochenta con un índice de masa corporal de dieciséis? No te rindes. Y frente al espejo del probador tan solo ves el objeto de tu deseo.

Cuidado con esas tiendas tan llamativas

Esa clase de tienda hará que compres cosas incluso cuando no estés de humor para los complementos rosa, femeninos y brillantes. Entras odiándote por ser tan superficial y cursi, y pronto te ves atrapada en la telaraña de mariposas y demás cosas bonitas y terminas comprando un vestido diseñado para una mariposa con el que tú pareces la madre de una oruga.

El momento de la compra ridículamente cara e inútil

Como, por ejemplo, esas sandalias de color beige pálido con la suela de madera y una fina tira alrededor del tobillo que, era evidente, perderían la tira a la media hora de llevarlas puestas, lo que las convierte en una pieza más difícil de manejar que un montón de ladrillos unidos con celo. Pero eso no importaba, porque los zapatos cumplieron su cometido y elevaron un vestido muy corriente a la categoría de «Miradme, soy una mujer de mundo». Muy caros en términos de relación calidad-precio, sin duda. Sin embargo, son sencillos, efectivos, y suponen el camino más rápido para conseguir un look actual sin tener que sufrir la ansiedad de encontrar un conjunto nuevo. Perfectos.

Los zapatos y los bolsos pueden ser el complemento ideal o acabar con tu estilo

En los últimos tiempos, los zapatos se han convertido en el elemento de moda más radical y expresivo. No sería una exageración afirmar que son lo más importante. Es una noticia excelente para las mujeres como nosotras, que queremos aparentar que estamos en la onda pero que ya no tenemos edad para ponernos un mono de cuerpo entero. Lo que significa que puedes llevar algo poco espectacular —un sencillo vestido negro o un jersey y unos vaqueros— y colocarte un par de fabulosos zapatos y... ¡Bum! Nadie pondrá en duda tu pasión por la vida, tu seguridad o tu compromiso con todo lo que sea moderno. De repente, parecerá que lo sabes todo. Y, por supuesto, también funciona a la inversa: cálzate unos zapatos cómodos y planos, y no importará el esfuerzo que hayas puesto en elegir la ropa, porque, mientras la tendencia no cambie, parecerás una policía de incógnito.

(De manera similar, un bolso no te hará parecer más joven, pero te permitirá ir a la última moda sin necesidad de cambiarte de ropa, y es más fácil de llevar que unas sandalias de gladiador.)

Nunca vayas de compras con un hombre

Al inicio de toda relación piensas que estaría bien ir de compras con tu pareja. ¡Él te entiende de verdad! ¡Le encanta cómo vistes! Y, además, no dejaría que te compraras algo a menos que te sentara de maravilla. De hecho, tiene un gran interés en que estés siempre sexy, así que, ¿quién mejor para ir contigo de tiendas? Oh, Dios, esto es más peligroso que creer que la dependienta es amiga tuya.

En primer lugar, a un hombre que está loco por ti le parecerá que estás estupenda con cualquier cosa, como un minivestido tipo saco. Y lo que es aún peor, te hará creer que cualquier cosa te sienta bien. Además, tú ya estás en un estado de excitación que hace que creas que eres la mujer más sexy del mundo, lo que pone en peligro tu instinto, por lo común tan fiable. Ya no te fijas en las virtudes del vestido (una maravillosa copia de un Balenciaga), sino tan solo en si él te mira con ojos hambrientos —y el hambre masculina no tiene en cuenta el sentido de la moda, ni las proporciones adecuadas, ni lo que pensará la gente que a ti te importa (es decir, las mujeres con estilo)—. Los hombres se excitan con cualquier cosa que les recuerde a su primera profesora de lengua, a enfermeras o a Joanne Whalley-Kilmer, como faldas drapeadas vaporosas, vestidos camiseros al estilo de los años cincuenta o camisas de estopilla. No les gustan prendas de lo más favorecedoras como las chaquetas negras de terciopelo. No miran por tu interés.

Además, aunque no quieras, te sentirás un poco Julia Roberts en *Pretty Woman* y él se pondrá en el papel de Richard Gere:

Tú: Pero si es rojo, de satén, corto, con mangas abombadas y lleva capa. Jamás me pondría algo así.
Él: [acomodándose en la silla del pagador] Pruébatelo. Quiero ver cómo te sienta. Qué demonios, organizaremos una fiesta para que te lo pongas.

Esta clase de compras es buena para tu vida sexual pero nefasta para tu imagen.

Después, tras el período de luna de miel, el hombre con el que sales de compras perderá ese apetito insaciable por verte dar vueltas delante de espejos de probadores y, a partir de entonces, insistirá en que te des prisa, y cuando quieras darte cuenta, tendrás un armario a rebosar de prendas que no puedes ponerte. Nota: solo un hombre es capaz de proponer:

«¿Y por qué no te quedas los dos?», y lo dice porque cree que así se ahorrará una parada en otra tienda.

Nunca vayas de compras con alguien mucho más rica o mucho más delgada que tú

Estarás pensando que ya eres mayorcita (en cuanto a personalidad) para que te importen estas cosas. Y no te importarán hasta el día en que no encuentres nada que ponerte para ir a la fiesta y ella parezca Sienna Miller se ponga lo que se ponga, y además sabes que podría permitírselo todo, incluso el Alexander McQueen de 3.700 euros.

Diez cosas que debes tener si quieres estar en la onda (y que puedes llevar sin necesidad de ser Kate Moss)

- Gafas de sol de esta temporada
- Botas negras con tacón grueso
- Un par de zapatos que llamen la atención
- Una chaqueta negra y estrecha tipo esmoquin
- Un chal/pañuelo, más deslumbrante que una pashmina pero igual de versátil
- Varios pares de medias opacas
- Unos vaqueros de 200 euros
- Un bolso blanco y uno rojo o color habano (que sea negro, si quieres) con el estilo suficiente para que la gente se vuelva para mirarlo
- Un reloj de pulsera voluminoso
- Un vestido corto en color brillante o estampado
- Algo dorado o plateado: una chaqueta, zapatos... un turbante, si eres Zadie Smith

Conoce tu cabello

Es imposible saber en qué momento ese look sexy y despeinado al estilo francés de chica que fuma Gitanes durante el desayuno vestida con una camiseta de su novio te hará parecer de repente una criadora de perros desquiciada, pero está claro que el estilo «recién levantada de la cama» no funciona para siempre. Así que ten en cuenta que lo único que envejece más que un pelo descuidado es esa media melena por los hombros, lisa y rociada con laca. Es por culpa de ese aspecto pulcro, porque es un corte seguro y manejable que no resulta demasiado largo ni demasiado corto. Jamás optes por ese estilo, aunque te dé un aspecto limpio y bien peinado. También tendrías un aspecto limpio y pulcro con una blusa de lazo anudado al cuello, pero parecerías mucho mayor.

Y eso no es todo. Lo terrible de los peinados cortos, aseados y ultracuidados es que empañan cualquier otro aspecto de tu look. Podrías llevar un minivestido al estilo de Gwyneth Paltrow y unos tacones de aguja y la gente solo se fijaría en el peinado de señora alcaldesa, de dama política o incluso de campeona de tenis retirada. ¿Por qué las mujeres cometen ese error? Porque creemos que, con el paso del tiempo, necesitamos peinados más cuidados. Y es cierto, cuanto más cuidado mejor, pero no hay que dejarse llevar por el estilo exagerado de socia de un club de campo. Debes encontrar al peluquero que entienda que tienes que mantener esa medida, pero que sea lo bastante sensato para no retirarte el pelo hacia atrás en suaves y clásicas ondas, que entienda que los cardados, los peinados acartonados, los tirabuzones gruesos y las puntas hacia arriba pueden quedarle bien a Mischa Barton, pero que a ti te harían parecer la madre de Mischa Barton. Todo es cuestión de detalles.

El tinte

Aparte de la cuestión de llevarlo demasiado corto o demasiado repeinado, está el peliagudo asunto de teñirlo del color inadecuado.

Aún está por inventar el tinte oscuro que cubra las canas y que no haga que todas las mujeres se parezcan a Ozzy Osbourne, razón por la que hoy en día casi todas las mujeres de más de cuarenta con canas llevan mechas, en un espectro de tonalidades que van desde el cremoso marrón claro al amarillo blanquecino del surfista que se pasa el día en la playa. El rubio —o ciertos tonos de rubio— es el nuevo gris, así que debes ser cuidadosa a la hora de elegir la tonalidad que te dé ese brillante aire escandinavo que buscas. Por ejemplo, una melena plagada de mechas de color platino al estilo de Camilla Parker Bowles cuenta al mundo que tienes tres hijos, un perro y un marido llamado Toby, que vas al gimnasio una vez a la semana para tonificar culo, muslos y barriga, y que te interesa la jardinería. Si optas por un tono decolorado aún más radical (como el look estudiado y antinatural de Debbie Harry), corres el riesgo de parecer una superviviente de tu época de rock and roll. La mejor solución es buscar el tono más natural posible. Necesitarás mechas oscuras y claras que dejen entrever tu color natural. Y tienes que estar dispuesta a pagar un buen dinero por ello. El rubio pajizo es el tono que más envejece de todos. La textura, llegado este punto, lo es todo.

El debate sobre las canas

En los últimos tiempos se han levantado con fuerza voces a favor de las virtudes de llevar el pelo canoso. Su argumento, más o menos, es que resulta indigno y poco práctico ocultar lo inevitable. Dejarse el pelo canoso es liberador, dicen, y, además, no supone el fin del mundo. A mí me parece un asunto muy sencillo. Si eres extremadamente atractiva, tienes la piel morena y el pelo grueso, y llevas un corte moderno y definido, al estilo de Betty Jackson o Emmylou Harris, y tu gris natural es algo metalizado y no tiene ese tono blanco pensionista, entonces tal vez te apetezca lucir tus canas. Pero si tienes el pelo fino, quebradizo, escaso y la piel pálida, entonces no cabe duda de que las canas te darán un aspecto de pedazo de franela desgastada, por lo que ni siquiera merece la pena contemplar esa posibilidad. Las canas envejecen y punto. Si eres espectacular y empiezan a salirte a una edad demasiado temprana, tal vez te añadan un toque de glamour, pero únicamente mientras tu rostro muestre muchos menos años que tu pelo. Si eres Anna Ford, tienes ya tanto a tu favor que no importa demasiado. En cambio, si eres como Ann Widdecombe, más vale que encuentres un buen tinte y no le des más vueltas al asunto.

Nota: Las mujeres que se han dejado el pelo blanco suelen sentir la necesidad de convertir a quienes las rodean y llevarlas por el camino de su color natural. Se quedan realmente perplejas al descubrir la cantidad de tiempo y de dinero que estás dispuesta a invertir en cubrir algo tan inofensivo como las canas. Pero no debes dejarte influir. Puedes ser una auténtica Natural y gastarte mil euros cada año en tinte sin sentir ni gota de culpabilidad. El pelo es importante. Muy importante. Y a los hombres les aterran las canas, a menos que se luzcan una vez cumplidos los setenta.

Cómo encontrar al peluquero que te cambiará la vida

Hace unos siete años, John Frieda me presentó su mayor descubrimiento: una peluquera llamada Sally Hershberger. (¡Te habrás dado cuenta de la naturalidad con que dejo caer todos estos nombres! Esta es una de las mayores ventajas de trabajar en revistas de moda: puedes acceder a la gente que dispone de los medios para cambiar definitivamente tu aspecto. ¡Tienes la posibilidad de que Sam McKnight te corte el pelo en los descansos de las sesiones de fotos! ¡De que Ruby, de Ruby y Millie, te arregle el maquillaje! En realidad eso no cambiará tu aspecto, pero sirve para que te hagas una idea de cómo podrían ser las cosas si estuvieras dispuesta a hacer un esfuerzo.) Volviendo a Sally, estábamos en un viaje de prensa y mi pelo pedía a gritos una puesta a punto, de modo que ella se ofreció voluntaria para hacer el trabajo.

Sally lo tenía todo para ser la peluquera que podía cambiarte la vida: rebosante de energía, amiga íntima de las estrellas (en ese momento estaba cuidando al perro de Liz Hurley), increíblemente ocupada y cara (si te dijese lo que cobra, te atragantarías). Llegaba a la mitad de sus citas en helicóptero, siempre llevaba un sombrero de vaquero y apenas hablaba mientras trabajaba. Sally me cortó el pelo en unos veinte minutos y quedé entusiasmada. Fue como si me hubiera elegido cuando aún era una Norma Jean con el pelo castaño desvaído y en aquella silla me hubiera convertido en una Marilyn rubia platino. ¿He mencionado que Sally trabaja en Nueva York y que cualquier corte en otro sitio costaría los XXXX dólares más el billete de avión y la estancia en el hotel? Pero ¿acaso iba eso a impedir que se convirtiera en mi peluquera de por vida? Ni hablar. Pero entonces, unos meses después, asistí a una sesión de fotos y me enamoré de Michael, el estilista... ¿o se llamaba Derek?

La búsqueda del peluquero definitivo es un proyecto continuo, sin fecha de finalización. Comienza cuando decidimos cuál será nuestra posición en la lista de los diferentes looks, en relación con otras chicas, y descubrimos que el pelo es esa parte de nuestro aspecto que se presta a más cambios. Entonces nos sometemos a nuestro primer corte radical, sin contar con la supervisión de un experto, y resulta desastroso. Entramos con aspecto de ángel y salimos convertidas en el asesino de *No es país para viejos*, solo que nuestro pelo es menos simétrico y brillante. Y, básicamente, eso es lo que nos decide. Si un corte de pelo puede quedarnos tan mal, entonces deduciremos que puede conseguir el efecto contrario, o eso es lo que queremos creer. Además, en algún momento durante los cuarenta y cinco agónicos minutos que pasamos sentadas en esa silla —observando a alguna jovencita de caderas sinuosas y pose afectada que masca chicle y abusa de nuestra confianza y destroza nuestras posibilidades de encontrar novio—, nuestro yo más romántico sale a la superficie. Es normal que cualquier mujer fantasee con el día en que encontrará al peluquero que apoyará la mejilla en la suya, la mirará a los ojos a través del espejo, le separará el flequillo con sus dedos expertos y le dirá: «Dios mío, pero si estarías estupenda si lo ahuecáramos un poco y lo escaláramos hacia delante».

Y entonces encuentras a ese hombre, o a esa mujer. Todo empieza a ir bien (te estás dejando crecer las capas, intentas encontrar el color exacto), cuando de repente en una fiesta conoces a una chica que lleva un corte fabuloso al estilo de Rod Stewart en su primera época, te da el teléfono de su estilista, y el ciclo empieza de nuevo. No importa que tu pelo no pueda ser más diferente al suyo, o que vuestras cabezas tengan una forma del todo distinta, o que ella sea una corista de veintiún años y tú no. Quieres un cambio. Quieres un corte de pelo como el de Rod Stewart. Sobre todo, lo que quieres es ser más joven, más guapa, más delgada y más guay, tener amigos más interesantes y mejor ropa. Todo esto es lo que buscamos en un corte de pelo. Es complejo e irracional, y también la razón por la que puedes ser Condoleezza Rice y seguir buscando el peluquero que te cambiará la vida. (Hay mujeres muy equilibradas que saben qué les favorece y que tan solo necesitan que les corten un par de centímetros las puntas, pero la mayoría de nosotras somos bichos raros que seguimos preguntándonos si un corte al estilo *La semilla del diablo* no sacaría a la Mia que llevamos dentro.)

Nota: La lealtad que demuestres a tu peluquero es un indicador bastante fiable, en general, de tu sentido de la realidad.

Tengo una amiga, S, a quien le presenté a mi peluquero hace quince años (hace siete peluqueros para mí), y sigue con él. ¿No es eso estabilidad? Y no es ninguna coincidencia que esta amiga jamás se haya comprado un abrigo realmente caro con el cuello de piel de cordero de Mongolia y se lo haya puesto una sola vez. Nunca se ha enamorado de un chico tan solo por su destreza al esquiar. Y cuando pedí ayuda para decidir si compraba o no mi piso, ella fue la que comprobó el estado de la caldera y del cuadro de luces, y evaluó a mis vecinos mientras yo paseaba por la cocina, preguntándome si podría vivir con ese color en las paredes. Pero claro, ella es excepcional.

Una cuestión de peso: ¿estás demasiado gorda para tu edad?

Lo único que debes tener en cuenta sobre la gordura es que, hoy en día, la expresión que los jóvenes usan para describir a alguien atractivo es «en forma». No en forma y guapo, o en forma y sexy, solo en forma, porque eso ya lo dice todo. Estar en forma es lo único que cuenta. Últimamente, las chicas más normalitas reciben gran atención por parte de los medios, y la única razón de ello es que tienen una figura delgada y esbelta que les permite llevar un cortísimo vestido blusón y sandalias de gladiador. Lo que significa, por supuesto, que son muy jóvenes.

Para ser atractiva, según esta moderna definición, debes tener un cuerpo que, al menos vestido, pueda pasar por el de una chica de veinticinco. Tienes que estar dispuesta a ponerte vaqueros ajustados, y llevar biquini y pantalones cortos en la playa. Si tienes un rostro precioso, mucho mejor. Pero la prueba de fuego es el cuerpo. Por eso todas nosotras estamos obsesionadas con la talla: y no porque creamos que un cuerpo voluptuoso es desagradable, o porque nos parezca que las mujeres menudas son más bonitas, sino porque queremos que nos siente bien la ropa. De este modo, parecerá que estemos en posición de competir. Queremos que nos tengan en cuenta para los trabajos que ofrecen a mujeres más jóvenes. Queremos resultar atractivas a los hombres que se sienten atraídos por mujeres más jóvenes. En definitiva, no queremos que piensen que nos estamos haciendo mayores. Y así nos hemos convencido de que unas caderas estrechas, un culo prieto, una barriga plana y unos brazos definidos son la línea de defensa contra el envejecimiento. (Y lo son. Incluso las de Plástico se preocupan por sus cuerpos antes de hacerlo por sus rostros. Si tuvieran que elegir entre engordar o ponerse Botox, o entre dejar el Botox durante un año y seguir delgadas, elegirían sin duda tener un cuerpo tonificado.)

Todo se reduce a lo siguiente: si estás lo bastante delgada, si puedes ponerte los pantalones segunda piel y una chaqueta ajustada, siempre que tu sombra de ojos sea lo bastante oscura y adoptes una actitud de seguridad, puedes plantarte en la puerta del nuevo club del Meatpacking District de Nueva York y te dejarán entrar, tengas la edad que tengas. La gente asumirá que tienes derecho a estar allí, porque eres uno de ellos. Si, por el contrario, eres una mujer atractiva pero con curvas, pechos grandes y aparentas tus cuarenta y siete años... bueno, entonces necesitarás que la suerte te acompañe. No me malinterpretes. Beth Ditto puede entrar en ese club. Las mujeres de talla mediana también son bienvenidas, siempre y cuando sean modernas y jóvenes. Pero si ya no estás en la primavera de tu vida, la delgadez es el billete hacia la credibilidad.

Naturalmente, hay que tener en cuenta que el concepto «delgada» se ha modificado en los últimos años. Si hicieras un estudio sobre la percepción que tenemos de la gordura/delgadez desde 1973 hasta hoy, descubrirías dos cosas sorprendentes. Una, que las que eran sirenas por aquel entonces (Agnetha, de Abba, por ejemplo, con su espléndido trasero turquesa y su barriga redondeada) ahora serían catalogadas como gordas. Y dos, que las mujeres que han dejado atrás la época de la fertilidad, mujeres mayores —para quienes aspirar a tener las caderas de un chico adolescente no es solo extraño sino médicamente poco recomendable— se están encogiendo ante nuestros ojos. Si estás en los cuarenta y tienes dinero en el siglo XXI, lo más probable es que estés más delgada que hace una década y, si no es así, probablemente querrás estarlo.

Desear verse bien con la ropa que una lleva es común a todas las mujeres, pero a aquellas que rozan los cuarenta y les parece que han dejado atrás una generación les sucede algo muy particular. En un primer momento compiten utilizando su personalidad, su cerebro, su atractivo sexual y sus cuerpos, y después, un segundo más tarde, cambian de parecer y todo pasa a ser cuestión de talla. De si están o no gordas comparadas con otras mujeres o, más bien, de si están lo bastante delgadas. Pueden pasar décadas sin que te preocupes demasiado por tu peso, pero una vez cruzas el umbral de los cuarenta, el problema de la talla se vuelve acuciante, te guste o no. ¿Quieres venir de vacaciones? ¡Todas llevaremos biquini! ¿Quieres venir a la fiesta? ¡Todas llevaremos camisetas sin mangas y atrevidas minifaldas vaqueras! En este punto, la competición no consiste tan solo en estar en forma, sino en parecer más en forma que nadie, con la posible excepción de Madonna. Es el antídoto moderno al viejo miedo de volverse invisible: envejece, de acuerdo, pero recupera la talla que tenías hace quince años. O una talla bastante más pequeña. Demuestra al mundo que puedes subsistir a base de una dieta de San Pellegrino y apio.

¿Qué es estar demasiado delgada o demasiado gorda?

Una vez más, eso depende de dónde te posiciones. Si eres de las de Plástico, demasiado delgada es Amy Winehouse (aunque lo suyo es más demacración que falta de carne). Demasiado gorda implica estar más rellenita que la chica más atractiva de tu círculo (que suele ser una modelo que acaba de volver de uno de esos nuevos campamentos especializados en perder peso en Los Ángeles, así que puedes hacerte una idea). En el país del Plástico, nadie está jamás lo bastante delgada y nadie se da cuenta de un hecho obvio: cuanto más delgada estés de mayor, más demacrada te verás. Porque, como ya hemos dicho, ya no se trata de parecer joven, sino de seguir en la competición, y de ganarla.

Demasiado gorda, desde el punto de vista de una Natural, es estar una o dos tallas por encima de su peso habitual. Es el momento en que empezamos a ocupar demasiado espacio en las fotografías, o cuando se nos rompen los vestidos de manga estrecha por las axilas o las costuras de los vaqueros nos dejan hendiduras en la piel. Demasiado delgada lo marca el momento en que las mujeres pierden el sentido del humor.

Se ha escrito muchísimo sobre nuestra extraña actitud frente a los problemas de peso, pero casi nadie habla de las terribles consecuencias que sufren las mujeres por tener que controlar lo que comen. Dejando a un lado a las ebrioréxicas que se desploman tras dos copas porque no han tomado nada sólido desde el día anterior, ¿qué decir de todas las mujeres que conoces que están cansadas, de mal humor y tienen mala cara pero insisten en subsistir a base de un puñado de uvas? ¿Quién puede asegurar que las mujeres que siguen estas dietas en secreto no son tan peligrosas para el futuro del país como los jóvenes que se emborrachan o los banqueros avariciosos? Muchas mujeres son de naturaleza delgada. El exceso de delgadez se produce cuando hay una tremenda lucha interna por librarse de ese par de kilos de más, y curiosamente eso suele sucederle a una mujer de treinta y nueve años que usa la talla 36 y no a una joven de veintiún años con la misma talla.

El mejor ejemplo sobre lo que debe considerarse delgadez extrema y lo que no es la historia de Twiggy. Cuando era adolescente, Twiggy estaba como un palillo y, ahora, a punto de cumplir los sesenta, sigue siendo delgada y esbelta como una modelo, aunque no lo está tanto como Teri Hatcher, Candace Bushnell o miles de mujeres maduras que podría citar. Se la ve cómoda y radiante. Las otras muestran un aspecto demacrado. Twiggy siempre ha tenido la misma figura. Las otras mantienen la talla que creen que necesitan para seguir ocupando un lugar privilegiado.

¿Estás demasiado gorda o demasiado delgada?

¿Quién lo sabe? Ayer me sentía muy gorda. Hoy me siento bastante normal. Al parecer, peso un par de kilos menos que cuando conocí al hombre de mi vida (unos vaqueros que entonces me quedaban ajustados ahora me hacen algunas bolsas), pero yo no me había dado cuenta. Esto es muy representativo, porque a todas nosotras nos ocurre lo mismo. Estás tan gorda o tan delgada como tú creas que lo estás, y si te encuentras bien contigo misma, dejas de preocuparte por tu peso. (Otro detalle a tener en cuenta: cuando lo conocí a Él, todos me comentaban lo delgada que me veían. Lo que en realidad querían decir era que me veían radiante, feliz, resplandeciente o lo que fuera y, como todos los comentarios provenían de mujeres, relacionaban todo eso con la pérdida de peso.)

Cómo tener un aspecto delgado pero sin pasarte

Hay algo que se llama el índice de grasa corporal que tú percibes que tienes, pero que disminuye en cuanto te decides a mostrar un poco de cintura y a vestirte para complementar tus curvas en lugar de para esconderlas. Por ejemplo, Charlotte Church está rolliza para el modelo que impera hoy en día, pero por lo general aparece como una joven voluptuosa porque opta por vestidos tipo reloj de arena con escote pronunciado. Sin embargo, si intentara embutirse en vaqueros de diseño y ropa de jovencitas escuálidas, la brigada antigordos se le echaría encima de inmediato. Otros trucos para reducir tu índice de grasa corporal:

• No te pongas chaquetas largas o camisetas y chaquetas anchas que te queden por debajo del trasero. Es preferible no ocultar la realidad.

• Enseña los antebrazos, las pantorrillas y un poco de escote. Ir demasiado cubierta te hará parecer una mole.

• Evita los escotes en forma de «U». Los cuellos redondos o en forma de pico quedan mejor.

• Olvídate de los pantalones ajustados y opta por vestidos que envuelvan tu figura (fíjate en el uniforme de Nigella: un vestido estilo reloj de arena de aire cíngaro que realza sus atributos).

• El negro siempre va bien (si es un negro de calidad).

• Olvídate de los abrigos con cinturón, las faldas largas, las mangas ajustadas, el cuero, las pieles, las voluminosas chaquetas de lana, los jerséis, los volantes, los flecos y las cintas. Y evita llevar botas altas con un vestido si no queda espacio entre ambos.

• Evita las melenas.

• Usa siempre zapatos de tacón.

• No caigas en la tentación de los cierres, como cordones, ganchos o corchetes.

• Evita la ropa masculina, las camisas anchas de hilo y los pantalones con raya, a menos que seas muy alta.

• Cuidado con los estampados grandes. Pueden quedar bien, pero solo si son más estilo Missoni que *flower power*.

Y ahora los aspectos clave antiedad

En una fiesta, me encontré a la directora de una revista con quien he coincidido algunas veces a lo largo de los años, y comenté con una amiga lo estupenda que estaba:

—Sin duda no se ha hecho nada —dije.
—Mmm...
—Puede que haya mejorado con el tiempo.
—Mmm...
—Me pregunto si habrá dejado de beber. Sin duda ha dejado de fumar. Podría ser por eso.
—Tal vez se deba a que es feliz.
—¿Cómo?
—Tal vez sea feliz, y por eso tiene tan buen aspecto.
—Oh.

En nuestros esfuerzos por hacerlo todo bien, comer los suficientes tomates, beber la cantidad recomendada de agua, restringir el consumo de cafeína y dormir tus ocho horas, nos olvidamos fácilmente de que nada nos hace parecer más jóvenes que sentirnos a gusto con nuestras vidas.

Esa charla continuó de la manera siguiente:

Yo: X tiene un aspecto fabuloso y creemos que se debe a que es feliz. (Date cuenta de que ahora soy yo quien defiende esa idea.)

D: Es por el éxito, sin duda. Atraviesa una buena racha.

Yo: Se tomó unas vacaciones en Navidad y cargó las pilas.

C: ¡Pero qué decís! Está saliendo con Daniel no sé qué, que la adora. Por eso está tan fantástica.

Ahí lo tienes. Tu aspecto resplandeciente y juvenil depende por completo de cómo te sientes. Además, te habrás dado cuenta de que ninguna de nosotras aventuró que la directora de la revista pudiera estar sometiéndose a terapia electromagnética, alimentándose solo de apio y almendras, o que hubiera contratado al entrenador personal de Gwyneth Paltrow. En realidad, todo el mundo sabe que hace falta algo más que una dieta, tratamientos y ejercicio para estar bien para tu edad.

Entonces ¿estás bien para tu edad?

Sí, si puedes decir:

- Consigo tocarme los pies.
- No utilizo mallas.
- Los dientes son míos.
- He dejado de teñirme el pelo en casa.
- Solo tengo amigos que me hacen reír.
- Aún compro discos.
- Me vuelve loca la moda (a veces).
- No tengo nada beige.
- Nunca ahorro en zapatos.
- He bailado en la cocina en los últimos seis meses.

No, si dirías:

- Sigo queriendo parecerme a Sarah Jessica Parker.
- Nunca tomo carbohidratos después de las seis.
- A veces llevo calcetines largos y tacones.
- Miento a todo el mundo acerca de mi edad.

- Nunca me toco la cara con las manos porque es malo para el cutis. (Esto me lo dijo Glenn Close en una entrevista. La verdad es que aún no lo he superado.)
- No permito animales en casa.
- Siempre estoy en la cama a medianoche.
- Necesito una habitación para mí sola.
- No le encuentro la gracia a la música ensordecedora.

Trucos antiedad que no tienen nada que ver con tu aspecto

- No te mudes al campo. Padecerás el frío y la humedad a todas horas. Te olvidarás de exfoliarte. Se te pondrán las uñas de los pies como a Howard Hughes y llegará un día en que te crecerá pelo en la barbilla y no te darás ni cuenta.
- No te vuelvas seria. Todo el mundo asume peligrosamente que crecer implica dejar de hacer tonterías. No hace mucho fui a una cena en la que había belleza e inteligencia por doquier. Todas las conversaciones eran sesudas e importantes, dignas de ser anotadas y utilizadas como breves conferencias, pero nadie se estaba divirtiendo de verdad. Creo que no oí ni una sola risa en toda la noche. En esa fiesta, por primera vez en mi vida, me sentí muy mayor.
- Oblígate a ser espontánea. Pues claro que puedes arreglarte en media hora. Pues claro que puedes ir a España a pasar un fin de semana largo. ¿Qué te impide organizar una fiesta? Nada.
- Nunca te mires en espejos con excesiva iluminación superior (de acuerdo, este consejo sí tiene que ver con tu aspecto). La ex modelo que es copropietaria de la cadena de hoteles Soneva me dijo una vez que siempre insiste en

que todos los espejos de sus hoteles tengan una iluminación que favorezca a las mujeres (es decir, tenue), porque que te veas bien con tu biquini o con tu minivestido es lo que marca la diferencia entre unas vacaciones felices y la autoflagelación. Corres el riesgo de hacerte daño en esos baños, pero qué demonios: bajas al restaurante prácticamente desnuda, y te sientes genial.

- No te preocupes tanto por cosas sin importancia. Eso es lo que te está provocando esa gruesa arruga en el entrecejo.
- Son todo cosas que ya sabes. Por lo tanto, recuerda: mañana podrías estar muerta! Así que deja de machacarte. ¿Qué más da?

¿QUÉ HAGO CON MIS AMIGOS?

En este momento de la vida, aparece un gran problema en el terreno de las amistades: las circunstancias han conspirado para que tengas demasiadas. Aunque no seas la persona más extrovertida del mundo, la vida se ha expandido y los años de amistad —al igual que sucede con los años previos a sentar la cabeza— prácticamente se han doblado para la mayoría de nosotras. Hace poco fui a una boda en la que el novio no tenía un padrino, sino dos. Nadie se extrañó: dos parecía el número perfecto, puesto que el novio tenía casi cuarenta años y había tenido una vida intensa en por lo menos dos continentes. Tal abundancia de amigos es sin duda un motivo de celebración... en teoría. Es también la razón por la que te despiertas por la noche con el corazón acelerado, pensando: «Mierda. Ayer fue el cuarenta cumpleaños de Sarah/el día de su sentencia provisional de divorcio/el bautizo de mi ahijada». (Personalmente, lo que más me preocupa es ser una mala madrina para mis trece ahijados. Y no solo me cuesta recordar sus edades, he llegado incluso a poner el nombre equivocado en el regalo de Navidad de uno de mis ahijados, por lo que recibí la reprimenda de su madre. Todo esto, en definitiva, ocurre por sobrecarga de amistades.)

Otro aspecto que también somete la amistad de hoy en día

a grandes tensiones es que todas estamos en un momento de nuestras vidas completamente diferente. A ver, echa un vistazo a tu alrededor y trata de encontrar a una amiga cuya vida esté en perfecta sincronía con la tuya. Tengo amigas con niños de un año, amigas con hijos adolescentes, amigas solteras y sin hijos, y amigas que están embarazadas. A las siete de la tarde de un día cualquiera, una estará lidiando con piojos y deberes, otra en mitad de una teleconferencia en la oficina y otra estará sorbiendo mojitos en una cita. Es sorprendente que hayamos nacido más o menos por la misma época cuando tenemos tan poco en común. Intentáis reuniros el fin de semana, pero vuestras prioridades son tan distintas —parque y zoo, gimnasio y descanso, borrachera y baile— que organizar un encuentro resulta prácticamente imposible. Y no solo eso, sino que estas amigas están desperdigadas por todo el país y cada una de ellas parece decidida a plantarse y hacer que las demás vayan a visitarla. (¿Por qué si no iba a gastarse tanto dinero en la ampliación de la cocina?) Ah, y no hace falta decir que todas estamos increíblemente ocupadas. Les envías mensajes del tipo: «Puedo quedar en agosto, las dos primeras semanas, o el jueves que viene o el siguiente, o el viernes, ¿podéis quedar alguno de esos días?». Pero no pueden. O no puedes tú. O pueden, pero entonces el perro se pone enfermo.

Para complicar aún más el asunto (si eso es posible), estamos condicionadas a tener un número de amigos imposible de manejar. En el siglo XXI, tu valía se mide por el número de gente a la que conoces. El poder es importante, el estatus resulta crucial, pero si puedes reunir a doscientas personas el día de tu boda —y que ninguna de ellas considere que tendría algún sentido regalarte una *fondue*—, esa es la definición moderna del éxito. (Facebook es la expresión culminante de esta necesidad de sentirnos conectados a cientos o, si puede ser, a miles de personas. Resulta que yo soy alérgica a Facebook —a menos que sean estudiantes quienes lo utilicen, grupo demográfico para el que fue inventado—, porque anima a la gente a coleccionar amigos como si fueran trofeos y todo se reduce a salir bien en las fotos.) Sin embargo, esta muestra de superioridad moral no significa que no quiera que las postales de Navidad inunden mi casa llegado el mes de diciembre, aunque sean de mi dentista o del chico que me arregla el ordenador. Y, desde luego, no significa que no quiera que esa persona a la que apenas conozco me invite a su fiesta y que, al llegar, se acerquen a saludarme cientos de desconocidos. Como ya he dicho, todos tenemos problemas con nuestras amistades.

Tu madre jamás tuvo estos problemas porque no acumulaba amigos de la forma compulsiva y competitiva en que lo haces tú, y no se casó con tu padre después de veintitantos años confiando en su grupo de amigos para mantenerse con vida. Además, afrontémoslo, necesitaba menos atención, y sus amigas también. Como sea, tienes un problema. Te sientes culpable por no ser lo bastante buena amiga y a veces sospechas que ellas no se comportan contigo tan bien como deberían. Es el momento de evaluar la situación. En primer lugar, tienes que saber quiénes son tus amigos.

Conoce a tus amigos

¿Te has dado cuenta de que la gente ha empezado a utilizar «mi amigo» casi como un prefijo? Antes, esto solo sucedía en el instituto, pero el hábito se ha ido extendiendo desde la aparición de Facebook, cuando hemos cobrado conciencia de que hemos abusado de la palabra «amigo» hasta el punto que casi ha perdido su significado. Ahora, cuando dices, «¿conoces a mi amiga Sue?», lo que en realidad quieres que se entienda es que «esta persona es alguien con quien tengo una relación auténtica, y no alguien a quien conozco sin más, y quiero que te des cuenta de esa diferencia porque sé que toda esta historia sobre la amistad se nos ha ido de las manos».

Cuando eres joven, no hace falta que te plantees quiénes son tus amigos de verdad, tan distintos de los amigos del montón, pero a medida que te haces mayor, tu radar para las amistades se corrompe: la conveniencia, la vanidad y toda clase de cosas (como el que tenga una bonita casa en el sur de Francia) condicionan tus instintos más primarios y es probable que llegues a confundir un amigo del montón con un amigo de verdad. Es normal. A todos nos pasa de vez en cuando. Pero es importante diferenciar claramente entre los dos, porque no hacer esa distinción es lo que nos lleva a esos sentimientos de sobrecarga, culpabilidad y, por lo general, a alterar nuestras prioridades en materia de amistad.

La definición de una Amiga del Montón:

- Te arreglas para quedar con ellas.

- Te preocupas por quién tienen sentado al lado en una cena.

- Estás siempre de buen humor cuando hablas con ellas por teléfono.

- Nunca habéis tenido una conversación que empiece con «esa puta zorra».

- Les dedicas cumplidos sobre su peso.

- Les haces regalos caros.

- Las invitas a ir contigo al teatro.

- Te aseguras de devolverles el dinero cuando te invitan.

- No puedes ir de compras con ellas, es demasiado violento.

- Te toman en serio.

- Creen que tienes buen gusto.

- Pueden fijarse en tu ropa sin necesidad de fijarse en ti.

En cuanto a las Amigas de Verdad:

- Puedes contarles que tienes lombrices, o algo por el estilo. De hecho, podrías llamarlas solo para decirles eso.

- Jamás hacen comentarios sobre tu aspecto, a menos que te hayas hecho un cambio de peinado radical.

- Siempre te devuelven la llamada, aunque sepan que la conversación urgente que necesitas tener es sobre lo que deberías ponerte el sábado.

- Puedes llorarles por teléfono, solo porque te apetece llorar.

- Les hablas de tus padres.

- No vacilan a la hora de soltar alguna barbaridad sobre tus nuevos amigos.

- No te confunden con tu trabajo.

- Te guardarán las espaldas en público si es necesario.

- En ocasiones te dirán cosas que te harán daño, y luego añadirán: «Lo siento, pero ya sabes a qué me refiero». Y lo sabes. (Una de las definiciones de Amiga de Verdad es «alguien que puede decirte cosas que tan solo tolerarías a tu madre. Por ejemplo: te "huele el aliento"».

- Nunca se ofenden si cancelas una cita.

- Se burlan de ti, pero saben sobre qué pueden hacerlo.

- Te escuchan cuando les dices que estás ocupada, pero si en tus palabras hay un grito de ayuda, apenas disimulado —como en «me estoy ahogando y tal vez me iría bien un poco de ánimo»—, ellas lo descubrirán.

- Sabes que lloran por ti cuando estás feliz y también cuando estás triste.

- Cuando preguntas: «Pero ¿por qué no me quiere?», ellas no responden «Bueno, tal vez porque...» y comienzan a recitarte una lista de motivos por los que no te haces querer (en tu vida siempre hay alguien dispuesto a hacer eso, véase el apartado Amigos que No Necesitas).

Dicen que una Amiga de Verdad es aquella a quien puedes confiarle tu vida, pero eso deja fuera a todas tus amigas faltas de sentido práctico y a las cobardes. Yo creo que una Amiga de Verdad es alguien que podría hablar por ti si algún día te encontraras en una situación del estilo de *La escafandra y la mariposa* (es decir, afectada por una embolia y capaz de mover tan solo un párpado). Diría: «Espera, creo que quiere que enciendas el televisor. Sí. ¡Pero no pongas eso! ¡Odia ese programa! Pon ese otro de famosos que bailan. O *Scrubs*. No le des salmón. Oh, ha faltado poco. Odia el salmón. Sobre todo si está desmenuzado. Y es alérgica al ketchup. Por cierto, ¿lavas las sábanas con detergente no biológico? Es alérgica a los productos biológicos. Y al jabón. Y a las azucenas. Será mejor que te lleves esos girasoles, ahora que los veo, porque le recuerdan al imbécil de Richard. Sí. Eso es. Y siempre toma un capuchino después de comer, sin chocolate por encima. ¿Se lo puedes administrar por vía intravenosa?». Una Amiga del Montón no tendría ni idea de todo esto.

No hay nada de malo en cultivar muchas amistades, pero se corre un riesgo potencial: tal vez te descubras empleando bastante más tiempo en tus Amigas del Montón, porque las Amigas de Verdad no requieren el mismo grado de atención. ¿Cuándo fue la última vez que llevaste flores cuando una Amiga de Verdad te invitó a su casa a cenar? ¿O que te pasaste la hora de la comida eligiendo una preciosa tarjeta de cumpleaños para acompañar esa fragancia de Jo Malone? Exacto. Si tienen suerte, les enviarás un mensaje al móvil. Posiblemente un día y además tarde. En realidad, las Amigas de Verdad no esperan ningún trato especial por tu parte, pero esa no es la cuestión. Ya hemos llegado a la conclusión de que tienes a demasiada gente en tu agenda; en caso de que tengas que desatender a alguien, tal vez no te convenga que sea precisamente esa persona a quien tal vez pidas un riñón en el futuro.

Los amigos que necesitas

Los Viejos Amigos

Os conocisteis en los columpios del parque, o en el bar de la facultad. Lo importante no es cuándo se inició vuestra amistad, sino que conoces a esa persona lo suficiente para que esté al corriente de la versión auténtica de la historia de tu vida. A diferencia de los amigos que conociste en etapas posteriores, conocen los detalles más embarazosos, los asuntos más íntimos, las cosas que tú no recuerdas por culpa del Malibu, la mayoría de tus rituales de transición (la primera ruptura, el primer corte de pelo realmente traumático, el primer despido, la segunda ruptura, el segundo despido, etcétera...) y viceversa. Todo esto crea de inmediato un vínculo y permite que os comuniquéis a un nivel subliminal.

Aquí tienes la típica conversación telefónica con una Vieja Amiga:

—¿Te has comprado el vestido? (Las Viejas Amigas no necesitan presentarse.)
—No.
—¿Por qué no?
—Porque parecía una Wonder Woman obesa.
—Ya sabía yo que me recordabas a alguien. Entonces ¿qué vas a ponerte?
—Me da igual, la verdad.
—¿Estás ocupada?
—Sí.

—¿Quedamos para tomar algo, entonces?
—¿Cuándo?
—Ahora mismo, por lo que parece.
—De acuerdo.

Y ahora la misma conversación con una Amiga del Montón. Sería algo así:

—Hola, soy yo, Anna. ¿Cómo estás?
—Oh, hoooola. Bien, ¿y tú?
—Muy bien, gracias. ¿Al final te compraste ese vestido tan bonito que te probaste?
—No, al final no. Pensé que era un poco... estilo Wonder Woman.
—¡No! ¿Qué dices? ¡Te sentaba genial! Entonces ¿qué vas a ponerte?
—Aún no lo sé. Tendré que echar un vistazo a mi armario.
—Pareces un poco distraída.
—¿En serio? Perdona. Dime, ¿qué tal va todo? ¿Cómo está Jack...?

Los Viejos Amigos, como todo el mundo sabe, son irreemplazables, y hay estudios que demuestran que pasar tiempo con ellos reduce los niveles de estrés, aunque no resulta tan efectivo como acariciar a un burro. No tienes que comportarte siempre maravillosamente cuando estás con un viejo amigo; es más, puedes permitirte el lujo de ser desagradable. Permanecerán a tu lado en tiempos de crisis. Siempre ayudan a vaciar los platos de comida y a cargar el lavavajillas. Se quedarán despiertos, escuchándote mientras hablas sin parar sobre la mirada que te dedicó ese hombre, y lo que pudo significar, aunque tengan una reunión importante por la mañana. Dicho lo cual, dejemos algo muy claro: Los Viejos Amigos tienen sus inconvenientes; por ejemplo, se niegan a aceptar el paso del tiempo y la posibilidad de cambio.

Así pues, por ejemplo, cuando entras y dices en un tono despreocupado: «Eh, ¿sabes qué? ¡Me han nominado a un Oscar!», ellos responderán: «¡Genial!», y a continuación: «Bueno. ¿Pedimos ese curry o qué?». Todo esto forma parte de la descripción de un Viejo Amigo. No les interesa que estés más esbelto y con aspecto impecable, o que tengas un trabajo glamouroso que implica viajar en primera clase. (No es que no les interese, es que no los impresiona. ¿Por qué debería? Te conocen desde que te teñías los zapatos y trabajabas en una hamburguesería.)

Los Viejos Amigos te quieren de un modo similar a tu familia —y son, hasta cierto punto, como tu familia—, y por ello se reservan el derecho de mantenerte en tu lugar. Si compartieron casa contigo durante la facultad, es inevitable que se mueran de risa cuando dices que eres «incapaz» de cocinar en una cocina eléctrica (sí eres capaz). Y si en el colegio te llamaban «gordi», es poco probable que ahora te llamen Priscilla. Además, ¿qué sentido tendría? La tarea de un Viejo Amigo no es hacer que te sientas bien. Su tarea consiste en tener siempre en marcha el detector de gilipolleces y seguirte allí adonde vayas, llevándote de la cintura. Todo esto es genial y muy saludable. No los cambiarías por nada del mundo. Pero una chica necesita un poco de atención embelesada de vez en cuando. Necesita cautivar y ser cautivada, que piensen de ella que es ingeniosa, interesante y especial. Y por esa razón, necesita nuevos amigos.

Los Nuevos Amigos

Los Nuevos Amigos son como amantes al principio de vuestra relación. Quieren saberlo todo sobre ti; les parece que tienes un aspecto fabuloso, que hueles de maravilla, que vives en un lugar fantástico y no se creen la suerte que han tenido al conocerte. («¿No es una mujer increíble?», comentarán a tus Viejos

Amigos, y estos asentirán con entusiasmo al tiempo que te dirigirán una mirada elocuente con la que te preguntarán: «¿De dónde has sacado a este?».)

Lo más importante, y la razón por la que tienen tanto atractivo, es que los Nuevos Amigos están empezando a conocerte ahora. Han aparecido en el mejor momento de tu vida, cuando por fin has descifrado quién eres y has conseguido algo parecido a un estilo personal (en pocas palabras, te has olvidado de los complementos). A diferencia de la gente a la que conoces de prácticamente toda la vida, estos amigos ni se imaginan por cuántos peinados vulgares, trabajos de camarera y noches de llanto y moqueo has tenido que pasar para llegar hasta aquí. No saben que tuviste un novio que se parecía a Bill Gates, o que solías vestir como la princesa Ana, y lo bonito del asunto es que no tienen por qué saberlo. Por supuesto, resulta muy embriagador, porque te permite mostrarte como la versión mejorada, actualizada y remozada de ti misma, y obtener una reacción auténtica. El problema con los Viejos Amigos es que no son un buen indicador de la imagen que das al mundo, porque siempre están contigo, pase lo que pase.

Los Nuevos Amigos tienen otra gran ventaja. Puedes elegir a dedo los que encajan en tu vida actual: por su proximidad geográfica, por la casa que tienen en el sur de Francia, por constituir una asombrosa colección de hombres solteros, lo que quieras. Para las cosas importantes ya tienes a los Viejos Amigos, así que puedes permitirte escoger a los nuevos por las razones más superficiales. (Puedes elegir a tu Nueva Amiga solo porque está estupenda con su chaqueta de pelo tipo yeti y botas hasta los muslos, y porque sin duda aportará un toque de distinción a tus fiestas como no podría hacerlo ninguna bola de espejos discotequera ni ninguna colección de velas. No puedes confiar en tus Viejos Amigos para esa clase de cosas.)

Los Nuevos Amigos pueden llegar a convertirse en Viejos Amigos, pero solo si trabajas con ellos codo con codo, durante muchos años. Ya se ha intentado. Todos lo hemos intentado. Estando de vacaciones, conoces a una pareja fantástica, así que, de vuelta en casa, intentas mantener el contacto con improvisadas cenas los viernes por la noche y salidas para tomar copas. Y entonces, al cabo de unos meses (cuando la realidad se impone y te das cuenta de que no tienes tiempo para esa clase de flirteos), el entusiasmo por los Nuevos Amigos desaparece. Otra posibilidad es que se prolongue a duras penas un par de años durante los cuales ambos haréis grandes esfuerzos y os enviaréis invitaciones con la esperanza de lograr que vuestra relación llegue a la fase que le permita seguir adelante sin necesidad de recibir demasiada atención. Pero eso es todo. No puedes aspirar a mantener una relación de Nuevos Amigos.

No hace mucho entablé amistad con una pareja y habría jurado que lo conseguiríamos: teníamos la suficiente gente en común, las suficientes oportunidades de encontrarnos y razones suficientes para tomarnos las molestias necesarias. Pero un día ella pronunció las palabras fatídicas: «Tienes que venir a casa una noche, y veremos la tele», y eso acabó con la relación. En ese momento nos dimos cuenta de que el juego se había terminado, porque si podíamos quedarnos en casa a ver la tele, nada nos impedía asistir a las cenas de Navidad de la familia de la otra. Ambas deseábamos poner fin a la parte intensa de la relación y progresar hacia la etapa cómoda, en que podéis relajaros porque sabéis que os tenéis la una a la otra, pero no teníamos —y nunca tendríamos— el tiempo necesario para llegar a esos niveles de comodidad. (Ahora, cada vez que nos encontramos, notamos ese escalofrío de vergüenza que se siente cuando se ve a esos hombres con los que una nunca debería haberse acostado.) Algunos Nuevos Amigos se convertirán en Viejos Amigos, siempre que les des el trato adecuado, pero es mejor aceptar que la mayoría tienen una duración limitada y que tendrán que ser reemplazados por otros.

Nota: Como regla general, no conviene que mezcles a los Viejos Amigos con los Nuevos. Los Viejos Amigos son el equivalente a las parejas que llevan muchos años juntas y no mantienen relaciones sexuales con demasiada frecuencia, pero que han pasado por tantas cosas juntas que el vínculo que las une es inquebrantable. Los Nuevos Amigos, sean del sexo que sean, son como el jugador de polo argentino de veintitrés años que siempre se sienta a desayunar sin camiseta. En pocas palabras, son rivales, y tienen estilos muy diferentes.

Los Amigos del Trabajo

Con tus Amigos del Trabajo puedes establecer un vínculo tan fuerte como con tus Viejos Amigos —es posible que más fuerte incluso, si tenéis que daros apoyo o cubriros las espaldas en los momentos difíciles—, pero solo mientras trabajéis juntos. Tan solo una de cada veinte relaciones de amistad de este tipo sobrevive a un cambio de trabajo. (Me he inventado la estadística, pero creo que es una estimación más bien generosa. ¿En cuántas tarjetas de despedida de un colega de trabajo has escrito: «¡Seguiremos en contacto!», y después no lo has vuelto a ver jamás?) La pérdida de Amigos del Trabajo es algo a lo que tienes que acostumbrarte en esta vida —como al hecho de que alguien que amas haya amado a otras mujeres, y se haya acostado con ellas—, aunque sea difícil. Has pasado con ellos momentos buenos y malos, los recortes y el apagón que lo borró absolutamente todo, las increíbles sesiones de bebida, los fines de semana de motivación (o, lo que es lo mismo, más increíbles sesiones de bebida), de modo que has pasado más tiempo con esta gente que con tu familia, y muchísimo más que con tus amigos. ¿Por qué no podríais permanecer juntos para siempre? Porque a) has encontrado otro grupo de Amigos del Trabajo en tu nuevo empleo y, mira por dónde, cumplen su cometido. Y b) porque como nunca habéis llegado a esa fase de la amistad en la que los amigos se pasan días enteros tumbados juntos en casa, comiendo pizza y cubiertos con una manta, no habéis alcanzado ese punto en el cual podéis dejar que vuestra relación fluctúe para recuperarla más adelante (véase el apartado sobre los Nuevos Amigos).

Dicho esto, si trabajáis juntos el tiempo suficiente, y si terminado el trabajo soléis salir a tomar algo en lugar de regresar a casa, y estáis levemente enamorados los unos de los otros, y esta relación de trabajo coincide con un período formativo de vuestras vida, entonces sin duda tus Amigos del Trabajo se convertirán en amigos de verdad. He dormido en una cama de matrimonio con todo el equipo editorial de una revista para la que trabajé, y sigo manteniendo una relación cercana con casi todos ellos.

Los Amigos Trofeo

A diferencia de un Nuevo Amigo, un Amigo Trofeo no dispone necesariamente de mucho tiempo para ti, pero eso no tiene la menor importancia. Los Amigos Trofeo, al igual que las esposas trofeo, no necesitan hacer demasiado para ganarse su posición, tan solo deben quedar bien a tu lado. Ella, o él, es la versión adulta de un enamoramiento de colegiala combinado con una pizca de ambición social. Es posible que tu Amigo Trofeo sea algo famoso, muy atractivo o que tenga un talento excepcional (aunque en ese caso tendría que ser también algo famoso, porque si la gente no reconoce al trofeo, no sirve para nada). En cualquier caso, utilizas a tu Amigo Trofeo para reforzar un acontecimiento social, como cebo para otros individuos trofeo, o solo para que te proporcione ese resplandor especial que da el hecho de conocer a alguien a quien todo el mundo desearía conocer. (Vivimos tiempos de superficialidad. Las dos cosas infalibles para conseguir que la gente tenga ganas de fiesta —aparte de lo obvio— son un hombre con una cámara y un par de personas cuyos rostros aparezcan en la tele o en las páginas de la revista *Grazia*, por ejemplo.)

Nota: A los Amigos Trofeo les encanta interpretar su papel. Seguro que tienen un grupo de amigos superiores, y lugares más excitantes a los que ir, pero les gusta dejarse caer por el mundo real y observar las mandíbulas desencajadas y los ojos como platos que dejan a su paso. Es como recargar un coche eléctrico.

El equipo de supervivencia de la amistad

No hay una norma en cuanto al número de amigos que una persona necesita. Según las encuestas de MSN, la media está en seis amigos de verdad, pero puedes sentirte igual de cómodo con algunos más o menos. Lo que importa es tener el equipo completo que aparece a continuación y, si eres como yo, querrás tener dos de cada categoría.

La Casada Sensata (CS)
Esta amiga tiene que estar casada y ser sensata, porque su vida debe contrastar por completo con la tuya, y su casa tiene que ser un remanso de paz al que puedas acudir a lamerte las heridas. La CS siempre tiene la nevera llena y la puerta abierta para ti, pero, sobre todo, tiene la solución para cualquier problema práctico o emocional, como dónde comprar una alfombra para el dormitorio (que es más complicado de lo que parece) y qué hacer cuando un hombre que te ha dicho que te llamará no te llama. Lo más probable es que te diga: «¿Por qué no vienes y me lo cuentas mientras cocino un ossobuco?».

La Amiga Mentora (AM)
Si tienes que comprarte un vestido para una cita importante, un piso, o tomar una decisión sobre una oferta de trabajo, ni se te ocurra hacerlo sin antes consultarlo con tu AM. Su tarea consiste en proporcionarte una perspectiva firme y un antí-

doto para la actitud irresponsable que adoptas en ocasiones. Al principio, su ayuda se limitaba a cuestiones profesionales, pero con el paso del tiempo se implica en toda clase de decisiones que requieran un poco de temple: si deberías comprarte las botas Miu Miu, si tendrías que dar una segunda cita a ese fotógrafo de aspecto demacrado, si deberías dejar de beber durante la semana o solo de domingo a martes, etcétera... Lo más probable es que te diga: «Eres diez años mayor para llevar flequillo. Olvídalo».

La Soltera Cabreada (SC)

La Soltera Cabreada no está realmente cabreada, ni siquiera es necesario que esté soltera, pero sí dispuesta a cabrearse si alguien se dedica a hacer suposiciones sobre las aptitudes de las mujeres. Es una amiga deseable para las mujeres que tienen pareja y totalmente imprescindible para las que no la tienen, puesto que nunca está tan cansada u ocupada para no poder dejarlo todo por ti, y no ha cambiado en nada su estilo de vida desde el día que os conocisteis (aunque ahora tiene que llevar rodillera en según qué ocasiones). Lo más probable es que te diga: «Oh, sí, ten un hijo, ¿por qué no? Yo te lo cuidaré los fines de semana. Tomemos un avión mañana mismo, será divertido. Oh, que le den... de todas formas, era demasiado bajo para ti. ¿Puedes echarme otro chorrito? No noto el sabor a alcohol».

(Opcional, aunque deseable) El Amigo Atractivo y Soltero

Tu amigo AyS —también llamado amigo platónico— tiene un valor inestimable durante esos períodos de barbecho en los que puedes pasarte meses sin ver a un solo hombre. Te acompaña a las fiestas. Te ayuda a cambiar de sitio los objetos pesados de tu piso. Te ayuda a cambiar de actitud, si resulta que estás demasiado cansada o sensible. Investiga a los candidatos disponibles y te proporciona un punto de vista masculino, siempre tan importante. Por ejemplo: «Un hombre tendría que amarte con locura para tolerar ese bañador».

Nota: Mi propio equipo de supervivencia aflorará en determinados momentos a lo largo de este libro, porque forma parte de la naturaleza de esta clase de amigos: nunca se alejan lo suficiente para perder de vista lo que sucede en tu vida y están implicados en todos los asuntos importantes. (A mi Amiga Casada Sensata le gusta que la acompañe a la peluquería para vigilar a la chica que la tiñe y evitar así que se repita la catástrofe de las mechas que tuvo lugar en 2004, pero yo no llego al extremo de llevar a ningún miembro de mi equipo a la peluquería. De compras, en cambio, sí.)

Odio a mi Mejor Amiga

Incluso en este ambiente saturado de amigos, es probable que tengas una Mejor Amiga, y lo que la distingue a ella de las demás sea precisamente su habilidad para conseguir que la odies. Por lo general, este sentimiento surge porque:

- Te ha dicho algo que no querías oír. Por ejemplo, que el hombre con el que llevas semanas dando la lata, como si existiera una posibilidad real de que hubiera algo entre vosotros, durará tan solo un par de noches.

- Te ha engañado (o lo que es lo mismo, no te dijo, a la mañana siguiente, que se marchó con el hombre que conoció en la fiesta la noche anterior. Su excusa fue que él estaba en la cama a su lado cuando la llamaste, pero aun así...).

- Ha adelgazado y ha empezado a enseñar su (reducido) cuerpo por todas partes, además de adoptar una irritante pose consistente en echar las caderas hacia delante.

- Se ha entusiasmado como una colegiala por alguien del trabajo y cada vez que la llamas está con ella tomando una copa. Además, cuando responde, siempre está risueña y relajada, como si se hubiera liberado de la monogamia sofocante de tu amistad y estuviera viviendo una aventura fascinante.

- Le prestaste tu vestido de seda y te lo devolvió todo sudado sin molestarse antes en llevarlo a la tintorería.

- Ha sido monstruosamente desleal (en una fiesta en tu casa la tomó contigo y se burló de tu chaleco al estilo Sienna Miller, cuando la regla no escrita es la de «nunca romper filas»).

- Se compró los mismos zapatos que tú y no te lo dijo.

- Intentaste que se sumara a tus críticas sobre otra conocida en común y te miró con gesto de desaprobación y se negó a criticarla, con lo que rompió otra regla no escrita: «Cualquier enemigo mío es también enemigo tuyo».

- Conoció a tu ex en una fiesta, habló con él durante hora y media y, aun así, su versión de lo más destacado solo dura un minuto.

- Ninguna de las dos cocináis (es una especie de acuerdo), pero ahora tu amiga cocina, como si fuera algo natural en ella y hasta se ha comprado un cuchillo medialuna.

- Niega rotundamente que fuiste tú quien la animó a hacer yoga y dice que fue cosa de una compañera de trabajo.

- Bebe menos alcohol, hasta el punto de que ya no bebe, pero lo niega, igual que cuando está a dieta.

- Le gusta pensar que tiene una relación especial con tu novio intermitente (de acuerdo, probablemente ex novio) y dice cosas como: «Sí, pero a él le parecería fatal» y «Me parece que congeniaría con Jane».

La razón por la que tu Mejor Amiga te da tantos motivos para odiarla es que permanece sobre una línea muy delgada entre ser tu Mejor Amiga y tu devota alma gemela. Cuando sale corriendo del juzgado y se sube al taxi engalanado con lazos de seda blanca, imaginas que estará pensando: «Oh, la quiero tanto. A él también lo quiero. Pero tengo tanta suerte de tenerla. Espero que esté bien. La echaré mucho de menos», cuando en realidad, lo que piensa es: «¡Mierda! ¿Me he despedido de su madre? ¿Se me está arrugando el vestido? ¡Sí! Así está mejor. ¿A quién le he dado mi bolso? Ah, sí, a mi Mejor Amiga. ¡Uf! Bueno, espero que se acuerde de dejarlo en el hotel o tendré un problema».

Tu Mejor Amiga piensa de ti lo mismo que tú de ella, lo cual no siempre es bueno.

Además, tu Mejor Amiga sabe demasiado. No solo sabe lo que saben tus Viejos Amigos, lo sabe absolutamente todo. Solo a las Amigas Tóxicas (véase más adelante) se les ocurriría utilizar información privilegiada contra ti, pero tu Mejor Amiga se reserva el derecho a pinchar con delicadeza tus talones de Aquiles (tienes ocho, y ella los conoce todos) cuando lo cree conveniente. Es una suerte de venganza por todas las horas que ha pasado alimentando tu frágil ego, aconsejándote qué hacer y, si tú has decidido hacer todo lo contrario, empezando otra vez de nuevo. ¿Sabías que todas esas cosas que hace y que a ti te ponen nerviosa son en su mayoría deliberadas?

Las amigas que no necesitas

Hay solo dos razones para librarte de una amiga: a) que su presencia en tu vida esté teniendo un efecto negativo, o b) que te hayas dado cuenta de que en realidad no sois amigas, ni siquiera en el sentido más amplio de la palabra, por lo que fingir que lo sois no tiene ningún sentido. Por ejemplo:

- Tienes su dirección de correo electrónico pero no su teléfono.
- Su marido pronuncia mal tu nombre.
- Tú ni siquiera recuerdas el nombre de su marido.
- No conocéis a nadie en común, a excepción de tu ex.
- Se te hace muy violento encontrarte con ella por la calle, sobre todo desde que le preguntaste: «¿Y cómo está Rick?», cuando resulta que Rick se marchó con la *au pair* en 2005.
- No habéis estado la una en casa de la otra.
- No te cabe la menor duda de que la viste evitándote por la calle.
- La última vez que te mandó un mensaje al móvil no sabías de quién era, aunque firmó con su inicial y el mensaje contenía las palabras «recuerdos de Jack».
- Sientes alivio cuando la llamas y no responde, lo que significa que puedes limitarte a dejarle un mensaje.
- Organizó una fiesta por todo lo alto y no te invitó.

En realidad, a las amigas de este tipo no hará falta que te las quites de encima. En estos casos se aplica el lema «desaparecida, dada por muerta». No te pones en contacto con ellas, ni ellas contigo. Pasan un par de años y os convertís oficialmente en conocidas. En cuanto a las Amigas Tóxicas (es decir, las que tienen un impacto negativo en tu vida), es probable que tengas que tomar medidas más drásticas.

La Amiga Agotadora

La conoces. Ha pasado un año difícil. Unos ladrones le abrieron el coche. Su gato se puso enfermo. No se concretó la compra del piso que quería. Después tuvo goteras en casa y el techo de la cocina se desplomó. Es una cosa detrás de otra (aunque haya períodos de varios meses entre las crisis, da la sensación de que son continuas). Puede ser divertida, pero con esta clase de amiga te limitas a escuchar sus problemas y te maravillas ante su resistencia, aunque tú misma estés a punto de perder el trabajo y cubierta de pies a cabeza por un herpes. Y sus problemas solían ser más divertidos, y estar relacionados con hombres.

Cómo hacerle frente: da una imagen de amiga comprensiva y después cambia de tema. Di: «Bueno, mira la parte positiva, podrías tener la gripe aviaria».

Cómo librarte de ella: dile que estás muy ocupada. No respondas al teléfono.

La Señora Ripley

Hace algún tiempo decidiste que no te pondrías tus nuevas adquisiciones para quedar con la Señora Ripley, porque, como que dos y dos son cuatro, antes de que acabe el día se habrá comprado lo mismo que tú y del mismo color. Y quiere las cortinas que tú tienes. Y tus pendientes. Y el nombre de tu tapicero. Y tu receta de chile. La imitación puede resultar halagadora, pero hay un momento en que se convierte en desagradable. La Señora Ripley también invitará a cenar a los amigos que conoció en tu casa, sin decírtelo, y alquilará la casa que alquilaste el verano pasado, las mismas dos semanas. Y esto raya en usurpación de identidad. Tal vez si admitiera su tendencia a lo *Mujer blanca soltera busca*, todo sería distinto y podrías reírte de ello, o tal vez no. Has llegado al extremo de esconder los cojines y los abrigos, y bajar las luces cuando va a tu casa por temor a que toda tu vida pueda ser clonada.

Cómo hacerle frente: hazte la distraída. No le des información. Cuando te pregunte dónde has comprado algo, responde: «La verdad, no me acuerdo».

Cómo librarte de ella: dile que no puedes quedar.

La Princesa

Hubo una época en que estuviste sometida a los sutiles encantos de la Princesa y a menudo se te veía arrastrando sus maletas por el aeropuerto, abriéndote paso a codazos para llegar a la barra y pedir las bebidas (champán para ella), metida en charcos para parar un taxi mientras ella se refugiaba en la entrada de un edificio, abrigándose con el cuello de piel de su abrigo (por algún motivo, su pelo y sus zapatos siempre fueron más importantes que los tuyos). En el pasado no te importaba porque la Princesa siempre era divertida y tenía una de esas agendas increíbles que contiene los números de teléfono de la mejor esteticista y peluquera del mundo. Pero ahora ya no tienes el tiempo ni las ganas de consentirla, y aunque cuando eras joven te parecía graciosa, ahora tienes la impresión de que se aprovecha de ti. Sin embargo —y aquí es donde empiezan de verdad los problemas—, los hombres de tu vida no se dan cuenta de ello. Les encanta que tu amiga les pida que le paren un taxi. Dan por sentado que necesita un brazo para apoyarse y otro que le sujete el paraguas. Y si te quejas porque a ti no te prestan la misma atención, se ríen y te dicen: «Es que tú eres muy capaz de cuidar de ti misma», lo que debería ser un cumplido; sin embargo hace que te sientas como el patito feo.

Cómo hacerle frente: no lo aguantes más. Para ese maldito taxi para ti y déjala esperando bajo la lluvia.

Cómo librarte de ella: deja que camine, que sea ella quien haga los planes y que pague. Pronto se cansará de ti.

La Competidora

Te odió cuando te compraste el piso, cuando conociste a tu último novio, cuando conseguiste tu trabajo. Se mudó cuando tú te mudaste y redecoró su casa al mismo tiempo que tú. Ha decidido que eres el barómetro con el que mide su propio éxito, y si no está diez puntos por encima, no duerme por las noches. (La Competidora es así en todos los ámbitos de su vida: necesitará tener más hijos que tú, más dinero, un perro más grande, lo que haga falta para superarte.) Hasta aquí puede ser tolerable (mejor restarle importancia), pero cuando estáis juntas en público la Competidora no puede resistir la tentación de humillarte. Dirá a tus nuevos y modernos amigos que siempre has votado a los conservadores. Dirá a tu jefe que eras la última de la clase en la escuela. Recordará a los allí presentes la vez que en tu trabajo como asistente de moda te mandaron a casa para que hicieras algo para mejorar tu aspecto. No puede contenerse: si las cosas te van bien, se siente amenazada y, si es necesario, intentará hundirte. Cuando conocí al hombre de mi vida, una archicompetidora mía encontró enseguida la ocasión de llevárselo en un aparte y contarle, en tono de confidencia, que yo llevaba sola diez años (cierto, aunque no sola del todo y, en cualquier caso, yo pretendía que las referencias al tiempo fueran más bien vagas). Y no solo eso, también le dio a entender que antes de que él apareciese en mi vida, yo había sido una mujer triste, solitaria y... aquí viene lo mejor... bastante más gorda. Él, como es un hombre y por consiguiente solo tiene amigos leales, sintió curiosidad por saber qué había hecho yo para merecer tal traición. Sin embargo, el único delito que yo había cometido había sido encontrar el amor a una edad madura, desbaratando con ello su escala de los diez puntos y provocando en ella un deseo desenfrenado de sabotaje.

Cómo hacerle frente: ríete.

Cómo librarte de ella: déjala sin oxígeno. Mantente alejada de ella.

La Condescendiente

Hagas lo que hagas o digas lo que digas, la Condescendiente hará que te sientas como una chica de dieciséis años en una fiesta de adultos. Te interrumpirá cuando te vayas por las ramas y te preguntará qué quieres decir. Te apartará la mano de la botella de aceite de oliva y decidirá ser ella quien se encargue del aliño de la ensalada. Hará comentarios sobre tus pintorescos gustos musicales o abrirá los ojos de par en par con fingido interés cuando estés relatando algún episodio trivial en la vida de una amiga común. Y así con todo. Si fumas a su alrededor, te hará sentir como una neurótica desquiciada; si le ofreces aceitunas con la bebida, te hará sentir aburguesada y triste. Tus conversaciones triviales sonarán a cotilleo; las menos triviales, como si intentaras, sin éxito, hacerte la lista. La ropa nueva es un indicio más de tu superficialidad y falta de moral. La ropa vieja es un indicio de tu existencia resignada y de tus principios relajados. Irá a por ti, hagas lo que hagas. Aguantas a la Condescendiente porque crees que tal vez tienes un problema, pero entonces coincides con alguien igual de glamouroso y sofisticado y te comenta: «Dios, es taaan condescendiente. ¡Es inaguantable!». Y te das cuenta de que es así con todo el mundo.

Cómo hacerle frente: sé igual de condescendiente con ella, si te atreves.

Cómo librarte de ella: si no le sigues el juego, es probable que te deje en paz.

La Brusca

Esta es un poco más compleja, porque, según cómo se mire, su actitud puede parecer aleccionadora y constructiva. La Brusca cree realmente que ese es su cometido. Pero está enfadada y, por alguna razón, está enfadada contigo. Deberías hacer algo más para centrarte en la vida. Deberías planear, organizar y decidir una rutina de ejercicios, deberías aclarar tus prioridades, encontrar un objetivo y trabajar para conseguirlo. Estas conversaciones —sobre lo mucho que podría mejorar tu vida— suelen comenzar porque le cuentas que estás baja de moral, o que tienes problemas en el trabajo, o que echas en falta la presencia de un hombre atractivo en tu vida, y... ¡Pam! Ahí irrumpe ella gritando las diferentes maneras en que tienes que alcanzar tus objetivos. A una parte de ti le gusta esa actitud positiva y directa, razón por la que toleras a la Brusca. Pero no parece que le importe de veras tu situación, sino tan solo que hagas lo que ella dice. Si tienes suerte, llegará el punto culminante en que la llamarás por teléfono una noche, necesitada de palabras tranquilizadoras, y te soltará, como un golpe en mitad del plexo solar: «Ay, contrólate, ¿quieres?». Ninguna Amiga de Verdad utilizaría esas palabras. Ya eres libre de marcharte.

Cómo hacerle frente: no le pidas consejo.

Cómo librarte de ella: aléjate.

Nota: No es posible librarse de los Viejos Amigos a menos que se haya producido una crisis importante (por ejemplo, te han arrebatado, ofreciendo por ella más dinero, la casa de tus sueños, e incluso en ese caso es probable que los perdones transcurridos un par de años). No ver durante meses a los Viejos Amigos o mantener acaloradas discusiones con ellos es algo habitual, de ahí que, aunque decidieras librarte de ellos, no creo que captaran la indirecta.

Razones que pueden parecerte válidas para librarte de una amiga pero que no tienen por qué serlo necesariamente

- Se ha casado con alguien insoportable. Al principio te parecerá un problema insalvable y eso puede poner en peligro tus oportunidades de disfrutar de la vida. Sin embargo, si sigues las normas (listadas más adelante), tal vez sobrevivas.

- Tiene un perro que te ha atacado. Tal vez sea inaceptable en otras culturas, pero en Gran Bretaña la persona agredida, niños pequeños incluidos, es la única responsable por haber pasado demasiado cerca del perro ya que el animal tenía un mal día.
- Le ha tirado los tejos a tu novio. Es impresionante lo mucho que puedes achacar al alcohol, si así lo decides.
- Ha dejado de beber. Es duro, pero no te impide beber a ti.
- Ha hecho un montón de nuevos amigos a los que no soportas. Es probable que esa amistad se pierda por el camino (véase más arriba). En caso de que no sea así, deberías decirle: «Mira, no me pidas que pase siete días en una cabaña aislada del mundo con Mandy y Marco porque me producen urticaria y de ahí no puede salir nada bueno».
- Estás bastante segura de que te robó unas gafas de sol. Es raro, cierto, pero hay gente que tiene esas tendencias cleptómanas, por lo que deberás preguntarte si merece la pena sacrificar una amistad por un par de Oliver Peoples. Es mucho mejor que compres algunos pares de imitación y los vayas dejando por ahí.
- Te invita a su casa junto a sus amigos de tercera división. (Intenta tomártelo como un cumplido. No hace falta que te haga feliz.)
- Contó a otro/a algo que tú le dijiste sobre alguien, luego ese otro lo comentó a un tercero, y de ahí llegó de vuelta a la persona afectada, y ahora te toca dar algunas explicaciones. Algunas amigas son unas terribles bocazas, por lo que no debes confiarles información comprometida.
- Insiste en estar siempre sexy, aun en los momentos de descanso. Me refiero a esos fines de semana en Gales en los que se da por hecho que os ceñiréis a los forros polares, canguros y a las botas de agua, pero aun así ella aparece con el catálogo completo de Toast, con unos vaqueros ajus-

tadísimos para la noche y una colección de tamaño reducido de maquillaje fresco para el día. Su ropa interior provinciana, térmica y con adornos de encaje está a la vista todo el maldito tiempo.
- Se reserva celosamente información útil. Tan solo querías el número de teléfono de un fontanero, fabricante de cortinas o lo que sea, pero ¿crees que te lo dará? Culpa de ello a toda una infancia compartiendo juguetes.

Cómo conservar las amistades que quieres

Sé comprensiva

Lo último que necesitamos es alguien a quien decepcionar, irritar y, mucho menos, cuidar. Tus amigos íntimos —al igual que tú— deberían estar siempre disponibles (por teléfono, como mínimo), ser de trato fácil y, sobre todo, poco exigentes. Cuando sales con tu primer novio, tu amiga tiene derecho a decir: «Ya casi no te veo». Pero esto ya no es apropiado cuando ambas tenéis cuarenta y un años: un orzuelo, plazos de entrega en el trabajo y te resulta imposible asistir al almuerzo navideño que celebra todos los años. La respuesta más deseable por parte de una amiga debe ser: «Ningún problema». En este punto de nuestras vidas nadie necesita escuchar: «Me sentiré muy decepcionada. Confío en ti. Es un momento muy difícil para mí». Todo eso solo te provoca ganas de salir corriendo en la dirección contraria y telefonear a otra amiga.

No desaprovechéis los momentos que paséis juntas

Este el peor temor de la Vieja Amiga: llegar a la casa junto al mar, todo listo para un fin de semana de alcohol y recuerdos de los viejos tiempos al estilo de *Reencuentro*, y ser recibido por... gente que no conoces. O aún peor, gente que no conoces de la zona. En nuestras vidas hay un prolongado período de tiempo en que esta tendencia a mezclarnos con otra gente se agradece, pero llega un punto en el que los desconocidos —a menos que sean famosos— se convierten en gente molesta que te impide disfrutar de tus verdaderos colegas. (Como ya hemos establecido, lo último que necesitas ahora es más gente.) Si los Viejos Amigos se hacen esta clase de cosas (es decir, arruinar la única oportunidad que tenéis en doce meses de mantener una valiosa conversación en privado al convertir ese fin de semana en un espeluznante desafío de catering) es por pura costumbre. Creen que introduciendo sangre nueva lograrán que el encuentro sea más memorable. O tal vez solo quieran fanfarronear. («Mira, ¡conocemos a los encantadores Swinton! ¡Qué detalle por su parte estar aquí, en nuestra casa, sentados a nuestra mesa!») A menudo se da el caso de que deban un favor a la pareja que vive dos casas más abajo, la que siempre les cuida el perro cuando tus amigos están de viaje, y entonces aprovechan tu visita para recompensarlos por ello. Sea cual sea la razón, estas relaciones sociales improvisadas interfieren en las relaciones de verdad y deberían evitarse.

Cuidado con la diferencia de poder adquisitivo

¿Sabes qué? Que no solo estáis en momentos de la vida distintos, sino que también tenéis ingresos radicalmente diferentes. Tu amiga más íntima tiene un bolso Chloé auténtico y no le parece normal que eso provoque tantos resoplidos y golpecitos para llamar la atención. Ella y su marido beben todos los días del año el vino que tú tomaste por Navidad. En el baño del piso de abajo tiene una botella de tamaño industrial del perfume que tú utilizas (con su conjunto de vela y ambientador). El suelo del sótano de su casa está cubierto con la pizarra que querías —y que decidiste que no podías permitirte— para los paneles de pared de la cocina. Y el problema está en que puedes hacer esas comparaciones. Viajáis a los mismos destinos y tenéis prácticamente los mismos gustos, solo que tú estás siempre un grado por debajo de ellos: su vida es de clase business y la tuya, turista. Razón por la que en todo momento te mueves en el territorio de la envidia.

Además, entre tu grupo de amigas habrá siempre alguna que creerá que estás forrada y no podrá dar crédito a que compraras las sillas de la cocina en una tienda, cuando podrías haber ido a Spitalfields Market a las cuatro de la mañana y negociar con el tendero bajo una lona empapada. En definitiva, el potencial de que se produzcan roces está ahí, incluso entre Viejas Amigas. La botella de champán que una ha tenido que ahorrar para comprar, otra la donaría para la subasta de la escuela. El nuevo abrigo de piel de esta chica, esa otra ya no lo quiere. Todas debemos estar atentas y tener en cuenta que, en lo tocante a dinero y amistad, hay una serie de reglas que debemos seguir. Por ejemplo: nunca hables de dinero con una amiga a menos que vuestra situación económica sea más o menos idéntica; nunca utilices palabras cargadas de emotividad como «en la ruina»: tu ruina puede ser muy distinta a la suya y en ese caso tendrá ganas de darte un puñetazo; ve de vacaciones solo con gente cuya actitud hacia el dinero sea similar a la tuya y poned un fondo común; si una amiga lleva vino a una cena, asegúrate de beberlo (las más ricas se morirán de ganas de probar algo decente, las menos ricas se preocuparán —si alguien lo hace desaparecer de repente— por el hecho de que pudiera ser el equivalente en vino a los Ferrero Rocher). Y siempre ten en cuenta a los padres a la hora de comprar un regalo a sus hijos (no te dejes llevar por un impulso y le compres a tu ahijado la guitarra para la que sus padres llevan ahorrando desde Navidad).

Nota: Los amigos pueden ser demasiado ricos.

Tengo una amiga que se llevó a su hijo de once años a unas

vacaciones familiares en compañía de una panda de gente absurdamente rica y algún que otro famoso de segunda. En algún momento, uno de los adultos retó al niño a nadar alrededor de una roca, el niño lo hizo y recibió por ello una recompensa de quinientos euros. (Gracias al consejo de un individuo sensato allí presente, la cantidad se vio reducida a doscientos euros.) Cuando el niño llegó a casa, lo primero que hizo fue salir y fundirse el dinero en todo lo que siempre había querido, incluidos los chismes y juegos que su madre había pensado regalarle por su cumpleaños, seis semanas más tarde. Mientras tanto, su hermana mayor, que llevaba ahorrando todo el año y había conseguido reunir 67,50 euros, se encerró en su habitación, donde lloró durante días. Este año van de cámping.

Aguantar a los niños

Es en este momento cuando un día te despiertas y te das cuenta de que ya no importa lo mucho que quieras a tus amigos; lo que importa de verdad es si toleras a sus hijos.

Sin duda a tu madre no le ocurrió nada parecido, porque es de suponer que los hijos de sus amigas tenían más o menos las mismas costumbres, necesidades alimenticias, el mismo número de juguetes y cierto respeto por la autoridad, de modo que no había razón para pensar si eran o no soportables. Para ti la situación es diferente porque tus amigas tienen ideas radicalmente distintas sobre cómo criar a sus hijos.

A algunas les parece perfecto que sean sus hijos quienes dicten los términos de su educación tan pronto como empiezan a caminar. Otras se obsesionan y están convencidas de que si su hijo de cuatro años no come exactamente a las doce y media (la papilla biológica que siempre llevan encima puesto que no creen que nada más pueda proporcionarles el equilibrio exacto de nutrientes), ello tendrá consecuencias emocionales más adelante. Y algunas se mantienen en un correcto lugar intermedio, pero no son tantas como te gustaría, por lo que hay aproximadamente un tercio de tus amistades a las que no puedes ver. Y no porque no te apetezca —aunque también—, sino porque es imposible verlas, puesto que sus hijos dominan por completo sus actividades, de manera que ni ellas ni tú sois capaces de concentraros en nada más.

Al principio crees que debe de haber alguna forma de salvar el problema. Intentas presentarte a cenar a las diez con la esperanza de que no haya moros en la costa. (Jason y Milo, de cinco y cuatro años, han decidido no acostarse hasta haber cenado con los adultos.) Intentas convencerlos para que vayan a tomar unas copas a tu casa. (Y llevan a sus hijos, ¡a todos ellos! Y la manta de actividades y sonajeros del bebé.) Les ofreces el número de teléfono de varias canguros. (Te hacen sentir como si hubieras sugerido que los dejaran atados a la pata de la mesa.) Quedas con ellos en restaurantes excesivamente caros. (También los llevan.) Comentas que los niños tienen aspecto de llevar dos noches seguidas de marcha, y que el aspecto de los padres no es mucho mejor. Al fin aceptas la derrota.

Nota: Ninguna amiga es lo bastante íntima para que puedas decirle que estar con sus hijos es un auténtico infierno. Puedes darle alguna pista, pero ¿para qué arriesgarte? Eso es mejor dejárselo a los abuelos. Lo que puedes hacer, si estás desesperada, es abordar el problema sin rodeos, aferrándote a otro niño como excusa (alguno que sea cercano a ti, por ejemplo, y sobre el que tengas derecho a despotricar) y decir lo que piensas al respecto. Además, tengo una amiga que recomienda un pellizco cuando nadie esté mirando. Nada demasiado doloroso, por supuesto, tan solo un ligero apretón en la muñeca acompañado de una mirada penetrante. Al parecer, funciona a las mil maravillas.

Reglas de la amistad entre solteros y casados

Nadie se plantea cómo se las arreglan las mujeres casadas y con hijos y las solteras para mantener su amistad, pero es bastante sorprendente cuando piensas que es probable que la soltera cuarentona y sin hijos tenga más en común con las hijas adolescentes que con sus madres. Y no es ninguna exageración. Resacas; obsesión por los bolsos; novios inútiles y poco apropiados; hambre de viajes entendidos como «experiencias vitales»; adicción a la tele; pasar el rato en bares y cafeterías; zapatos; cosméticos; gafas de sol; tiras de mariposas para colgar de los espejos: estas son las preocupaciones de las solteras. Tus Amigas Casadas que tienen tres hijos menores de cinco años se van a la cama preocupadas por los aditivos alimentarios, la vacuna triple viral y la semana de fiesta de la canguro, mientras que tú te acuestas preguntándote con desgana si serás capaz de quitar la mancha de cera del chaleco de piel de cordero mongol que te compraste en Topshop. Sí, os conocéis desde los doce años, pero ahora se ha abierto un puñetero abismo entre vuestros mundos y de nada sirve fingir que el amor que os tenéis bastará para haceros salir adelante. A partir de este momento, vuestra relación requiere atención y cuidados.

Por ejemplo: cuando tu Amiga Casada te invite a pasar unas vacaciones con ella tendrá que estar, de entrada, dispuesta a reducir los niveles de saturación infantil. El procedimiento a seguir es el siguiente: tu amiga casada debería decir: «Ven la primera semana, porque estaremos solas y tendremos ayuda. Puedes venir también la segunda, pero esperamos la visita de los Brown y sus cuatrillizos, y la de los Parker con sus tres hijos. Será una pesadilla». Si hablara con otra Amiga Casada, es probable que le dijera: «Ven cuando quieras, la primera o la segunda semana, como te vaya mejor», pero eso no contiene información suficiente para una Amiga Soltera. Para esta última, «ven cuando quieras» suena a trampa. Y las solteras viven con el miedo de verse atrapadas en situaciones en las que no hay nadie en su misma onda, por ejemplo, unas vacaciones de verano en las que la piscina se vuelve invisible bajo una gruesa costra de juguetes hinchables y en las que todos se acuestan temprano y se levantan frescos y de humor para hacer actividades saludables centradas en la familia.

La clave está en respetar las prioridades de unos y otros. Por ejemplo, sería muy poco considerado que la soltera fuera de vacaciones con un grupo de madres que están dando el pecho a sus hijos y se quedara despierta hasta tarde con la música a todo volumen y que después se pasara el día tumbada en una hamaca recuperándose de la resaca mientras sus amigas estuvieran sacándose la leche y cambiando pañales. Pero sería igual de inaceptable que la dominación infantil se extendiera hasta la hora de la cena, con Thomas la Locomotora sonando todo el día en el equipo de música, el pequeño Max gateando sobre la mesa y los adultos comiendo con el plato sobre las rodillas para que el niño no se queme.

La clave de una relación satisfactoria entre solteras y casadas consiste en reconocer y celebrar vuestras diferencias. Tú no puedes ayudar llevando a los niños al colegio y ella no puede organizar bacanales en su casa; tú no sirves para dar consejos sobre dentición y ella no sirve para reservar un viaje a Ibiza en lastminute.com. Pero lo que sí podéis ofreceros la una a la otra es una vía de escape. De hecho, esa es justamente la obligación tácita en esta clase de relaciones. El papel de la Amiga Soltera es proporcionar diversión libre de responsabilidades —un capricho en forma de descanso del mundo adulto— y, a cambio, la Amiga Casada tiene que proporcionar atención, apoyo y consejos prácticos. La cosa funciona así: cuando vuestras vidas discurren por caminos muy distintos, el secreto está en proporcionar a la otra lo que le falta, lo que implica, en ocasiones, interpretar un papel.

Una buena Amiga Casada sabe que lo que puede ofrecerte es su santuario doméstico: una cocina acogedora rebosante de actividad; una mesa repleta de comida en condiciones (en la que se incluyen carbohidratos); niños agradables y afectuosos y la presencia de un marido comprensivo, perfecto para combatir los brotes de neurosis. Su papel consiste en darte calor, confort y dosis ilimitadas de tranquilizadora atención maternal (y, si es realmente una buena amiga, aprobará que su marido coquetee contigo como estrategia para dispararte el ego).

En cambio, una buena Amiga Soltera actúa como conducto de las fantasías de sus Amigas Casadas. Apareces en su vida como un cruce entre Withnail y Sienna Miller (bueno, al menos como Withnail), y le cuentas historias escandalosas, escapadas hilarantes, dramas emocionales de tu día a día y todas las preocupaciones para ella son como un sueño muy lejano. Eres como la díscola hija adolescente a la que pueden encontrar divertida. De manera similar, si una Amiga Casada y su marido van a visitarte, es tu obligación exagerar y convertir en una experiencia decadente todo aquello que ellos ya no pueden hacer en su casa, como la música a todo volumen, las habitaciones llenas de humo, las esquinas puntiagudas y la ausencia de vasos aptos para el lavavajillas.

Es evidente que la vida de las Amigas Casadas no consiste tan solo en manos embadurnadas de harina y Radio 4, igual que la de las Amigas Solteras no se basa tan solo en sexo, cócteles y en salir de compras, pero ¿y qué? Los extremos son lo que hace que esta relación sea un regalo más que un suplicio. Y una cosa más: se basa en un acuerdo tácito de envidiar, más que tolerar, la vida de la otra. Esto es crucial para que la relación fluya sin conflictos, porque nada la mataría más deprisa que un tufillo a suficiencia y exasperación o una pequeña charla sobre lo mucho que una y otra necesitan hacer las cosas bien/salir más. La idea es hacer que la otra se sienta especial, no diferente.

No siempre sale bien. A veces he estado sentada en el asiento trasero del coche de una pareja casada y me he sentido como una niña con necesidades especiales que se niega a marcharse de casa. (Es normal que la soltera se siente detrás, pero si de vez en cuando nos dejaran ocupar el puesto del copiloto, sería todo un detalle.) Más de una vez he estado sentada a la mesa de mi casa, escuchando a Amigas Casadas que no dejaban de hablar en un tono animado sobre escuelas y canguros poco formales y me he preguntado si debería irme a la cama o prenderme fuego allí mismo. Y también me he entrometido en conversaciones y he aportado numerosos comentarios superfluos sobre la educación de los pequeños, por lo general después de haber visto *Supernanny*. He convencido a los maridos de mis amigas para que se quedaran despiertos conmigo hasta altas horas de la madrugada, por lo que a la mañana siguiente no fueron capaces de cumplir con sus tareas domésticas. Me he quedado hasta demasiado tarde en la casa de padres exhaustos y he fumado (en los viejos tiempos) en presencia de diminutos bebés de pulmones sonrosados. Y una vez, mi amiga Caroline me pilló utilizando el cepillo de limpieza del biberón para retirarme el barro de las zapatillas (creí que era tan solo un cepillo estrecho). Pero si hacéis un esfuerzo para ver el mundo a través de los ojos de la otra, la mayoría de las veces funciona.

Cómo ser una buena Amiga Platónica

En todas las amistades platónicas habrá un momento decisivo en el que se cierre por completo la puerta a una posibilidad de romance entre los dos. Hasta ese momento, estás un noventa por ciento segura de que nada podría llegar a pasar, pero siempre existe esa diminuta posibilidad, aunque solo sea porque él es un hombre y tú una mujer (y a los dos os gusta un cóctel). Por lo general, el momento clave llegará cuando uno de los dos intente dar un beso que el otro rehuirá. O cuando se dé el beso y uno de los dos se aparte nada más empezar. O cuando un amigo común comente que ya va siendo hora de que acabéis juntos, porque los novios llegan y se van pero vosotros dos parecéis estar unidos por la cadera, momento en que uno de los dos pondrá expresión de pánico y cambiará de tema.

Alternativamente, puede tomar la forma de una conversación que iría más o menos así:

—Imagina que nos acostáramos.
—¿Qué?
—Sería muy violento, ¿no crees? Imagínatelo.
—Sería muy cómico.
—Sí, eso mismo pensaba yo.

O:

—¿No sería más sencillo si saliéramos juntos? Todo sería mucho más fácil.
—¿Tú y yo?
—Pasamos mucho tiempo juntos. No sé...
—Pero no nos atraemos.
—No. Es verdad.

El momento decisivo puede encaminarlo todo hacia el otro lado, y en ese caso estaríamos hablando de un final al estilo de *Cuando Harry encontró a Sally*. (Nota: su amistad nunca tuvo las características de una amistad realmente platónica. Ella era demasiado aniñada y él demasiado machote. Una auténtica amistad platónica requiere a un hombre con tendencias femeninas y a una mujer con gustos masculinos; de otro modo uno le estará siguiendo la corriente al otro, por razones de atracción mutua, y eso no es una amistad, es tan solo un acuerdo entre dos personas que se atraen pero que aún no se han decidido.)

No hay amistad platónica que esté equilibrada en sus inicios. Atravesará fases en las que cada uno de vosotros pensará (o tal vez solo lo pienses tú): «Espera un momento. ¿Por qué no estamos juntos?». Pero todas las amistades platónicas se apaciguan y se convierten en amistades que, aunque tu madre no lo vea de ese modo, nada tienen que ver con el sexo.

Aun así, sería una buena idea establecer algunas normas, por ejemplo:

- En público vale todo: bailar, apretarse, abrazarse, pero eso no puede hacerse cuando estéis solos en tu casa. (Por bailar no pasa nada, siempre que la música sea mala y estéis haciendo el tonto.)

- La aplicación de la crema solar debe ser rápida y llevarse a cabo con eficiencia médica. Es un tema peliagudo el de la crema solar.

- Nada de masajes espontáneos en el cuello o en la cabeza.

- Se puede compartir cama pero solo si a) la cama es lo bastante grande para que podáis guardar las distancias y b) al menos uno de los dos es incapaz de llegar hasta su propia cama o c) estáis en el extranjero y compartir habitación resulta más barato. De otro modo, a él le toca el sofá. (Nota: cuando compartáis habitación en el extranjero, tendréis que hacer turnos. Esos momentos de pasearse de un lado a otro semidesnudos y de lavarse los dientes son extrañamente íntimos.)

- Compartir habitación en camas separadas es del todo aceptable, pero es evidente que deberías evitar pasearte con ese conjunto minúsculo de La Perla que te costó trescientos euros. Es de sentido común, no porque te garantice despertar su pasión, sino porque, sencillamente, sería inapropiado. Las amistades platónicas consisten en que ambos os comportéis más como hermanos que como solteros descarados incapaces de decidirse. Eso es desagradable.

Cómo conservar la amistad con un hombre casado

El problema con los amigos cercanos y heterosexuales es que, tarde o temprano, encuentran a una mujer. En aproximadamente uno de cada tres casos, esa mujer te aceptará como a una hermana y viceversa. En los otros dos, te observará con desconfianza o, tal vez, con declarada hostilidad. Llevas saliendo con su marido más de quince años y en ese tiempo ni siquiera os habéis rozado los meñiques, pero esa mujer está convencida de que eres una destrozamatrimonios despiadada (en la película, te interpretaría Sharon Stone), lista para atacar en cualquier momento.

Si se cansa de esa fantasía en particular —como sucederá cuando compruebe que el ataque no llega—, encontrará alguna otra razón para que la amistad entre todos vosotros resulte imposible: eres una mala influencia (fumaste delante de los niños); estás pagada de ti misma (fuiste a verlos directamente desde el trabajo); miras a sus amigos por encima del hombro (no pudiste organizar la cena el fin de semana); eres competitiva (volviste a invitarlos a cenar); eres tacaña (trajiste bombones); haces ostentación de tu dinero (trajiste champán); vistes demasiado elegante (intentas hacerle sombra) o demasiado informal (eres una dejada)... Supongo que te haces una idea. Si tu amigo desea realmente verte, tendrá que firmar un descargo de responsabilidad, quedar contigo en territorio neutral y llevar un micrófono oculto. Y, ¿sabes qué? Que eres divertida, pero tanto esfuerzo no merece la pena.

Sin embargo, si su mujer es tan solo medianamente desconfiada y vosotros dos tenéis una amistad duradera por la que merece la pena luchar, entonces hay algunas cosas que puedes intentar para que la situación sea casi tolerable (aunque no hay garantías de éxito).

Para empezar, en adelante tendrás que tratar a tu amigo como si fuera un pobre iluso y un poco pesado: la idea que quieres transmitir es que puedes soportar su presencia, pero que en realidad estás allí para verla a ella. (Por inverosímil que te parezca esta situación, es la única que logrará convencerla.) Niégate a responder cuanto tenga que ver con la EAE (época anterior a ella). No prestes atención a tu amigo si se muestra afectuoso contigo, en particular si intenta halagarte. Alíate a ella para ir contra él siempre que te sea posible, por ejemplo: si se queja porque su marido no sabe limpiar, pon los ojos en blanco y comenta: «No sé cómo lo soportas, la verdad». No se te ocurra hacer un comentario sobre el aspecto de él, ni sobre algo personal relacionado con él, sobre todo no en un tono provocador. (Las provocaciones las vuelven locas. Creen que estás excitando a su marido.) Y de ahora en adelante todos los planes que hagáis tendrán que pasar primero por ella. Si telefoneas a su casa y responde él, cuelga de inmediato el auricular.

Después de todo esto, tal vez sientas que lo vuestro no es una verdadera amistad. El único consuelo que te queda es que quizá puedas dejar de utilizar las tácticas cruentas y reanudar una relación de cordialidad transcurridos unos diez años, más o menos.

En realidad, el haber tenido una historia con un hombre hace más fácil mantener luego una amistad. Esto se debe, en parte, a que el factor «¿y si?» queda eliminado (por lo que supones una amenaza menor, paradójicamente, para la mujer que esté con él), y porque un hombre puede ser desdeñoso con una ex pero no con una amiga sin parecer desleal. Además, las mujeres sienten una inclinación natural hacia las ex de sus parejas y caen en la tentación de compartir información, aunque saben que no deberían hacerlo. («¿A ti no te parecía un poco raro todo eso de...?» «Oh, Dios, y todo el tema de las dos toallas grandes y otra más pequeña... ¿crees que tendrá un TOC?»)

Aun así, procura evitar lo siguiente: cualquier tipo de conversación sobre sexo; cualquier tipo de conversación que empiece con: «Claro que te acuerdas, fue esa noche de fin de año en la que aparecimos vestidos de diablillas cachondas...»; terminar el uno las frases del otro y/o echaros a reír por razones que nadie más tiene claras. Aunque tampoco debéis evitaros porque puede parecer sospechoso, o que estáis tan cómodos el uno en presencia del otro que ni siquiera os prestáis atención.

Merece la pena cultivar la amistad con los ex novios porque tras el adecuado período de enfriamiento, los ex novios (aquellos que no te odian) son consejeros de gran valor para tus relaciones actuales. Esta es la transcripción de una conversación real que tuve con un ex:

—Pues me llamó y lo he visto esta mañana. ¿Qué opinas?
—Está interesado.
—¿Tú crees? Pero entonces, ¿por qué quiere quedar para almorzar?
—Porque los almuerzos son más relajados.
—Estoy demasiado nerviosa para almorzar. A plena luz del día. Necesito litros de alcohol para esto. Y tengo cistitis.
—Habla de lo que quieras, pero no le comentes que tienes cistitis.
—De acuerdo.
—Y no te pongas esa chaqueta.
—¿Qué tiene de malo?
—Él también se la pondrá. Tiene una igual.
—Oh.
—Sabes que vive en Papua Nueva Guinea, ¿verdad?

¿Te das cuenta? Fue una conversación muy útil (aunque se equivocó con lo del almuerzo. Un almuerzo significa «quedaré contigo una vez más, por cortesía y porque conocemos a gente en común, pero no quiero emitir señales equivocadas»).

Es probable que la sensación de no dedicar tiempo suficiente a tus amistades forme parte de la condición humana. Una vez trabajé en una revista dirigida por un hombre mayor y distinguido que, de vez en cuando, me invitaba a almorzar y yo me beneficiaba de sus sesenta y pico años de experiencia. En una ocasión le pregunté qué debía hacer con mis amigos. «A la mitad nos los veo nunca —dije—. Pero la semana no tiene más días, y me paso la vida sintiéndome culpable.» Esto fue a principio de los ochenta, por cierto. Entonces no tenía idea de la magnitud del problema al que me enfrentaba. «No seas tonta —respondió el Jefe Distinguido, riéndose entre dientes—. Siempre verás a la gente que de verdad quieras ver. Y si no os veis a menudo, cuando os reunáis aprovecharéis el tiempo al máximo.» Creo que si te repites esta frase, te ayudará a sentirte más tranquila.

¿ESTOY CONVIRTIÉNDOME EN MI MADRE?

Nooo. Tu madre zurcía calcetines. Cocinaba el budín de Navidad. Planchaba las camisas de su marido y le hacía la maleta. Y no solo eso, sino que cuando tu padre daba su opinión sobre la crisis económica, ella jamás se habría atrevido a decir: «Oh, venga ya. Eso es una gilipollez». Pero esto no son más que detalles. Lo que realmente te hace diferente de tu madre es lo siguiente: tu madre no esperaba ser la protagonista de la historia de su vida. Primero había un marido al que tener en cuenta, y niños, y también mascotas. De momento, tú no tienes nada de eso. Tu madre esperaba ser como su madre. Tú no.

Antes de continuar, debería decir que la mía no es como la mayoría de las madres. En muchas ocasiones me han pedido que escriba un artículo sobre la espinosa y a veces competitiva y complicada relación entre madres e hijas. «Vamos —me decía la directora—, ¿qué me dices de todos los celos que surgen cuando empiezas a hacer cosas que ellas no tuvieron ocasión de hacer? ¿Y del control? Es imposible complacerlas.» Y cada vez, yo respondía: «Lo siento, pero mi madre no es así». Mi madre no es mi mejor amiga, ni mi crítica más severa, ni alguien cuya aprobación necesite a diario. No es Edina ni yo soy Saffy, y tampoco mi modelo de comportamiento a seguir. Nunca he ido con ella de vacaciones a un balneario (no le encontraría utilidad y, además, ¿qué haríamos con papá?) y jamás ha intentado influir en ningún aspecto de mi vida, aparte de prohibirme utilizar bastoncillos para las orejas, así que soy consciente de que tal vez mi experiencia no sea válida para ti. Sin embargo, todas las relaciones entre madres e hijas son iguales en un aspecto importante: nuestra experiencia vital es completamente diferente.

Nuestras madres han tenido que aceptar la posibilidad de que nunca seamos como ellas, pero, por supuesto, no han perdido la esperanza. En el caso de mi madre, esta esperanza se centra en la pequeña cantidad de joyas que me regalaron con ocasión de mi bautizo, que ella guarda en sus cajitas de terciopelo, a la espera del día en que yo muestre algún interés en ponérmelas. Cada dos o tres años tantea el terreno para ver si ese día ha llegado. La conversación transcurre del siguiente modo:

Mi madre: Cariño, ya sabes que aún tengo todas tus joyas.
Yo: [Silencio]
Mi madre: El broche que te regaló tu tío quedaría perfecto con eso que llevas. ¿Quieres que te lo traiga la próxima vez?
Yo: [Amenazante mirada de reojo]
Mi madre: Solo digo que podrías ponértelo.
Yo: Y me lo pondré mamá, pero no ahora.
Mi madre: Entonces ¿cuándo?
Yo: ¡No lo sé! Cuando sea mayor.
Mi madre: Pero cariño... Ya eres mayor.

Todas pensamos que no nos parecemos en nada a nuestras madres. Y tenemos toda la razón. Ellas tenían los brazos sonrosados y regordetes y llevaban el pelo arreglado, nosotras tenemos los brazos tonificados y llevamos flequillos desordenados. Ellas llevaban medias en verano, nosotras lucimos piernas relucientes y depiladas, y brillantes pedicuras. Ellas utilizaban polvos; nosotras, crema hidratante con un toque de color. Nada de intervenciones estéticas, nuestra apariencia es más natural. Comemos mejor. Y hacemos Pilates, y utilizamos la Power Plate, bebemos agua mineral, nos sentamos en el sofá cruzadas de piernas y llevamos camisetas que dejan a la vista medio estómago cuando alargamos el brazo para bajar el café de la estantería de arriba. De acuerdo. Es probable que no tengamos el mismo aspecto que nuestras madres tenían a nuestra edad (¿cuándo has visto el estómago de tu madre, más que en la playa?), pero eso no significa que no estemos envejeciendo. Muchas de nosotras nos dejamos llevar hasta tal punto por la obsesión de no parecernos a nuestras madres que nos olvidamos de que eso no implica ser joven.

Ella tiene muy claro que eres, oficialmente, una mujer de mediana edad: la misma edad que tenía ella cuando almidonaba faldas, rellenaba pavos, confeccionaba cortinas, cosía etiquetas con tu nombre en la ropa y te llevaba de aquí para allá, a clases de natación, a clases de ballet, y celebraba fiestas y se ocupaba de su familia de cinco miembros. A tu edad, ella tenía un hijo de quince años. Y aún crees que llevar un broche es un detalle de mujer mayor para una jovencita pizpireta como tú.

Si te paras a pensarlo, a tu madre debe de resultarle extraño. Ella se encuentra en una etapa en la que tal vez desearía estar sentada en tu cocina, meciendo a su nieto sobre las rodillas, compartiendo contigo historias sobre las rarezas de vuestros maridos (como en una escena de *Mad Men*, pero con menos humo de tabaco), mientras que la realidad es bastante diferente. La realidad es que va a verte después del trabajo, que tú llegas a casa tambaleándote bajo una montaña de bolsas de Topshop, subida a unos tacones de diez centímetros y con una cazadora de cuero masculina, y que no hay leche en tu casa, y que (con un poco de suerte) encontrarás a tu madre ordenándote la habitación.

Cosas que tu madre hace y que tú no te plantearías hacer

- Prepara sándwiches y un termo de café para el viaje en coche en lugar de detenerse en una estación de servicio y pagar un ojo de la cara por lo mismo que ha comprado en el supermercado.
- Recicla el papel de los regalos de Navidad.
- Devuelve por correo cualquier cosa que se hayan dejado en su casa, como un guante.
- Deja las verduras fuera de la nevera.
- Guarda los zapatos en bolsas de zapatos y las hormas dentro de los zapatos.
- Colecciona tarros.
- Corta esquejes del jardín de sus vecinos.
- Cose.
- Utiliza pañuelos de tela.
- Juega a la lotería.

Cosas que tú haces y que tu madre nunca se habría planteado hacer

- Pagar para que le pintaran las uñas de los pies (o, directamente, pintarse las uñas de los pies).
- Pintar la casa en seis tonos de blanco distintos cuidadosamente elegidos, suelos incluidos.
- Ponerse zapatos de tacón de diez centímetros con la suela de color rojo.
- Tener más de un bolso.
- Comprarse un tanga.
- Beber alcohol con el estómago vacío.

- Tirar la carcasa del pollo (cuando aún tiene bastante carne).
- Decir de alguien que es «anal retentivo» o «controlador».
- Leer *Grazia* de principio a fin.
- Tomar un taxi para volver del supermercado.
- Engullir diez vitaminas al día.
- Llevar un extraño botón metálico que, supuestamente, desvía los rayos radiactivos.
- Ponerse una chaqueta de cuero masculina.

Sin duda, no estás convirtiéndote en tu madre, por todas estas razones y porque...

Eres bohemia

Bohemia, en este caso, nada tiene que ver con faldas hippies, amor libre y cuanto tenga relación con tendencias relajadas en todo lo que va desde la educación de los hijos hasta el estado de tu coche. En la época de tu madre, una mujer que no se cepillaba el pelo era una chalada, mientras que ahora el pelo alborotado es algo muy normal si sigues un determinado estilo de vida, algo así como tomar soja si eres vegetariana.

La cena se sirve a las 21.30: en la época de tu madre, eso sería un desastre colosal (ahora es bohemio). El pelo largo y la ropa vaporosa en una mujer mayor: en la época de tu madre se consideraría delirante (ahora es bohemio). Un perro que no estuviera enseñado: en la época de tu madre sería eso, ni más ni menos (ahora es bohemio). Los niños dormidos debajo de la mesa a medianoche: en la época de tu madre sería culpa de unos padres despreocupados (ahora es bohemio). Un coche con el tubo de escape roto, los asientos cubiertos de pelo de perro y envoltorios de sándwiches en el suelo: en la época de tu madre sería desaseado (ahora bohemio). Y lo mismo con la falta de higiene en el hogar, quedarse en la cama hasta las doce del mediodía los fines de semana, no respetar la etiqueta en el vestir, el consumo de drogas recreativas; todas estas y algunas más son características que se asocian por lo general a las clases bajas y a los nuevos bohemios.

La mayoría de nosotros somos demasiado remilgados y nos gustan demasiado las comodidades para abrazar de verdad el estilo de vida bohemio, de modo que observamos y hacemos una cuidadosa selección de las opciones disponibles. Y esta es la gran ventaja de ser algo bohemia: te permite no vivir según las exigencias de tu madre, cómo y cuándo tú elijas. Según estas reglas tan flexibles, ser meticuloso es propio de exagerados, pero tener cosas bonitas es importante. El orden está sobrevalorado, pero el lujo es deseable. La puntualidad es para los obsesos del control y seguir las normas que marca la etiqueta tradicional es propio de esnobs, pero aun así nos gusta que nos inviten a fiestas elegantes. No cuidamos la ropa ni nuestras pertenencias (sí, hay marcas de vasos en la mesa. No es más que una mesa), lo que creemos que nos hace menos afectados y más abiertos de mente. Tu madre cree que es tan solo una excusa para no planchar la ropa, para no ordenar tu casa ni limpiarte los zapatos, pero qué sabrá ella.

Tú te lo mereces

La diferencia realmente asombrosa entre tu madre y tú se resume en que tenéis una idea muy diferente de los caprichos que os podéis permitir. (Mi madre se siente culpable cuando se gasta dinero en una compra necesaria, como un sombrero para la boda de un familiar, mientras que yo solo me siento culpable si pago por una pedicura y la estropeo por ser demasiado impaciente y no esperar los cinco minutos extra y hacer eso con el papel transparente.) De manera similar:

- Llevas cinco años comprando jerséis de cachemir como si fueran camisetas Gap. A tu madre le parece un lujo (la mía solo tiene un jersey de cachemir, que le regalé por su cumpleaños, y lo cuida como si fuera el Santo Sudario).

- Podrías invertir en una alfombra marroquí cubierta de monedas (y por tanto imposible de pasar por ella la aspiradora) lo mismo que tus padres se gastarían en una semana de vacaciones en España.

- Cuando te sientes agotada, te tomas la mañana libre en el trabajo para recuperarte. Tu madre tendría que tener fiebre alta para alterar sus planes.

- En algún momento de tu vida llegaste a convencerte de que las velas perfumadas que cuestan 28 euros son un elemento esencial para tu hogar. Tu madre se conformaría con una vela bonita para el día de Navidad.

- Cuando sales a cenar, es probable que pidas una copa de champán como aperitivo, ¿por qué no? Si se tratara de una ocasión especial, es probable que lograras convencer a tu madre para que se tomara también una, pero la mía se preguntaría si ese dinero no estaría mejor invertido en una plancha nueva.

En resumidas cuentas, tu madre jamás, ni por un instante, ha confundido su existencia con la de una estrella del rock, mientras que tú no estableces diferencia alguna entre Ellos y Nosotros. Tal vez no tengas el dinero de una estrella del rock —ni siquiera el de una corista—, pero eso no significa que no puedas tomar el mismo suplemento antioxidante que Jennifer Aniston, llevar la misma marca de vaqueros que Kate Moss, hacer la misma clase de yoga que Gwyneth Paltrow o ir a los mismos bares de copas que Mick Jagger y L'Wren Scott.

A lo largo de la última década, he probado todo lo siguiente: yoga, Pilates, reflexología, entrenamiento gimnástico (creo que se llama así), natación, meditación, toda clase de masajes conocidos (los que prometen eliminar la celulitis, en repetidas ocasiones), tratamientos faciales Eve Lom, tratamientos faciales normales, tai-chi y kick boxing. Durante tres años, acudí con regularidad a la consulta de una mujer que reequilibraba mi sistema con la ayuda de botas de reflexoterapia hinchables y visité a Bhati Vyas (uno de los gurús de Cherie Blair), que también es una entusiasta de las botas, aunque las suyas son diferentes. Me he sometido a métodos de iridología, de irrigación de colon, innumerables pruebas de intolerancia alimentaria, varios cursos de medicina china y tratamientos en balnearios a gogó. Si bien muchos de estos tratamientos se han llevado a cabo con la excusa de servir como investigación para mis artículos, el dinero y el tiempo invertidos en poner a punto mi cuerpo me sitúan al nivel de cualquier segunda esposa de un importante ejecutivo de Hollywood. En cambio mi madre ni siquiera ha recibido un masaje.

Consciente de ese desequilibrio, alguna vez he intentado difundir la sabiduría de mi charlatán de turno. En una ocasión mandé a mi madre un bote de vitaminas exclusivas que garantizaban prolongar la esperanza de vida (no le gustó el aspecto que tenían y se negó a tomárselas, aunque me habían costado unos cinco euros cada una). Le pasé una copia de la dieta que habían diseñado específicamente para mí los médicos del balneario Chiva-Som, pero a ella le pareció demasiado complicada de seguir («En las tiendas que hay cerca de casa no tienen yogures de soja»). Durante mi fase de obsesión por el té verde, intenté animarla a tomarlo y traté de que se interesara por un aro de hula hop (después de comprar uno gigante y pesadísimo en eBay que no pasaba por la puerta de mi casa), pero no hubo suerte.

El hecho es que, sencillamente, a mi madre no le interesa el mundo del bienestar holístico. La aburren las noticias (que yo devoro y pongo en práctica de inmediato) sobre las propiedades para prevenir el envejecimiento que aportan las almendras, el brócoli y los arándanos. No entiende por qué paso de practicar religiosamente yoga a la Power Plate, para volver después a Pilates, cuando ella se ha mantenido en forma todos estos años a base de arrancar las malas hierbas del jardín y de frotar la bañera. Y le resulta incomprensible que alguien con una carrera universitaria esté dispuesta a gastarse una buena suma de dinero (gracias a Dios no tiene ni idea de las cantidades reales) para que le digan que vestir de morado para trabajar frente al ordenador repele la energía negativa.

En realidad, lo que de verdad sorprende a tu madre es la cantidad de cosas por las que estás dispuesta a pagar. Para que te limpien las ventanas está bien, pero ¿para que te pinten las uñas de los pies? ¿Para que un hombre te lleve a casa productos de cultivo biológico? ¿A alguien que te organice el armario? (De momento no has llegado tan lejos, pero el hecho es que podrías hacerlo.) Tu madre no comprende por qué tienes que recurrir a tantos «expertos» que te den consejos cuando ella misma estaría encantada de dártelos.

Y no le falta razón. ¿A quién recurrió tu madre cuando tuvo un hijo? ¡A su madre! Ahora, si tuvieras un bebé, tu madre se implicaría en ello, por supuesto, pero confiarías sobre todo en las publicaciones más recientes, en las páginas de internet y en las opiniones de otras madres de tu edad que trabajen, porque tu madre no sabe qué implica criar a un hijo en el siglo XXI. No tiene idea de los riesgos asociados a comer sushi, y mucho menos de las últimas opiniones sobre los masajes para bebés, osteopatía craneal o las diferencias entre el cochecito Maclaren Turbo y el Bugaboo. Si tuvieras un hijo, necesitarías el consejo de profesionales, a poder ser varias.

¿A quién llamaba tu madre cuando tenía que cocinar una cena para veinte? ¡A su madre! Pero tú necesitas las últimas ideas de Nigel, Nigella o Gordon. Aunque solo se trate de preparar un estofado —algo que tu madre lleva años cocinando—, quieres que sea el estofado más moderno e innovador, el que tiene una pinta de rechupete en las relucientes fotos de las revistas. Y si se trata de arreglar el jardín, ¿confiarás en tu madre y en sus más de cuarenta años de experiencia en la poda de rosales? Nooo. Piensas que será mejor llamar a un jardinero paisajista para que te oriente sobre las últimas tendencias. Mejor llamar a diez personas que hayan decorado sus jardines en los últimos diez años. Mejor echar un vistazo a revistas y leer los artículos de jardinería porque seguro que hay nuevas macetas imprescindibles en cualquier jardín o teorías radicales acerca de cómo cuidar tus plantas.

Tu madre tiene mucha experiencia vital, es cierto, y está más que dispuesta a transmitírtela. Pero ahí fuera hay tanta información nueva, tantos consejos atractivos para cada ocasión, tanta gente deseosa de atender tu más pequeño deseo...

Eres demasiado lista para confiar en el sentido común

Nuestras madres se conformaban con confiar en la sabiduría de tiempos pasados, pero nuestra generación cree que toda clase de conocimiento debe someterse a una revisión constante. Seguimos rompiendo las normas y reescribiéndolas para luego revisarlas a la luz de nuevos descubrimientos y volver al punto inicial. A lo largo de los dos últimos años, he logrado que mi madre deje de beber agua del grifo y después le he prohibido que beba agua embotellada; he insistido para que tome suplementos y después le he aconsejado que no se moleste; la he animado para que tomara menos alcohol, y después la he instado a que beba vino tinto con moderación. Le prohibí las aspirinas, le di permiso para tomarlas y volví a prohibírselas. Mi última cruzada consiste en la eliminación de residuos. Mi madre lleva décadas reciclando (doblando y guardando cuidadosamente el papel de los regalos de Navidad, guardando raciones de zanahorias y convirtiendo las sobras de la comida en sopa, por ejemplo) y ahora llego yo —que ni siquiera me acuerdo de apagar el calentador cuando salgo de vacaciones— y le doy charlas sobre las ventajas de separar las latas de las botellas.

Con todo sucede lo mismo. Los tomates son buenos para la salud. Lávate las manos después de haber tocado pollo crudo. Airea las camas para eliminar los chinches. Cómprate un perro para reforzar tu sistema inmunitario. Un paseo a paso ligero cuando hace fresco es ideal para combatir una leve depresión. Todo esto son últimas noticias para nosotras, pero nuestras madres lo saben desde la infancia.

A tu madre no le importa que te dejes arrastrar por la moda del momento, según sea la última revelación refrendada por serios estudios de investigación, pero podría vivir sin que intentaras convertirla a tu causa. Es algo así:

Tú: Hola, mamá.
Tu madre: Hola, cariño.
Tú: Oye, mamá, tienes que empezar a tomar selenio.
Tu madre: ¿Ah, sí? ¿Y qué es eso?
Tú: Bueno, antes se encontraba en la tierra y ahora ya no, así que debes tomarlo. Sobre todo si no compras alimentos biológicos, y sé que no lo haces. Pese a mis consejos. Y tienes que dejar de comer carne roja más de una vez por semana. Y salchichas. Y beicon. Prohíbele a papá comer beicon y salchichas desde hoy mismo.
Tu madre: Oh, es una lástima. Le encantan las salchichas.
Tú: Pero esto es muy importante. Y tienes que comprar un filtro para el agua.
Tu madre: Tenemos un agua estupenda, cariño. Sale fresquísima del grifo.
Tú: Sí, pero va llena de pastillas anticonceptivas, y eso no es todo. ¿Dirías que papá está deprimido?
Tu madre: No, cariño, está viendo *Neighbours*.
Tú: No. Deprimido. Muchos hombres lo están y no se lo han diagnosticado. Se llama... no sé qué tardío, o temprano. Además, mamá, tienes que seguir tomando una aspirina, pero siempre por la noche, antes de acostarte. Una aspirina y aceite de onagra...

Tu madre ya está acostumbrada a tus intentos por hacer que vea la vida de manera diferente, pero el aspecto que más detesta de «El Nuevo Mundo según Nosotras» es la tendencia de nuestra generación a analizarlo todo desde una perspectiva psicológica. Somos especialmente feroces cuando se trata de analizar los motivos de los demás (lo que para tu madre es exasperante, nosotras lo llamamos pasivo agresivo. La que para ella es una fulana, para ti es una insegura. Para ella es fastidioso, para nosotras anal-retentivo) y tu madre cree que este nuevo modo de ver el mundo hace que cualquier comportamiento normal se vuelva extraño y dé un poco de miedo. Sin embargo, la diferencia fundamental en nuestra consideración de la naturaleza humana (además de la terminología y de la cantidad de tiempo que invertimos en crear etiquetas) es que creemos que nadie puede ser feliz a menos que se enfrente a sus demonios, mientras que tu madre opina que probablemente sea mejor evitar el asunto y tomar un poco de aire fresco. En cuanto al tema de la automedicación, en su época se llamaba «necesitar un trago», y a nadie le avergonzaba admitir que muchas de las tensiones del día a día, por no hablar de las relaciones personales, se volvían mucho más soportables con un gin-tonic bien cargado.

Y hablando del tema, en opinión de tu madre, todo esto —incluida la obsesión por el selenio, el yoga y por diseccionar los motivos de los demás— no es más que una gran distracción para compensar la ausencia en tu vida de un marido.

No eres tu madre... fundamentalmente porque no estás casada

Seamos muy claras en este punto. Tu madre te apoya por completo en todo lo que hagas y se ha tomado con paciencia tu estado de eterna soltería. Jamás ha perdido la compostura y te ha gritado: «¡Por el amor de Dios, al menos plantéate cortarte ese pelo!». Pero lo cierto es que a tu edad ella tenía un marido e hijos, como todas sus amigas, y no debe extrañarte que de vez en cuando se plantee si no estarás haciendo algo mal en lo tocante a los hombres.

Muchas madres, incluida la mía, parten de la perspectiva de que los hombres son hombres, como lo han sido siempre, y de que no tiene sentido engañarnos y convencernos de que han cambiado. A ti, en cambio, te mueve el principio de que el mundo ha cambiado hasta volverse irreconocible y de que los hombres ahora se atan mochilas de bebés al pecho y preparan recetas de Jamie Oliver a sus amadas, porque de verdad les apetece. Y ello enriquece las vidas de todos. Ellos son más felices y nosotras también. Tu madre cree que esto no es más que una ilusión. También opina que esta falsa representación que nos hacemos de los hombres los vuelve resentidos y reservados, por lo que, probablemente, te mantendrá más tiempo soltera que una barba tupida y un dedo acusador. A continuación encontrarás algunas de las cosas que tu madre sabe sobre el sexo opuesto:

- Que a los hombres, las tareas domésticas les resultan mucho más difíciles que a las mujeres. Así pues, es desconsiderado, por no decir contraproducente, pedirles que pongan la funda al edredón, solos y sin supervisión. (Son capaces de realizar tareas como pasar el aspirador, siempre que no te importe que los rincones se queden sin limpiar.)

- Que los hombres necesitan sentirse admirados, por lo que —a menos que se hayan dejado una sartén encima del fuego encendido, durante toda la noche— deberías reprimir las ganas de señalarles sus defectos. De modo parecido, conviene que no seas mejor que ellos en ningún deporte, si quieres que te encuentren atractiva.

- Que los hombres necesitan sentirse a salvo de tus interrogatorios, sobre todo durante el fin de semana, cuando se relajan. (Mi madre cree que es cruel, por ejemplo, hacerle elegir el color de la pintura del cuarto de baño, aunque la decisión sea urgente.) Según tu madre, las pequeñas cosas tienen un mayor impacto sobre los hombres. La cabeza de una mujer puede estar repleta de listas de la compra, compromisos laborales y preocupaciones por la hipoteca, pero la de un hombre comienza a girar sin parar si la llenas de detalles domésticos. Nota: tu madre tiene un concepto de la crueldad hacia los hombres que tú no comprendes, y trata a los hombres de tu generación como trataría a un hijo al que hubieran desheredado injustamente: con una mezcla de pena y protección.

Nada de esto te incumbe realmente, porque tú no mantienes una relación seria, pero hay multitud de cosas que haces y que tu madre sospecha que te impedirán tener una algún día.

Cosas a las que, probablemente, sea cruel someter a un hombre, aunque nosotras pensemos lo contrario

Una noche de fiesta con amigas. Por alguna razón, las mujeres creen que cuando dos o más amigas se reúnen, es buena idea incluir al novio en la mezcla. ¡Le encantará! Tres horas de intromisión en la mente femenina, maravillándose de lo traviesas, divertidas y groseras que somos. Pues no, no le encantará. Se cansa de la conversación sobre el Botox. Le importa un bledo que el matrimonio de esta y aquel esté atravesando una mala racha o que X haya perdido doce kilos y que todo el mundo crea que lo ha conseguido a base de tomar *speed*. No le gusta en exceso comer porciones minúsculas de comida de una cesta de vapor, ni beber martinis de melocotón y flor de saúco. Muchísimo mejor dejarlo en casa.

Parar a tomar un café. Es probable que el parar a tomar un café sea la razón por la que sales de compras. Los hombres no tienen el mismo mono de capuchino que tú y rara vez están dispuestos a alargar una de esas salidas más de lo necesario.

Relacionarse con tu ex. No le apetece. ¿Por qué habría de apetecerle? ¿Por qué te apetece a ti?

Compras inútiles. Los hombres no hacen compras inútiles. Por ejemplo, nunca entrarán en una tienda solo para captar el ambiente de luces de colores y aroma a rosa y tubérculo. No se les ocurriría dar un paseo por la sección de decoración de Habitat, solo para ver qué hay ahí. Y, por consiguiente, cuando van de compras contigo, es posible que se sientan abrumados por una sensación de estar perdiendo el tiempo, por lo que podrías precipitarlos a una crisis existencial con una pregunta tan sencilla como: «¿De verdad no te gusta eso de allí?».

Compartir con ellos tus asuntos ginecológicos. El hombre moderno está preparado para oír hablar de tu período y de la duración del mismo, del síndrome premenstrual, menstrual y posmenstrual (según él, no tiene demasiados secretos), de la hinchazón abdominal y de los distintos grados de absorción de los productos de higiene femenina, pero no le pidas que se interese por detalles específicos de tus asuntos ginecológicos. Las mujeres modernas pueden caer en el error de creer que, como la sinceridad total es el Santo Grial de las relaciones de pareja y como están acostumbradas a hacerlo todo delante de su hombre (y a veces todo significa absolutamente todo), él se mostrará tan interesado como sus amigas en los pros y los contras de los dispositivos intrauterinos, por ejemplo. No, no y otra vez no. Y de verdad, no le apetece saber cuántas mujeres armadas con varitas cargadas con electricidad hacen falta para eliminarte el vello de las ingles, ni conocer los detalles del parto de tu hermana (es decir, «el parto más largo y escalofriante al que ha asistido la comadrona en sus treinta años de experiencia».) Es un error generalizado del siglo XXI —alimentado por el hecho de que los hombres se rían con las películas de Bridget Jones, les guste Beth Ditto y sepan que Kate Moss ha diseñado para Topshop y estén al día de los increíbles precios de los bolsos— creer que se sienten cómodos hablando de cualquier tema. Tu madre sabe que no es así.

Consejos sobre ropa. Es una de las grandes injusticias de la vida que si le preguntas a una buena amiga qué deberías ponerte para ir a una fiesta y te da su opinión, harás lo que te diga, mientras que si se lo preguntas a un hombre, elija lo que elija, te parecerá mal. Esto se debe a que buscamos la aprobación masculina, pero no confiamos en que sean capaces de tomar en consideración todos los aspectos relevantes. Por ejemplo: que habrá chicas muy pendientes de la moda en esa fiesta, y que algo sexy/bonito/favorecedor no bastará para estar a la altura de las circunstancias. Que has perdido tres kilos en los últimos meses, y que eso tiene que notarse, como sea. Que aunque este top tal vez exagere la peor parte de tus brazos podría servir, porque es un flamante Balenciaga. Que los zapatos de tacón tienen que verse, porque de lo contrario no tiene sentido aguantar el dolor que te provocan.

El juicio de tu amiga de confianza habrá tenido en cuenta todos estos factores, además de la caminata desde el coche, el aspecto por encima de la mesa (es decir, cómo te verán cuando te hayas sentado a cenar) y si hay riesgo de que se te marquen las bragas por debajo del vestido. Nadie puede competir con su atención a los detalles, y mucho menos un hombre que es muy consciente de que lleva las de perder.

Otros temas que mejor reservar para tus amigas:

- Tus digestiones
- Tu infección micótica de la uña
- Tu recesión de encías
- Tu vello facial
- El infierno de la fecundación in vitro, incluidos los detalles sobre las inyecciones
- Los éxitos profesionales de tu ex

Razones por las que tu madre cree que sigues soltera (aunque jamás lo admitiría)

A tu madre le molesta un poco que, de lejos, la mayor parte del tiempo parezcas un adolescente melenudo. Y después, que cuando hagas el esfuerzo de arreglarte, ¡seas tan alta! Porque con esos impresionantes tacones y esos anillos puntiagudos asustas incluso a tu padre. Además, le gustaría que te plantearas no hacer ciertos comentarios ante los hombres. A ella no le importa la anécdota sobre aquella vez que te comiste el contenido de un cenicero para ganar una apuesta, o un plato de guindillas, y le encanta recordar el día que te arrestaron por mear en las inmediaciones del Ministerio de Defensa, pero duda que sea conveniente que hables de ello en presencia de hombres solteros. Puedes decir tantas veces como quieras que son tus amigos y que, por lo tanto, no requieren ningún trato especial, pero según tu madre es mejor pecar de prudente, solo por si acaso.

Y aquí es donde tu madre está segura de que te equivocas. En su opinión, las amistades platónicas no son tan comunes como a ti te gustaría creer, y todos tus amigos hombres —incluidos los que tienen novia— mantienen su amistad contigo con la esperanza de que, un día no muy lejano, abras los ojos y les des alguna señal. Si uno o dos de ellos de verdad no están interesados, según tu madre será porque con tu actitud has llegado a convencerlos de que eres uno más de los chicos. En resumen, tu madre no cree que sepas cuál es la diferencia entre un amigo y un pretendiente en potencia.

La definición de un amigo, según ella, es la de un hombre que te llevará a casa en coche después de una fiesta y se quedará esperando hasta que cruces la puerta. Los que te acompañan a comprar ropa o van contigo de vacaciones, los que quedan contigo en un bar después de una fiesta y estarían dispuestos a salir corriendo a comprarte tampones en caso de emergencia, esos son posibles candidatos. No sabe de lo que habla, pero por lo que deduce, estas supuestas amistades son como matrimonios en miniatura, sin sexo, y la única razón por la que existen es porque tu generación está enganchada sin sentido a ese «factor extra» necesario para compartir la vida con alguien. Tienes un montón de «amigos» que serían maridos perfectos: atractivos, solteros, considerados, con trabajo. ¿Qué te impide casarte con ellos? Pero entonces, ¿por qué habrías de casarte con uno de tus amigos si no pareces interesada en elegir a un hombre que, a todas luces, parece un buen candidato?

De todas las reglas que nuestra generación ha creado, para tu madre la más sorprendente es que hayamos perdido el sentido de salir con la persona adecuada. Tal como ella lo ve, salimos con hombres, con uno detrás de otro, a veces durante tres o cuatro años seguidos (como si después de un par de meses no supiéramos si es el hombre adecuado), quienes al parecer no necesitan cumplir más requisitos que tener buena planta y que les guste el alcohol. Ninguna de las cualidades que cabría esperar de una pareja estable está incluida. No tienen que ser especialmente responsables, entregados, solventes ni tener un plan de ninguna clase. Nuestras madres asumen que nosotras tendríamos el mismo gen de supervivencia que ellas y que, a su debido tiempo, diríamos adiós a los artistas sin recursos, a las futuras estrellas del pop y a los chicos que quedan bien sobre una moto. Pero no. Seguimos saliendo con hombres que nos atraen y después nos sorprendemos cuando llega el momento de organizar la fiesta de nuestro cuarenta cumpleaños y... ¡oh!, resulta que no estamos mejor encaminadas ahora para encontrar al hombre de nuestra vida que a los dieciocho años. Y a tu madre le gustaría saber en qué momento el adjetivo «adecuado» se ha convertido en un factor extra opcional.

Le has explicado que todo se reduce a una cuestión de química —química que no se da entre amigos pero sí con tus parejas—, pero ella se queda mirándote como si no estuvieras bien de la cabeza. Le has dicho que, sencillamente, no has encontrado a tu media naranja (lo comprende, pero no cree que entiendas lo que el concepto «media naranja» significa). Y le has recordado que no puedes hacer que el amor surja como por arte de magia; solo te queda vivir de la esperanza. Tu madre tiene una actitud sana y respetuosa hacia el amor. Sin embargo, le inquieta un poco que no sepas que hay una enorme diferencia entre no sentir nada por un hombre y esperar la llegada de un súbito relámpago de luz y color que haga que te derritas. En pocas palabras, a tu madre le preocupa, y cada vez más, que tus expectativas sean poco realistas.

Al final llega un punto en que todas las madres de mujeres solteras sin remedio deciden que es culpa suya por no haber preparado bien a sus hijas: es decir, por no haberles ordenado sin rodeos que salieran ahí afuera y se agenciaran un hombre antes de que fuera demasiado tarde. Llegado ese momento, tendréis la conversación que lleva por título «El Hombre Perfecto No Existe». En mi caso, fue algo así:

Mamá: Cariño.
Yo: ¿Mmm?
Mamá: Ya sabes que todos los matrimonios requieren un gran esfuerzo, ¿verdad?
Yo: Mmm.
Mamá: El hombre perfecto no existe. Ninguno lo es. A veces no es fácil estar casada con tu padre. Tu padre no es perfecto.
Yo: Mmm.
Mamá: No debes esperar demasiado de ellos, eso es lo que intento decir. Al final lo más importante es que sea buena persona. (Pausa.) Y que tenga sentido del humor.
Yo: ¿Por eso te casaste con papá? ¿Porque era bueno y tenía sentido del humor?
Mamá: Sí, y porque encajábamos bien al bailar.

¡Ja! Creo que quiso decir que debía ser buena persona, tener sentido del humor y que hubiera química entre los dos. Durante un instante creí que mi madre me diría que tenía que aprender a transigir.

La pregunta es ¿tiene razón tu madre? Se equivoca en lo de los amigos. En eso va muy desencaminada. Pero ¿y si, en general, tiene razón?

Algunas cosas que tu madre te dijo y que son ciertas (aunque te cueste admitirlo)

El pelo es tu bien más valioso

¿Recuerdas lo pesada que se ponía todo el tiempo? Con lo de que te lo cepillaras, y las muecas que hacía cada vez que te teñías de rubia platino. ¿Acaso no entendía que querías parecer una chica mala, que solo se trataba de eso? Sin embargo, ahora te entran ganas de llorar al pensar en lo mucho que estropeaste ese volumen y ese brillo natural con tanto escalado, permanente, decoloración y de sacarte mechones de un gorro de goma con una aguja de ganchillo. ¿Quién podía saber que cuando cumplieras los cuarenta la última moda serían los peinados lisos, rectos o con ondas, como los que lucían las reinas de belleza de los años setenta? ¡Demasiado tarde! Los cosacos ya han arrasado con todo y ahora ya solo queda pelusilla chamuscada.

No te afeites las piernas; no es necesario

¡Pero si eran pelos cortos y rubios! ¡No se veían a simple vista! ¿Por qué los telediarios no advierten de la locura de afeitarse a una edad en la que a) no se tiene pelo —y si crees que eso es pelo, espera unos años—, b) ¿no los verá nadie salvo tu amiga Jill? Di no a ese primer coqueteo con la cuchilla que te conducirá a más cuchillas, después a la Epilady, a esa especie de manoplas de papel de lija, a las bandas de cera, a la cera caliente y a toda una vida preocupándote por cuándo pedir hora para depilarte: el día antes de una fiesta, por lo que el pelo estará creciendo cuando te vayas de vacaciones, o justo antes de las vacaciones, de modo que tendrás que cubrirte las piernas para la fiesta... porque, una cosa es segura: no podrás lucir unas piernas estupendas en ambas ocasiones.

Ten cuidado con los hombres muy atractivos
Y cuánta razón tenía. Lo que quieres es un hombre sumamente atractivo, y no tanto un tipo que sea para caerse de espaldas de guapo. En parte, esto se debe a que estos últimos son un imán para las otras mujeres, por lo que te pasarás el día diciendo: «Perdona, no... eso es su entrepierna, no tu bolso». Pero la verdadera razón para evitar a los hombres extremadamente apuestos es que son todos Adorados.

El mundo se divide en Adoradores (cuya función primordial es prodigar atenciones a su pareja) y en Adorados (quienes necesitan muchas atenciones). Si se juntan dos Adorados, el resultado será dos personas necesitadas e infelices y ambas se sentirán abandonadas. La princesa Diana, por ejemplo, fue una Adorada que se casó con otro Adorado, Su Alteza Real el príncipe Carlos. Camilla Parker Bowles, en cambio, es una Adoradora clásica, encantada de asumir el titánico esfuerzo de adorar y alimentar el ego de su pareja hasta alcanzar los niveles (supuestamente) necesarios para mantener a su marido en el equilibrio necesario. De ahí el final feliz.

Toda relación de éxito requiere a un Adorador y a un Adorado: David Cameron (Adorador); Samantha (Adorada). Nigella (Adorada); Charles Saatchi (Adorador). Jamie Oliver (Adorador); Jules Oliver (Adorada). Una vez te has dado cuenta de ello, resulta tan obvio. El problema es que no descubrimos esta regla de los opuestos hasta bastante avanzada nuestra vida. Y se da aún otra complicación: las mujeres pueden confundir una autoestima baja y un floreciente instinto maternal con el hecho de tener una personalidad Adoradora. Esta es la razón por la que chicas divertidas, listas e independientes se enamoran de chicos egoístas y narcisistas, o de casados atormentados (y los Adorados son expertos en localizar mujeres que buscan a alguien a quien amar y que están dispuestas a culparse de todo lo que sale mal).

Tu madre te dirá que la mayoría de las mujeres, para ser felices de verdad, necesitan ser Adoradas.* Aunque empiecen decididas a dar, dar y dar sin parar, llegará un punto en que se cansen de tanto acariciar, tranquilizar, cuidar y alimentar el ego del otro y reclamen un poco de atención para ellas. Es humano. (Cada vez que lees una noticia sobre un ama de casa cincuentona que se ha fugado con un surfista de diecinueve años y está pensando en poner su vida patas arriba, vender su casa y darle todos sus ahorros, asumes que es por el sexo. Sin embargo, es más frecuente que sea el acto desesperado de una mujer que nunca ha sido Adorada y cree que aún tiene una última oportunidad de experimentar esa sensación.) El impulso de ser Adorado es incluso más fuerte que el sexo.

Nunca persigas a un hombre
Esta me marcó de verdad. Yo debía de tener unos once años. Estábamos viendo un ardiente culebrón en blanco y negro por televisión y mi madre parecía indignada con la escena que aparecía en pantalla. En ella había una mujer llorosa, con las faldas hundidas en el barro, agarrada a la pierna de un hombre a caballo que lucía un sombrero de copa y la miraba con desdén. El viento aullaba, la lluvia los azotaba y el caballo se encabritaba. Puede que también relampagueara. Mi madre levantó la vista de su crucigrama, me miró a los ojos y dijo: «Nunca vayas detrás de un hombre así. No merece la pena». (Se refería a que nunca fuera detrás de un hombre de ese

---

* Esta regla tiene algunas excepciones. Todas las mujeres casadas con escritores, actores y artistas son Adoradoras, pero se dicen a sí mismas que subordinan sus propias necesidades a cambio de un bien mayor. Lo cual, probablemente, las ayude.

modo, no que me olvidara de los petimetres desalmados.) Al fin, el hombre del caballo gritaba: «¡Apártate!», tranquilizaba a su montura y se perdía al galope en la oscuridad, dejando a la mujer sola, que se desplomaba sobre las faldas en medio de un charco en el monte, en la calle o en la entrada de su casa. En aquel momento pensé que probablemente mi madre tuviera razón: sería mejor no rogar y ahorrarme la humillación. Y la tenía.

Sin embargo, es evidente que existen otras formas de perseguir a un hombre sin tener que agarrarse a su pantorrilla. Puedes llamarle por teléfono, incluso cuando te has prometido que no lo harías. Puedes quedar con él a tomar un café para comprobar si de verdad ha roto con su pareja. Puedes intentar ir a las mismas fiestas que él e implicar a todos tus conocidos para que descubran dónde está y así intentar tropezarte con él. Pero estas modalidades modernas de persecución presentan varios problemas. En primer lugar, los hombres son alérgicos a ellas. Parafraseando a Woody Allen, creen que una mujer que esté dispuesta a acosarlos de manera tan descarada no merece la pena. En segundo lugar, te estarás comportando de un modo que sin duda repele a los hombres: los ojos de loca y la actitud de desequilibrada nada tienen que ver con la languidez femenina y la seducción. Y, en tercer lugar, es una pérdida de tiempo porque tu persistencia no convertirá al tipo a caballo en el hombre apropiado para ti. En todo caso, lograrás que se comporte más bien como el tipo a caballo. Quieres a un hombre que te adore, y las persecuciones son cosa de las Adoradoras.

No se lo pongas demasiado fácil a los hombres
Se refería a que no me acostara con ellos. Se refería a que solo les interesa una cosa, de modo que si les daba esa cosa, no me respetarían (se refería a que no se casarían conmigo). Se trata de una teoría muy antigua, pero el principio subyacente es exacto. Acuéstate con hombres si te apetece, pero si quieres

volver a verlos, no debes ponérselo demasiado fácil. No estoy sugiriendo que te escondas en un rincón de tu casa con la ropa enganchada al cuerpo con celo, lo cual te conviene tan poco como mostrarte en exceso dispuesta y disponible. Por ejemplo: no le ofrezcas tu bicicleta para regresar a casa si llueve. Cuando estés en su piso no le laves los platos, no limpies el baño y después salgas a comprarle comida. No le pidas que quede contigo después de la fiesta a la que no te ha invitado ni actúes como si, cualesquiera que sean sus planes, estuvieras dispuesta a amoldarte a ellos. Incluso el hombre más caballeroso se aprovecharía de esto y después iría en busca de una chica que le pusiera las cosas más difíciles.

A los hombres les gustan las mujeres que quedan bien agarradas de su brazo

Por desgracia, esto contiene un elemento de verdad. Poco importa que tengas un aspecto horrible la mayor parte del tiempo, porque si dejas de acicalarte cuando es necesario hacerlo, lo notará. No son los traseros grandes ni los brazos gordos los que deprimen a los hombres, sino la falta de autoestima: las uñas de los pies descoloridas, el pelo con textura de fibra de coco, las cejas descuidadas, la chaqueta de punto desgastada. Temen la dejadez. (Exactamente, ¿cuántos años tienes?) No les gusta que seas dura. (¿Cuántos cigarrillos fumas en el trabajo?) Y tienen un miedo cerval a que un colega os vea juntos y piense: «Oh, qué tipo tan amable, que saca a su tía a dar un paseo». Además, a los hombres les gusta que las chicas lleven vestidos o faldas de vez en cuando (¡maldita sea!). Les gusta poder acariciarte la parte posterior de la rodilla cuando pasas por su lado.

Tienes que buscar un hombre bueno, con sentido del humor y que encaje contigo al bailar

No es un mal resumen. Aunque estaría bien que también tuviera un empleo. Y las manos bonitas.

Por cierto, diga lo que diga mi madre, durante los veintitantos primeros años de su matrimonio, adoró a mi padre, sobre todo por la facilidad con que llenaba el depósito de aceite del coche. Papá siempre se sintió agradecido, aunque también algo perplejo, por las muestras de alborozo que acompañaban esa tarea relativamente sencilla. Un día llegó a casa de viaje y encontró a mi madre en el garaje, inclinada sobre el capó del coche, sujetando una manga pastelera y esforzándose para introducir aceite en el minúsculo agujero de la varilla medidora. (He de decir que mi padre, en lugar de acercarse e indicarle qué estaba haciendo mal, se alejó a hurtadillas de la escena y mantuvo así su papel de heroico rellenador de aceite durante varios años.)

Cosas que tu madre te dijo y que (probablemente) ya no sean ciertas

Guarda esto en un lugar seguro; en algún momento lo necesitarás

No lo necesitarás. Todo termina en los armarios en los que no te atreves a mirar —los marcos de fotos, las bandejas de cubiertos, los termos, el batidor, los tapetes, los cinturones portadinero, los cojines impermeables— y de los que jamás vuelven a salir.

Nadie te mirará los pies

De hecho, sí lo hacen. Hoy en día nadie puede evitar fijarse en los zapatos: ahí están, convertidos en el centro de atención y, con frecuencia, en la parte más atractiva —además de cara— de tu atuendo. Hoy en día, los pies se han convertido en lo que antes era el cuello, pero un cuello con pechos —por confusa que resulte la idea— en cuanto al mensaje que transmiten respecto a nuestra disponibilidad sexual. «Sí, con estos zapatos mido uno ochenta y ocho, ¿te atreves conmigo, grandullón?/

Ooh, mira, llevo una preciosas bailarinas; podrías tomarme en brazos y llevarme al piso de arriba». Sí, están pendientes de tus pies y no debes desaprovechar la oportunidad de enviar un mensaje claro.

Los hombres no se fijan en lo que llevas puesto

Oh, sí, claro que se fijan. El mundo está saturado de moda y ellos han sido aleccionados igual que nosotras. Tal vez no diferencien una marca de otra, pero han pasado del «es un vestido bonito» a «haz lo que quieras pero no te compres uno de esos abrigos tipo vaina». A muchos hombres, por ejemplo, les disgustan los vaqueros de cintura alta. Y los zuecos. Y las sandalias Birkenstock de dos tiras. Y los pantalones bombachos. Y los zapatos tobilleros. Y los bermudas. Detestan los bermudas. Además, la mayoría de los hombres sienten una fuerte aversión hacia las prendas que les recuerdan en algo a sus madres, como las chaquetas de terciopelo o las camisas de seda con un lazo anudado al cuello. Es difícil saber qué le gustará a un hombre, pero no hay duda de que lo que te pones puede marcar la diferencia entre la nada más absoluta y el «Hola, no me importaría ver qué hay ahí debajo». Mi madre no entiende nada de esto, pues a ella le bastó con su uniforme del Servicio Naval Femenino y, más tarde, con su vestido de boda, que compró con cupones en los años cincuenta y que compartió con varias amigas. Incluso los zapatos eran de un número que les fuera bien a todas.

Hay dos tipos de chicas

Sí, así es, pero no del tipo que cree tu madre: los dos tipos son Nosotras y la Mujer Centrada. Ya la conoces. Es la que siempre ha tenido claros sus objetivos. Por ejemplo, quería tener cuatro hijos cuando hubiera cumplido los cuarenta y, mira por dónde, es justo lo que tiene. Y sabía dónde quería vivir, incluso la calle exacta, y adónde quería ir de vacaciones, y cómo pretendía celebrar su décimo aniversario de boda (y todo esto ya estaba decidido cuando tenía veintitrés años, más o menos). Mientras tú has estado paseando alicaída, preguntándote si podría gustarte el chico del departamento del correo, la Mujer Centrada se ha forjado una vida de adulta, y bien que ha hecho. (Para la Mujer Centrada ha sido un poco más fácil puesto que ella buscaba un apoyo más que un alma gemela, pero, en cualquier caso, tienes que reconocer el mérito de su... determinación.) Tu madre aún cree que las chicas que se acuestan con todo el mundo terminan lamentándolo, pero la Mujer Centrada puede ser bastante zorra si es necesario, y eso no le ha hecho ningún daño.

Así pues, en general, tu madre lleva más razón de lo que pensabas, y te ha costado unos cuantos años darte cuenta de ello. En otras palabras, pese a todas las diferencias entre ambas, sí... es probable que estés convirtiéndote en tu madre.

Estas son algunas de las señales de aviso tempranas:

- Estás en alerta permanente ante la posibilidad de que se derrame algo.

- Has empezado a pedir la opinión a desconocidos, en particular a las dependientas de las tiendas.

- Ordenas a la gente que guarde silencio en los cines y entablas conversación con la gente en la cola del autobús, con aportaciones como: «¡Increíble! ¿Es que no me ha visto levantar la mano?». Hace un par de años, esta clase de comportamiento te habría hecho estremecer.

- Sientes una nueva atracción por los colores pastel.

- Te gustaría ser una buena jardinera.

- Has desarrollado un creciente interés por tus vecinos y no dejas de preguntarte si deberías invitarlos a tu casa a tomar una copa.

- Coleccionas adornos de Navidad.

- Te apetece hacer un crucero (es broma... aún no has llegado a ese punto).

- Y la más importante: has empezado a citar a tu madre. A ella le gusta citarte cuando quiere decir algo polémico, pero tú te has acostumbrado a utilizarla en las conversaciones como un ejemplo de sentido común incorruptible e intuición femenina. Jamás pensaste que lo harías, pero ahora no puedes evitarlo. Es el principio.

¿SON COSAS MÍAS, O LA GENTE NO DEJA DE ALARDEAR?

¿Estás de broma? Es horrible. Allí adonde mires, verás mujeres que hacen malabarismos para mantener sus carreras, cuidar de los niños, renovar la casa y correr maratones, todo ello como si se hubieran fijado el pelo a la cabeza con miel y con un cuerpo tan tonificado como si hubieran pasado por las manos del entrenador personal de Madonna. Es habitual que comiencen el día corriendo por el parque (calzadas con unas zapatillas MBT o empujando un carrito Bugaboo) y que lo terminen —después de una cena a base de algo ligero y delicioso que han preparado por la tarde— consultando el correo electrónico en sus BlackBerries. Entre una cosa y la otra habrán trabajado, ido de compras, a la peluquería, habrán mantenido interminables conversaciones telefónicas con los albañiles. Y no estamos hablando de Stella McCartney, sino de mujeres que conocemos. Mujeres que consiguen que aquellas de nosotras que solo somos capaces de hacer tres cosas al día —y una de ellas es pedir la comida— nos sintamos cada vez más incompetentes.

Los niveles normales de competitividad que mantenían nuestras madres durante los largos y aburridos inviernos (quién tenía la placa de hornillos más elegante, quién cultivaba las mejores rosas) se han convertido en algo mucho más serio, por no decir desafiante. Esta nueva mujer fanfarrona no pasa ni una hora del día sin explotar al máximo todas las posibilidades. Si pasea, a la vez tonifica los músculos. Si está en casa cuidando del bebé, aprovecha para crear un pequeño negocio online desde el sofá. (Cuando se tumba inmóvil durante horas y ve los DVD de *Green Wing* solo Dios sabe qué más puede estar haciendo.) Si eres mujer y quieres ser una competidora en el siglo XXI, hay dos normas que debes seguir. Todo lo que hagas —incluso las cosas que siempre se han hecho, como llevar una casa o cuidar de tu familia— tiene que convertirse en una declaración. Si tienes hijos, tendrán que ser cuatro, porque con tres sería demasiado sencillo y, ¿qué demostrarías con ello? Si compras una casa, tendrás que derruirla y reconstruirla con tu estilo personal. Y tendrás que mirar alrededor constantemente y observar los avances de tus contemporáneas, porque en cuanto descubras a alguna capaz de añadir más actividades a su día a día, tendrás que subir el listón y hacer también más.

Si, por casualidad, estás pensando: «Pero ¿qué está diciendo?», te doy la bienvenida, joven lectora, pero ni se te ocurra saltarte este capítulo convencida de que este es un extraño síndrome que no tiene relación con tu experiencia de vida. Créeme, tampoco tú podrías resistirte a la tentación de alardear, a menos que te sometas a un cambio de sexo. Aunque ahora no la sientas en absoluto, un día cumplirás los treinta y ocho, o los cuarenta y dos, y de repente te descubrirás llevándote revistas inmobiliarias a la cama, saliendo a comprar cosas para la casa porque has invitado a gente a cenar esa noche, y es posible que incluso ordenando los libros de tu estantería de modo que los escritores de moda ocupen una posición destacada y la cantidad de novelas basura que tienes queden escondidas a la vista. Además, hay distintos niveles de fanfarronería, y es posible que tú te veas aquejada en un grado medio, como yo. (En los modelos actuales soy, sin lugar a dudas, una fanfarrona amateur, aunque, en mi punto crítico, llegué a comprarme unas botas de vaquero de lo más incómodas porque me pareció que, aunque no fuera a utilizarlas demasiado, quedarían bien tiradas en algún rincón de mi casa. ¿Lo ves? Es una locura.) Sin embargo, el hecho es que no todas pateamos los parques calzadas con unas MBT ni ejercitamos nuestros músculos pélvicos mientras trazamos planes de negocio. Algunas somos fanfarronas en apuros, porque no ponemos el alma en ello, pero ninguna de nosotras está inmunizada por completo.

¿Cómo hemos llegado hasta aquí?

Échale la culpa a Helen Mirren por estar tan estupenda en biquini a sus sesenta y tantos años. Culpa a Gwyneth Paltrow por ser una madre perfecta y a la vez una celebridad que pasea sus estupendas piernas por la alfombra roja. Culpa a Cherie Blair por compatibilizar una carrera, un primer ministro, hijos y una autobiografía. Las mujeres como ellas han contribuido a elevar el listón y a hacer que las demás nos preguntemos por qué estamos tan agotadas todo el tiempo. Sin embargo, esta nueva forma de alardeo se basa, en realidad, en el hecho de que ya no tenemos nada en común con las mujeres que conocemos.

Fíjate, por ejemplo, en Betty Draper en *Mad Men*. La encantadora Betty comparte un estilo de vida similar con todas sus amigas, por lo que sus puntos de referencia en lo concerniente a la competitividad son idénticos. En primer lugar está tu marido (tiene que ser atractivo, tener un buen trabajo y llevar mucho dinero a casa); después está tu hogar (debe tener una habitación de juegos para los niños y una casa de juguete en el jardín y aire acondicionado); a continuación, tu aspecto y, por último pero no menos importante, están tus aptitudes como madre y ama de casa. La diferencia entre la experiencia de Betty y la de sus amigas se reduce a adónde van de vacaciones, de modo que cualquier competición entre ellas es más que contenida. Todo se limita a un estofado, un pintalabios, el ascenso de un marido, un vestido nuevo. Ellas saben perfectamente qué lugar ocupan. Para nosotras, es algo diferente. Nuestros puntos de referencia se extienden mucho más allá de la calle en que vivimos y de la gente cuyas vidas son más o menos como la nuestra. Tengo amigas que trabajan en el mundo de las finanzas y otras que se dedican a la moda. Conozco a amas de casa, a productoras cinematográficas, a jardineras y a maestras. Algunas van a trabajar con sus Manolos, otras en chanclas y otras, como Betty, no trabajan.

Lo que quiero decir es que estamos influidos por las vidas que se viven a nuestro alrededor y nos sentimos presionadas para exhibir una imagen lo más favorable posible. Cuando nuestras amigas se dejan caer por casa para echar un vistazo a nuestro mundo, queremos estar a la altura del examen de una intrusa cuyas prioridades son completamente distintas a las nuestras. Así pues, por ejemplo, si vives en el campo, en una situación de bucólico aislamiento en mitad de la nada, tendrás que lograr un ambiente pintoresco, casi de revista, como concebido por Annie Leibovitz, con un tipi en el jardín y una terraza con vistas a colinas ondulantes y ovejas negras. Será necesario que cultives tus propias hortalizas biológicas y que tengas varios hijos decorativos que corran de un lado a otro, algo asilvestrados (en contraste con sus primos urbanitas, más tímidos) y debes tener multitud de perros, a poder ser un burro y varias gallinas.

Una vez creada su propia composición idílica, algunas mujeres se detienen ahí, pero no son la mayoría. Y es entonces cuando empieza el afán por alardear. Hoy en día, no piensas: «Muy bien. Esta es su vida, porque ella es así y porque está casada con un gestor de fondos de inversión». Lo que haces es engrosar la lista de cosas que tienes que hacer para seguir compitiendo con ella. Jill tiene multitud de prendas de cachemir en color pastel y un cuerpo de modelo. Tengo que conseguirlo. Jade Jagger tiene suelo de caucho con acabado de perla en su casa de Ibiza. Habrá que considerarlo. Anna está a punto de poner en marcha su pequeño negocio de venta de joyas importadas. Caroline tiene su propio huerto. No tengo nada parecido pero ¿me cabría uno en esa tira de tierra que queda junto a la valla? (Te habrás dado cuenta de que he incluido a Jade Jagger en la lista. ¿Por qué no? Nadie está lo bastante alejado de nosotras —ni en términos de edad, trabajo o ingresos— para que no podamos comparar nuestra vida con la suya.) Así pues, la fanfarronería ha alcanzado proporciones pasmosas e inconcebibles. Es una auténtica locura. Y, sin embargo, la aceptamos como si fuera lo más normal del mundo.

Hace algún tiempo, *Vogue* publicó una entrevista con Sheherazade Goldsmith, mujer de treinta y cuatro años casada con Zac Goldsmith, un joven ecologista extremadamente rico. Se trataba de uno de esos artículos que constituyen el eje central de las revistas del corazón —la duquesa de Devonshire nos habla de sus gallinas; Nicole Kidman nos revela cómo compatibilizar la maternidad y los compromisos cinematográficos— y Sheherazade aparecía fotografiada paseando por sus propiedades, mientras contaba cómo lo hacía para ocuparse de su familia, los caballos, los huertos de hortalizas biológicas, la granja de carne ecológica, los libros que está escribiendo y las casas que está reformando. Hasta ahí, normal. Pero a lo largo de los últimos años, se ha producido un cambio sutil en el modo en que se escriben esos artículos. Antes, te ofrecían una idea general y te invitaban a contemplar maravillada desde la distancia. Ahora, en cambio, el texto apunta al detalle: dónde compra la estrella la vajilla. Cómo guarda la ropa. Qué desayuna. Su rutina de ejercicios, sus productos de belleza favoritos, la altura de los zapatos, las tiendas donde compra las alfombras. La diferencia está en que ahora esperan que nosotras, humildes lectoras, intentemos emular ese estilo de vida del modo que sea, aunque procurando no terminar en la cárcel. El director de la revista sabe que ya no nos conformamos con apretar la cara contra los barrotes de hierro y quedarnos mirando con gesto soñador la vida que no podemos tener. Queremos conseguir ese look —por menos, por poquísimo dinero, a ser posible—, igual que queremos los bolsos WAG, la ropa de Kate Moss, y la delgadez de Catherine Zeta Jones tras su última dieta. Y si no, ¡al menos nos compraremos los malditos cojines!

La lista de éxitos de la ostentación

Aún en el número uno: los cuerpos y la edad

Ya hemos tratado de esto en el capítulo «¿Estoy bien para mi edad?». La prioridad número uno sigue siendo tener el cuerpo de alguien a quien doblas la edad.

En el número dos: Decorexia (o mi casa es mejor que la tuya)

Plantéate si esta situación te resulta familiar. Hace algún tiempo, me invitó a cenar una nueva amiga de lo más glamourosa que vive en una calle por la que suelo pasar (con el cuello estirado para ver a través de las ventanas del piso inferior cómo vive esa gente). Para vivir ahí tienes que tener clase, y si no la tienes, le pagas a alguien para que te la consiga. Por dentro, esas casas son de infarto. Aunque mi amiga hubiera anunciado: «Vendrá Robert Downey Jr, y también Leonardo DiCaprio», no creo que con ello me hubiera animado más a cruzar la puerta de entrada de su casa.

Mientras cruzaba el umbral, experimenté la misma sensación de pánico y corazón desbocado que se tiene cuando te enamoras de un hombre sumamente atractivo e inalcanzable. Esas paredes de color gris pálido (del tono perfecto). Esa llamativa alfombra de estampado al estilo de Bloomsbury que, de algún modo, conseguía no desentonar con las sillas a rayas de color frambuesa pálido. Las estanterías fabricadas a partir de viejos suelos de madera (oh, ¡qué genialidad!). Hace diez años, me habría sentido fascinada por el hombre de flequillo alborotado que estaba sentado junto a la chimenea (de repisa tallada, es probable que pintada en tono blanco histórico de John Oliver), pero ahora solo tenía ojos para el sofá de terciopelo eau de Nil en el que estaba sentado.

Y después, el momento que había estado esperando: ¡la vuelta por la casa! (Por supuesto, me enseñó toda la casa. Siempre lo hacen. ¿Acaso crees que esta mujer se ha tomado tantas molestias solo por gusto? Una casa así ha sido diseñada para impresionar a otras mujeres. Para eso se tiene una casa bonita y posesiones bonitas: para alardear de ellas.) ¡Qué no habría dado yo por una cámara de fotos, un cuaderno y una cinta métrica! Pero eso habría sido excesivo. Tienes que limitarte a observar, maravillarte y memorizar y, solo de vez en cuando, podrás preguntar por el origen de algo (no con frecuencia, o corres el riesgo de que te tomen por una acosadora), para después irte a tu casa y soñar con recrear tu propia versión a precios de Ikea.

Confesaré que compré mi piso —del que oirás hablar más adelante— únicamente por el gusto exquisito de su antigua propietaria. Y si fui a verlo una segunda y una tercera vez, no fue (como le dije al agente inmobiliario) para echar un vistazo a los depósitos del agua, ni para comprobar las enormes grietas del techo, sino para tomar buena nota de la forma y tonalidad exactas de su sofá, del tamaño de la mesa que había debajo de la ventana, de la forma del espejo que colgaba sobre la repisa de la chimenea, de los colores que había utilizado en el baño y (por vergonzoso que resulte) de los arreglos florales. Esto, señoras, se llama decorexia. Y si no han experimentado nada parecido, entonces no saben lo que se pierden.

Como sabrás, el comportamiento de todo borracho atraviesa unas cinco fases diferenciadas. Y, como es sabido, para pasar de la primera (comentarios estridentes) a la quinta (baile desinhibido en solitario) solo hace falta que sigas bebiendo. Pues bien, se da una secuencia equivalente en todas las pasiones que las mujeres experimentamos a lo largo de nuestras vidas. Para todas nosotras empieza con los ponis o los perros, después pasa a las estrellas de rock, a las chicas del último curso de instituto y la ropa, antes de llegar a los chicos y más ropa. La fase número cuatro se extiende desde los veintipocos a los veintimuchos, cuando debería producirse el paso de los chicos a los hombres (aunque algunas se quedan estancadas en los chicos), y durante la cual la ropa sigue siendo una prioridad.

En este punto de tu vida, tu envidia va dirigida a mujeres que pueden entrar a comprar ropa a una tienda Oxfam y salir convertidas en Lindsay Lohan. Estarías dispuesta a salir corriendo detrás de una chica por la calle para preguntarle dónde se ha comprado las botas. Te obsesionas con el peinado de otras mujeres y con cómo combinan faldas y zapatos y cinturones y pendientes. Y entonces... ¡Pum! Un día —cuando tienes treinta y tantos— doblas una esquina y te das cuenta de que se ha activado una nueva sección en tu cerebro (¿quién iba a saber que podía interesarte el cutí?), y ahora solo importa aquello que convierte tu casa en un espacio estiloso. Olvídate del «¿Quién es esa chica de la ventana? Me encanta lo que lleva puesto». Has pasado al «¿Quién es esa chica? Me encantan sus cortinas. Y las persianas. Y las lámparas».

No crees que algo así pueda sucederte hasta que sucede. Cuando tienes veinte años te maravillas ante la falta de sensibilidad de tu padre al regalar a tu madre un juego de lámparas por su cumpleaños. ¿Qué será lo próximo? ¿Un bidón de gasolina? ¿Un rollo de material aislante para la caldera? Sin embargo, ahora todo comienza a cobrar sentido. La decoración combina todo lo que te gusta: ir de compras, cambiar muebles de lugar y alardear de tus recursos, todo ello sin tener que desnudarte en un probador. Y no hay nada tan tentador como la posibilidad —por remota que sea— de convertirte en una de esas mujeres envidiadas por su buen gusto para todo. El estilo en el vestir es lo máximo, pero un fantástico estilo en general es el Santo Grial. Y, a medida que te haces mayor, esa parte «general» es la que va ganando puntos. El arreglo floral en la mesa. La vistosa disposición de los cuadros del pasillo. ¡Las maravillas que ha logrado en su casa de Francia! «Me encanta cómo has decorado este lugar» vale diez, tal vez veinte veces más que «Me encanta lo que llevas puesto». Y sabes que las cosas no van bien cuando invitas a alguien a tu casa y aún estás encendiendo velas, escondiendo almohadas, extendiendo mantas y peleándote con los arreglos florales —no tan arreglados— cuando suena el timbre y ni siquiera te has duchado (por supuesto, una fanfarrona de verdad aparecerá también impecable, pero algunas tan solo somos capaces de llevar a cabo un proyecto de alardeo a la vez).

Esta progresión natural, de estrellas de rock a baños reformados, no es nada nuevo: lo nuevo es el fervor con que estamos dispuestas a luchar por nuestro entorno ideal. Siendo como somos criaturas de la era moderna, no hacemos las cosas a medias. Queremos que nuestros hogares lo tengan todo y para ello aplicamos las normas habituales en estos casos: nada es excesivo, ningún punto de referencia es demasiado elitista o ambicioso. Cuando los periódicos publican fotografías de la gigantesca bañera con patas de Cate Blanchett mientras una grúa la sube a su piso de Brighton, tú tomas nota de ello. Cuando Sheherazade aparece fotografiada delante de la chimenea antigua (un regalo de Navidad de Zac, así que, ¿qué crees? ¿Que tal vez no oscile entre las quinientos o seiscientos euros?), también tomas nota. De hecho, me planteé comprar una chimenea maciza de piedra caliza cuando vivía en un diminuto apartamento del tamaño de la habitación de Rachel en *Friends* y, si bien aquello podría considerarse un comportamiento en extremo decoréxico, he visto cosas mucho peores.

¿Te acuerdas de la película *Cuando menos te lo esperas*? ¿Recuerdas la atracción estelar: la fabulosa casa de East Hampton con vistas al océano en la que vivía el personaje de Diane Keaton? En todas las escenas importantes, cuando deberíamos haber estado siguiendo la relación entre Keaton y Nicholson, las decoréxicas de todo el mundo nos dedicamos a examinar la funda del sofá, las pantallas de las lámparas, la disposición de la cocina. Sin embargo, mi amiga Lily fue un paso más allá. Alquiló el DVD, congeló la imagen en una escena en la que al fondo aparecían unos azulejos blancos particularmente maravillosos, y se lo pasó al albañil para que se inspirara a la hora de reformar su cocina. (Por cierto, cuando vio la película por segunda vez, Lily declaró que la casa distaba mucho de ser perfecta: «Demasiados tonos neutros, y las escuadras que sostenían las estanterías eran bastante feas. Pero las flores estaban bien».

Esa es la diferencia verdaderamente significativa entre el mantenimiento de la casa a la vieja usanza y esta nueva forma de alardeo. Ahora nos gusta pensar a lo grande.

Nueva entrada. En el número tres: tal vez tú decores, yo dirijo un proyecto

¿Conoces a alguien que no esté haciendo reformas en su casa? Y no me refiero a una ampliación en el desván para acomodar a una familia en continua expansión, hablo de obras mayores, de un trabajo que obligue a redistribuir todo el espacio. Como desmantelar la cocina del sótano y tomar cinco metros del jardín para ampliarla; cambiar la cocina del sótano al primer piso; convertir el baño del piso inferior en un cuarto de ducha; tirar la pared del estudio y del salón y hacer una oficina a dos niveles; sustituir las viejas lámparas de luz direccional con luces empotradas de cuya distribución se encargará un diseñador lumínico. Ha llegado hasta el punto de que, si no estás haciendo reformas, tus vecinos seguro que sí, por lo que cuando ellos hayan terminado, es probable que tú empieces a cambiar algo de nuevo. (Eso si consigues los materiales básicos. Pregunta a cualquier albañil y te dirá que hay una escasez crónica de todo, desde madera hasta azulejos, porque las mujeres del país se han vuelto locas por las reformas. Olvídate del pánico bancario. El cemento es más difícil de encontrar que el cuerno de rinoceronte blanco desde que los «no domiciliados» empezaron a cavar en sus sótanos para construir piscinas en ellos.)

Es una suerte de locura. Ya nadie compra una casa o un piso y lo deja como lo encontró, aunque estuviera en buen estado. Eso incitaría a sospechar que no estás por la labor de reinventar tu espacio vital y convertirlo en algo muchísimo más interesante. Así pues, los agentes de la propiedad inmobiliaria han ajustado su perorata a los nuevos tiempos. Hace cinco años, la frase más oída era «Está recién reformado, no tendrá que tocar nada», mientras que ahora pasan directamente a comentar el «potencial» de la vivienda antes incluso de haberte enseñado el dormitorio. El mensaje es: «Puedes hacer lo que quieras con esto. Anímate. Veamos si tienes agallas». Por consiguiente, si eres alguien, necesitarás un equipo de carpinteros, fontaneros y electricistas entrando y saliendo constantemente de tu casa, desconchando la propiedad, dejándola como tú quieras para... esto... para que puedas alardear delante de tus amigas.

Tú pide, que nosotros lo hacemos. ¿Cuartos de ducha? Hace un par de años no habrías esperado encontrarlos en un hotel, y mucho menos en una casa pareada en Shepherd's Bush. ¿Y qué decir de esos grifos largos y delgados, especiales para lavar verduras? ¿Y esas enormes cocinas con dos hornos y un par de fuentes para asar cerdos que hoy en día parecen imprescindibles? (¿Quién tiene aún una encimera con cuatro quemadores? Ahora necesitas un metro de acero sobre cuatro patas que parece salido de la cocina del Wolseley.)

Además, un espacio perfecto ya no es suficiente, no si quieres competir con las Fanfarronas. Para eso necesitarás una casa en el campo.

Creo que todas sabemos que no habría tanta demanda de segundas residencias en el campo si los propietarios tuvieran que conformarse con los suelos originales de linóleo y los muebles de formica de la cocina. Por cada madre bienintencionada que solo busca un lugar donde instalar la gigantesca cama elástica, hay una mujer cuyos cajones rebosan muestras de tela con estampado de rosas y catálogos de Cath Kidston repletos de fotografías de preciosas tiendecitas de campaña y bolsas de tela para las pinzas de la ropa con estampado de fresas. También yo caí en la tentación, pero cuando una amiga me descubrió suspirando por una casa cerca de Bath y me oyó comentar que estaba planteándome la posibilidad de mudarme allí, me cogió por banda y bufó: «Intenta ver más allá de las contraventanas de madera del salón. No durarías ni una semana. Si ni siquiera tienes coche».

Y, por supuesto, tenía razón. Mi fantasía se basaba por completo en las posibilidades de decoración del lugar y en una imagen de mí misma paseando por el salón en penumbra, mientras mis invitados alababan mi original uso del tono Cielo Invernal de John Oliver.* Además, quería una auténtica chimenea de leña y una excusa para ponerme mis botas de montar españolas y posiblemente una de esas ceñidísimas chaquetillas de tweed. Al fin y al cabo, no solo le gusta a Madonna verse como propietaria de un castillo.

---

* Nota: La increíble proliferación de blancos merecería un capítulo entero y es el ejemplo perfecto de lo mucho que la decorexia se ha generalizado. Cuando tuve que elegir los tonos blancos para mi casa (cuatro en total), hice diez pruebas de color al mismo tiempo. No es broma. Y al final elegí la tonalidad equivocada, porque a la luz del sol se ve de un color cremoso. ¿Te lo puedes creer?

De la quinta a la cuarta posición: el jardín romántico

Si no dispones de los medios para llevar una segunda vida paralela en el campo, siempre te queda la opción del jardín con estilo, a poder ser dos (hoy en día los urbanitas ricos se compran la casa de al lado para ampliar el cuento de hadas, hacia los lados).

La finalidad de ese jardín no es tanto convertirse en el escaparate de flores y árboles como la de hacer de escenario al aire libre —parte salón, parte guardería de Peter Pan—, con farolillos colgados de los árboles y bastones clavados en los parterres, velas y quinqués, banderitas de tela desgastada, parasoles con flecos tintineantes y demás. El jardín perfecto para alardear tendrá sofás de verdad que habrás arrastrado hasta la zona de césped, un fuego en el que cocinar (una antigua cocina panzuda o un fuego de leña sobre un banco de ladrillos; las barbacoas son algo demasiado sencillo), un tipi y, la que es la última incorporación a la lista de imprescindibles, un carromato de gitanos que podrás convertir en una habitación extra, con cortinas de encaje y cantidad de platos y jarras esmaltadas. Quienes viven en pisos pequeños en la ciudad con un par de metros de terraza que huele a orín de gato (como yo) tenemos que apañarnos con montones de velas redondas en portavelas decorativos, algunos cojines esparcidos por el suelo y mantas que no deberían dejarse al aire libre (por lo general, los complementos de exterior son demasiado evidentes).

En el número cinco: la comida

Las mujeres siempre han competido por la calidad de sus bizcochos y de su mermelada (conocí a una mujer que solía comprar mermelada casera y luego la metía en botes que tenía en su casa solo para impresionar a su marido), pero hoy en día la competición es de un calibre diferente. Ahora lo que cuenta es tu actitud hacia la comida: cuánto sabes acerca de ella, cuánta importancia tiene para ti y si eres capaz de dar a la gente lo que quiere.

Para ser una Cocinera Fanfarrona en el siglo XXI tienes que:

- *Comprar productos biológicos y evitar los alimentos empaquetados.* Puedes arruinar una cena de un plumazo con tan solo dejar un trozo de Cheddar envasado al vacío sobre la tabla de quesos. Además, el hecho de ofrecer a los hijos de tus amigos ganchitos o cualquier otra clase de aperitivo cargado de aditivos alimentarios sería tan contraproducente como ponerles una película clasificada para mayores de dieciocho años o contratar al animador infantil que fue despedido de la tropa de los boy scouts.

- *Ser rústica y sana.* Nigella cocina descalza, y descalza y con los dedos manchados de granada es, en líneas generales, el look que te interesa conseguir. El cordero tiene que estar cortado a ras del hueso, no fileteado con elegancia. La mozzarella a trozos, no a lonchas. Las hierbas aromáticas en briznas, no picadas, y la comida tiene que presentarse en platos grandes para que la gente se sirva; nunca debe presentarse en platos individuales. Del mismo modo que los expertos en moda recomiendan que «destroces» un poco tu look para darle ese aire chic y despreocupado, la comida tendría que servirse algo mezclada, pero sin que llegue a parecer la cena del perro.

- *Estar concienciada.* Cuando Hugh Fearnley-Whittingstall la tomó con las granjas de cría intensiva de pollos y nos amonestó por comprar carne de ave barata, cargó de responsabilidad a las fanfarronas. Hoy, las compras descuidadas, ya sean de agua mineral Fiji, tiras de carne de pavo o café que no sea de comercio justo, harán que parezcas una recalcitrante.

- *Ser flexible.* Olvídate de los escalopes de ternera en salsa cremosa. La comida de la fanfarrona tiene que acomodarse a las diferentes preferencias de cada uno. Si tienes invitados a cenar, algunos se presentarán una hora tarde; al menos uno tendrá alguna «intolerancia alimentaria» y otro será vegetariano o habrá ingresado hace poco en AA (por lo que no podrá tomar la salsa de vino). Tal vez te entren ganas de subirte a la mesa de la cocina y gritar: «¡No soy un puñetero mago!». Pero si lo que quieres es sumar puntos en la escala, tendrás que comportarte como una mujer de recursos para quien cocinar es un acto de relajación y de amor.

- *Estar preparada para adaptarte*. Las exigencias alimentarias específicas son la máxima señal de la sociedad que gusta de alardear, y cuanto más subas en la escala, más exageradas serán las exigencias. De hecho, si de verdad compites en esos círculos, es probable que seas una quisquillosa como el resto, aunque solo sea para demostrar que también eres especial y mereces que se tomen molestias para complacerte. No tolerar ciertos alimentos —o preferir no comerlos— es un lujo que no todo el mundo puede permitirse, por lo que pensarán que eres algo especial si te alimentas a base de gambas y huevos. (Volveré a las exigencias alimentarias específicas en el capítulo sobre los modales.)

Por principio, la comida tiene que saber bien, pero es más un accesorio que el centro de una situación agradable, y la Cocinera Fanfarrona tendrá que prestar a la puesta en escena como mínimo la misma atención que a la comida. La gente quiere ver que te has tomado la molestia de pelar los tomates cherry y de escaldar las almendras, pero les interesa más el retablo en general: los invitados, los platos, la decoración de la mesa y la ropa que llevas. Con frecuencia, la comida es tan solo la excusa para el lucimiento de un estilo de vida fabuloso. Lamento mencionar de nuevo a Nigella, pero no hay más remedio. Cuando encendías la tele para ver *Nigella Bites*, ¿verdad que no te importaba un rábano lo que cocinara? ¿A que no? Pues yo jamás prestaba atención a eso. Me fijaba en las habitaciones de su casa (porque entonces se grababa en su casa), en las estanterías, el papel pintado, los paneles de la cocina, lo que hacía con las velas flotantes y con el acebo, las bengalas y las cabezas de crisantemo. La comida era tan solo la excusa para fisgonear en ese entorno bañado por el sol del oeste de Londres, y Nigella cocinaba con el accesorio más codiciado por las Fanfarronas: ese elemento extra que añade atractivo sexual y hace que parezcas una diosa de un modo que unos cócteles y unas patatas chips jamás conseguirán.

Subiendo puestos, de la octava a la sexta posición: las Madres Diosas

No puede establecerse con exactitud una fecha, pero en algún momento, pongamos que en los últimos años del pasado milenio, la maternidad se convirtió en un aspecto central en la cartera de logros de las Fanfarronas. Previamente, criar a los hijos era algo natural a lo que nadie daba demasiada importancia. Siempre se había hecho: nuestras madres lo hicieron, y sus madres antes que ellas, y así hasta llegar a la señora Australopiteco. Nada extraordinario. Pero entonces sucedieron algunas cosas que cambiaron la situación.

- El embarazo dejó de ser algo inevitable y se convirtió más bien en un logro (posiblemente porque las mujeres se quedaban embarazadas más tarde). Parecía que hubiera algo especial en el hecho de parir.

- Como el sacrificio que implicaba ser madre se percibía —en una generación a la que no entusiasmaban los sacrificios— como un hecho sorprendente, y como la dimensión psicológica de la maternidad empezó a tomarse mucho más en serio, el hecho de ser madre empezó a dar a las mujeres un nuevo estatus de superioridad.

- Las mujeres descubrieron que los niños mejoraban su imagen. Un niño en brazos no solo le cuenta al mundo que eres fértil y querida (o que alguien se sintió atraído por ti en algún momento), sino que un niño mono es la mejor publicidad que puedes hacer de tu magnífica estructura ósea y tu buen gusto. (Y así fue como los niños, hasta entonces llenos de mocos y vestidos con anoraks y ropa heredada y desteñida, se convirtieron en una extensión de las aspiraciones de sus madres: niños hippies de alborotadas melenas rubias y con collares de concha; niñas a la última moda con pantalones de pana ajustados y botas Ugg; pequeñas señoritas vestidas con abrigos de cuello de terciopelo y zapatos de cuero brillante con cierre de botón en el tobillo.)

- Y por último, pero no menos importante (de hecho es la cuestión más importante), el ser capaz de compatibilizar con aplomo todas las facetas de tu vida se convirtió en la prueba de fuego de cualquier Fanfarrona de primera clase, y para alcanzar el nivel avanzado necesitas hijos: cuatro o más, si quieres que te tomen en serio.

Así es como creamos el culto a la Madre Diosa.

Por supuesto, no todas las madres se han dejado arrastrar por el culto a la Madre Diosa. Muchas de ellas se limitan a hacerlo lo mejor que pueden. Muchas otras pasan un infierno para salir adelante con escasos recursos y poca ayuda. Estas madres, sin duda alguna, merecen nuestro respeto, admiración y también nuestras oraciones. Pero hay muchas otras madres que se han tomado la maternidad como la oportunidad perfecta para alardear y seguir en la competición.

Piensa en Angelina Jolie. Ella personifica a la Madre Diosa, casi hasta parodiarla. A continuación, las razones:

- *Ha tenido hijos y Jennifer no.* Por feo y difícil de digerir que resulte, en los círculos de fanfarroneo extremo en los que Angelina se mueve, los hijos son el factor clave de la competición. Y no solo se ganan puntos por tenerlos; las mujeres sin pareja o sin hijos los van perdiendo en comparación. Por eso, cuando el *National Enquirer* publica fotografías de Jennifer con gesto abatido y leemos en el titular que sufre por culpa del último embarazo de Angelina, sabemos que, por una vez, todas esas palabras son verdad. Contratos de trabajo. Proposiciones matrimoniales. Una mansión en la playa. Nada de eso tiene la mayor relevancia cuando se compara con un embarazo deseado. Los niños de Angelina han hecho que Jen parezca menos mujer. Y lo que vale para las famosas, también vale para nosotras. No puedes formar parte del club, no puedes ser la Fanfarrona satisfecha y equilibrada en todos los aspectos de tu vida si no tienes un hijo.

- *Tenía aspecto de diosa aun embarazada de gemelos.* Para ser una Madre Diosa, primero tendrás que ser una Embarazada Diosa: una mujer que parezca haberse tragado una pelota de baloncesto, pero por lo demás tendrás que ser la criatura esbelta que eras ocho meses antes. Como es natural, esto lo impusieron las celebridades y los medios han contribuido a imponerlo, fotografiándolas desde todos los ángulos y puntuándolas de cero a diez según lo bien que les siente el bombo. Cualquiera que esté un poco demasiado redonda en los últimos meses de embarazo suspende el examen. (¿Tobillos hinchados? ¿Pigmentación extraña de la piel? ¿Aumento de peso general? Qué desagradable.) Cualquiera que luzca maravillosa sobre la alfombra roja a tan solo unos días de dar a luz se lleva los puntos extra. Como es natural, las mujeres Fanfarronas preñadas de a pie han aprendido esta lección, han apretado los dientes y seguido su ejemplo. En lugar de abrazar la oportunidad de ponerse vestidos anchos y zapatillas que les sujeten los tobillos cuando pueden hacerlo sin que las critiquen por ello, se visten para las fotos hasta que cruzan las puertas de la sala de partos. Antes solo existía la presión de haber recuperado la silueta a las pocas semanas de haber dado a luz; ahora tienes que lucir vestidos favorecedores, tacones de infarto y camisetas escotadas durante todo el embarazo.

- *Ha dado a luz, confirmando así su posición en el panteón de las mujeres de verdad, y también ha adoptado.* Es la sublimación del alardeo. Esta mujer es una profesional.

- *Sus hijos son supermonos y cubren todas las bases.* Si estuvieras de humor para recopilar los mensajes que la prole Jolie transmite sobre su madre, la lista sería larga y variada... y eso es justamente de lo que se trata.

- *Ha conseguido ganar la competición asegurándose tener la familia más numerosa de Hollywood.* ¿Quién sabe cuántos son ahora? Demasiados para su cama de matrimonio al estilo «tribu del arco iris», eso seguro.

Si Angelina hubiera tenido a los gemelos por parto natural, eso le habría valido algunos puntos suplementarios en la escala de Diosa, porque la forma en que pares también forma parte de la competición. El tiempo de recuperación. El número de semanas que tardas en recuperar la silueta. Cómo te las apañas durante las primeras semanas. Cómo te organizas. Qué método sigues para criar a tus hijos. Después, unos años más tarde, empiezan a surgir los temas realmente competitivos, como su rendimiento escolar, por ejemplo. No queda esperar nada más.

En el número siete: tu propio estilo

Los expertos en moda te dirán que el momento nunca había sido mejor. Hay más moda a precios más asequibles: puedes combinar minis y maxis la misma temporada, vaqueros ajustados y anchos, bailarinas o tacones de cuña. Nadie dicta ya las normas. ¡Oh, qué alivio! ¡Cuánta libertad! Pero lo que no mencionan es la tiranía del estilo propio. El estilo propio —entendido como automático, sin esfuerzo, único e individual— es el nivel de interés por la moda que debe demostrar cualquier mujer. Puedes comprarte unos vaqueros y una camiseta en Gap, pero entonces... tendrás que hacer algo extraordinario. Como enroscarte un pañuelo *vintage* alrededor del cuello. Ponerte un cinturón que se utilizó alguna vez en una sesión de fotos de Helmut Newton. Ponerte unas botas altas con los vaqueros por dentro, o por fuera, o cortarte los vaqueros. Tienes que crear tu propio estilo. Por favor, si cualquiera puede comprar ropa. Lo que realmente importa es qué haces con ella.

Todo esto está muy bien si eres estilista, usas una talla 38 y tienes tiempo para pensar en innovaciones durante la hora de la comida, pero en caso contrario, solo sirve para convertirnos en auténticas idiotas. Un sentido de la moda de nivel avanzado requiere un trabajo relacionado con la industria, o eso que algunos llaman «buen ojo», o ese gen especial que te dicta cuándo es el momento de lucir tu vieja chaqueta de esmoquin. (No puedes confiar en las revistas de moda. Todo el mundo sabe que esas publicaciones sobre la moda de pasarela son una trampa para la compradora media: ropa de inspiración oriental; colores fosforescentes; estilo victoriano con una vuelta de tuerca; estampados abstractos. ¡Fabuloso! Pero jamás verás a la directora de una revista o a una modelo fuera de horas de trabajo vestida con nada de eso. ¿Estás de broma? De hecho, hay solo una parte ínfima de cuanto constituye el look de la nueva temporada que alguien interesado en la alta costura querría tener en su armario. Probablemente se reduzca a una chaqueta y a un par de zapatos... pero eso no es lo que nos venden.)

Y lo peor es que tienes que conseguir un estilo propio tú sola. Si por ti fuera, confiarías en la misericordia de cualquier dependienta extremadamente moderna y, con toda sinceridad, le dirías: «Verás, no tengo ni puñetera idea de qué ponerme con esto. ¿Una simple camisa de chiffon? ¿Unas botas? ¿Doce collares? ¿Un fajín y unas orejeras? Por el amor de Dios, dame alguna pista». Pero el inconveniente del estilo propio es que no puedes mostrar que necesitas ayuda, porque eso sería como decir: «¿Te importaría acostarte con mi novio? Es que a mí no se me da bien». En la situación actual, tienes que ser una mujer de la que la gente pueda decir: «Oh, esto es tan de tu estilo». Tu objetivo es ser la mujer de quien la gente diga: «Oh, es tan de su estilo. A mí me quedaría fatal... pero es totalmente su estilo. ¿Deberíamos llamarla y decirle en qué tienda lo hemos visto?».

En resumidas cuentas, si quieres mantenerte en la competición tienes que tener el mejor aspecto posible, dadas tus circunstancias. Ahora tienes que parecerte a Elizabeth Hurley durante una sesión de fotos en traje de baño y, además, tener tu estilo inimitable, provocador de envidias y siempre a la moda. Tienes que ser una de esas mujeres que pasa con decisión las piezas de ropa colgadas de los rieles y elige con rapidez unas cuantas *piezas clave* que *irían bien* con las otras piezas que tiene en el armario. Preferiblemente, en algún momento habrás trabajado para Anna Wintour.

Nota: Un consejo útil: no apartes la vista de la mujer que pasa con decisión las piezas de ropa, y, si da la impresión de saber lo que hace y te gusta lo que lleva puesto, pruébate lo mismo que ella.

Ocho: trabajo y actividades complementarias

Cabría pensar que las mujeres alardean también de sus trabajos. Por extraño que resulte, no lo hacen. La primera regla de la cultura del alardeo es dejar que se sepa que tienes un trabajo serio y de responsabilidad, pero lo que cuenta es todo lo que seas capaz de hacer además de trabajar. Tener un aspecto estupendo en una fiesta pese a haber salido del trabajo a las siete y media. Ser capaz de organizar la cena a las pocas horas de haber regresado de un viaje de negocios. Ocuparte de los niños, de los albañiles y del material, además de dirigir a un grupo de veinte personas. No obtendrás ningún prestigio por trabajar en un bufete de abogados si tienes el pelo como la paja y el piso lleno de cajas de mudanza. A nadie le importa si trabajas en un tratado de paz para las Naciones Unidas, o si estás cerrando un acuerdo que terminará con la caza de ballenas a finales de esta década... no a menos que tengas un cuerpo perfectamente tonificado, una sala de estar que quite el sentido y una prole atractiva.

Hay tres clases de Fanfarronas Trabajadoras:

- *Las mujeres que trabajan.* Estas mujeres sudarán la gota gorda para lograr algo parecido al estilo de vida de las que no trabajan. Su objetivo número uno es que nadie las adelante en el frente de los pasteles y arreglos florales. Por mucho éxito que tengan en su ámbito laboral, eligen medir sus fuerzas contra las de las madres que se quedan en casa y que tienen quienes las ayudan con los niños.

- *Las mujeres que trabajan y que, probablemente, podrían hacer también tu trabajo.* Estas son las que trabajan en los medios, pero que además están escribiendo un libro/el guión de una película/implicadas en una institución benéfica/haciendo un curso de jardinería paisajística. Su objetivo es llegar a todo lo que están haciendo las mujeres que las rodean, por si acaso. Miran alrededor y piensan: «Si ella puede hacerlo, ¿por qué yo no? ¿Psicóloga? ¿Por qué no? Directora de cine... suena interesante. ¿Guionista? Mmm».

- *Las mujeres cuyas parejas trabajan y que realizan alguna actividad complementaria.* Estas son las mujeres que todas las Fanfarronas querrían ser. Tienen un negocio financiado por sus maridos, lo que significa que pueden haber reformado un establo y haberlo convertido en un espacio elegante con mesas de color rosa, una pequeña cocina y orquídeas en todos los rincones. Es algo pequeño y a tiempo parcial, por supuesto. El negocio les proporciona espacio, además de un reto, y no interfiere en sus vidas, de modo que ellas siguen siendo las reinas de su fabuloso tinglado doméstico.

Los elementos imprescindibles para una imitadora de Diosa

- Espejos con el cristal viejo moteado
- Suelos de piedra caliza
- Mantas de Gales
- Pendientes de botón de diamantes comprados en Tiffany
- Pintura de Farrow & Ball
- Cath Kidston (para todo lo de las habitaciones de los niños/lavadero/jardín)
- Flores (lo ideal sería que fueran de tu propio jardín)
- Sombreros de paja de herencia familiar (colgados, sin utilizar)
- Pippa Small, o joyas étnicas y elegantes de estilo similar
- Blackberry o agenda Smythson
- Toallas blancas
- Zapatos de tacón de Manolo Blahnik (con estampado de leopardo, no de color beige)
- Cachemir (jerséis, no mantas)
- Reloj de pulsera masculino de aire deportivo
- Bolso de Mulberry
- Platos de cerámica disparejos
- Libros de recetas en papel satinado
- Unos raídos Levi's 501
- Botas de montar españolas (lisas, sin flecos)
- Colchoneta de yoga de color turquesa

Son malas noticias. Justo cuando creías que le habías pillado el truco, las Fanfarronas experimentadas han iniciado una nueva facción separatista conocida como Alardear sin Esfuerzo que, al igual que el maquillaje para que parezca que no vas maquillada, requiere grandes esfuerzos, solo que de otra clase. El reto de ahora consiste en sentirse segura con un aspecto descuidado, de modo que parezca más bien una falta de sofisticación. Te enroscas el pelo en un moño en lugar de alisártelo con el secador. En lugar de las telas de cachemir, tienes mantas ásperas; vasos de supermercado en lugar de copas de vino; platos desportillados y que no hacen juego; gafas baratas compradas en la farmacia de la esquina; alfombras de Ikea; las uñas de los pies sin pintar. Has cambiado la Gaggia por una cafetera tradicional. Los caros muebles de teca del jardín han sido sustituidos por viejas sillas escolares. Tiene una parte de campechanía, una parte de conciencia ética, una parte de «es un trasto que heredé», y otra parte de «ja, ja, esto se me da tan bien que incluso estoy cambiando las reglas».

Puedes probar con esta actitud si quieres, o seguir tratando de alcanzar el buen gusto estándar. En realidad es tan solo cuestión de cuánto te importe.

Entonces ¿alardear es malo?

Sí, si:

- Cada vez que invitas a gente a cenar tienes que hacer un importante desembolso en velas, telas, etcétera... e inviertes el doble de tiempo en arreglar tu casa que en arreglarte tú.

- No te molestas en impresionar a los hombres, pero cuando has quedado con una de las Fanfarronas te pones un par de zapatos y unos pendientes nuevos por si se da cuenta.

- Calculas tu peso adecuado no de acuerdo con lo que marca la báscula sino según con quién vayas de vacaciones.

- Has dejado de comprar lo que quieres en favor de lo que crees que la gente espera que tengas.

- Elegiste tus dos últimos destinos de vacaciones por el caché social del lugar y no porque realmente te apeteciera ir allí.

- Has empezado a separar a tus amistades según su grado de fanfarronería y te esfuerzas mucho más para que la fiesta sea un éxito cuando las invitadas pertenecen al grupo del grado más alto.

- Un picnic familiar ya no puede consistir en salchichas, panecillos y huevos duros, sino que tiene que haber ensalada de habas y panceta con berenjenas a la brasa.

- No ves nada de malo en gastarte setenta euros en un cojín.

- Has viajado a Hay-on-Wye solo para echar un vistazo a unas pieles de alce que crees que quedarían bien en el banco junto a la ventana.

No, si:

- Solo compras lo que te gusta, cosas que no has visto en ningún otro lugar.

- Preferirías gastarte el dinero en una buena pierna de cordero antes que en más portavelas.

- Tu decorexia está controlada (es decir, has cenado en una cocina rosa, y aunque has sentido la tentación de cambiar toda tu casa para encajar en ella una cocina rosa, te has resistido).

- Eres capaz de reciclar tu ropa y utilizarla durante cinco años o más.

- Crees que los carromatos de gitanos, los tipis, las yurtas y demás son bastante irritantes.

- Tienes perro y él tiene su cesta, nada de bolsa de diseñador o algo que diga más acerca de ti que de él.

- Tienes al menos dos amigas que si leyeran esta lista no tendrían ni idea de qué va el tema.

¿DEBERÍAN HABERME ESCRITO PARA DARME LAS GRACIAS?

El dilema que plantean los modales es el siguiente: queremos vivir según un código más relajado que el de la generación de nuestros padres; detestamos las ridículas normas de comportamiento que te condenan por no llevar corbata, utilizar el tenedor equivocado o hablar cuando no es tu turno. Sin embargo, y esta es la otra cara de la moneda, también queremos la civilizada seguridad del mundo en que vivieron nuestros padres. A medida que nos hacemos mayores y que la generación anterior se hace a un lado para dejar que seamos nosotros quienes sentemos las normas, somos cada vez más conscientes de que sin los detalles triviales de buena educación (sujetar la puerta para la persona que sale detrás de ti, pensar en los vecinos cuando subes el volumen de la música, hablar en voz baja en público, no utilizar palabras groseras, no comer en la calle), la vida es mucho menos agradable. Ahora empezamos a apreciar todo esto porque nos vamos dando cuenta de que nuestras maneras son el modelo para la próxima generación (y eso da qué pensar) y porque los modales son cada vez peores, y no me refiero tan solo en la calle. Hablo también de en el ascensor de la oficina y en las reuniones de la junta. En la boda de tu mejor amiga y en la piscina de un bonito hotel. En lugares donde cabría esperar unos modales impecables, donde la gente va elegante y se comporta con educación, y en nuestros propios hogares cualquier viernes por la noche.

Cuando la gente habla de malos modales, siempre pensamos en los extremos: la chica que se cuela en la cola y que, cuando protestas, te dice sin tapujos adónde te puedes ir. El niño que va en bicicleta por la acera y obliga a las ancianas a apartarse. El tipo gordo del parque con la barbacoa desechable y el radiocasete en el que suena «Who let the dogs out» a todo volumen. Todos hemos oído historias para no dormir sobre la indescriptible grosería que amenaza nuestra calidad de vida. Pero ¿qué hay de los amigos que dijeron que pasarían a tomar una copa y no aparecieron? ¿O los dueños del perro que destrozó tu alfombra y nunca mencionaron el asunto? ¿O el socio a quien le pareció bien decirle al camarero que el servicio era una «puta vergüenza»? ¿O la persona que tenías a tu lado durante la cena y que se pasó la noche interrumpiéndote? ¿O el ahijado (o la madre del ahijado) que en doce años jamás te ha dado las gracias por un regalo, y mucho menos te ha mandado una carta de agradecimiento? ¿Qué decir de la falta de modales entre la gente que está convencida de ser educada, considerada e incluso encantadora?

Esta es una escena que he presenciado en más de una ocasión: una mujer llega a una tienda de productos biológicos en su todoterreno, lo deja mal aparcado, bloqueando el paso de vehículos (¡es que tiene prisa!) y entra corriendo en la tienda, golpeando al pasar un cajón de fruta con su bolso tamaño maleta. Detrás de ella van dos niños que siguen su ejemplo y también manosean la fruta y comen cerezas y un par de tomates. (Su madre reacciona levantando los ojos al cielo y nosotros, los compradores normales, entendemos que ese es uno de los inconvenientes de que unos padres extraordinarios tengan criaturas con carácter. ¿Qué se le va a hacer?) En cualquier caso, ¡no hay tiempo que perder! La mujer llena su cesta de la compra —mientras tira al suelo un par de productos de las estanterías que no se molesta en recoger—, paga en caja mientras mantiene una conversación en voz alta y fuera de lugar por el móvil («¡Oh, Dios, pues dile a la directora del colegio que ya hemos reservado los billetes de avión!») y se queja, en voz todavía más alta, de la lentitud del servicio. A continuación sale airada de la tienda con sus hijos, que siguen comiendo cerezas y corren tras ella.

Estos son los Nuevos Groseros: despreocupados y superficiales, pisotean alegremente los sentimientos de los demás, siguen adelante con sus planes sin ni siquiera darse cuenta del daño que causan. Son mucho más insidiosos que los groseros de toda la vida porque no aceptan que lo suyo sea grosería; al contrario, les parece que son modernos y atractivos de un modo distinto y desafiante. Y el problema es que amenaza con convertirse en un comportamiento habitual. Cuantas más mujeres como estas pueblen el planeta, más nos acostumbraremos a ellas.

¿Quiénes son los Nuevos Groseros?

Los Nuevos Groseros son la clase de gente que han comprado el libro de Lynne Truss *Talk to the Hand*: personas educadas, adineradas y bien vestidas que solo cocinan con aceite de oliva, que reciclan, donan dinero a las instituciones benéficas y civilizadas en todos los sentidos pero (y aquí es donde entra la grosería) que se creen muy importantes. Y no solo son importantes, sino que además están muy ocupados, lo cual les da derecho a poner sus necesidades por delante de las de los demás. Hace unos años viví en Noruega y, ya entonces, si en una habitación con cincuenta personas había una sola cuya lengua materna fuera el inglés, las otras cuarenta y nueve se pasaban al inglés por deferencia hacia ella. Eso siempre me pareció un perfecto ejemplo de buenos modales: el hecho de estar dispuesto a hacer un sacrificio para que un desconocido se sienta más cómodo. Los Nuevos Groseros funcionan casi en sentido contrario: todo consiste en esperar que la gente se adapte a tus necesidades, cuando, donde y como sea.

Por ejemplo, un momento clásico de esta nueva grosería se produce cuando alguien se niega a cambiar de butaca en el cine porque le gusta donde está sentado, justo en el centro, sin importarle que el grupo de cuatro que acaba de llegar tenga que sentarse separado. (He sido testigo de ello, en dos ocasiones. Pero no te preocupes, me pasé toda la película bombardeando con palomitas a los malditos Groseros: un poco grosero también por mi parte, pero excusable en esas circunstancias.) Los Nuevos Groseros siempre quieren que los cambien de asiento en los aviones. Tienen problemas con el aire acondicionado de los restaurantes. Cuestionan la cuenta, la temperatura del café exprés, la orientación de las habitaciones de hotel y la factura de la tintorería. Tratan a todos los empleados como si fueran sirvientes de una teleserie mala sobre la caída del Imperio romano y por lo general se creen con derecho a todo.

Y tú te preguntas: ¿quién es esta gente? ¿Quiénes son sus amigos? ¿Quién los soporta? Todos conocemos a gente con unos modales impecables, pero resulta que a menudo se quedan entre las paredes de la fortaleza de su hogar. Una vez abandonan su zona de confort, lo único que les importa es llegar de A a B en el menor tiempo posible y sin encontrar demasiadas dificultades, y que Dios asista a quienquiera que se interponga en su camino (con el todoterreno, claro. Esos coches son groseros aun cuando nadie los conduce). Por supuesto esto también los convierte en vecinos egoístas. En padres exigentes. Gente horrible con la que compartir la espera si se ha producido alguna clase de colapso en el aeropuerto. Clientes impacientes. En resumen, cualquier revés los vuelve Groseros. Tal vez tú no llegues a verlos así.

Nosotros no somos así. No, por Dios. Nosotros somos educados la mayor parte del tiempo —a no ser que un guardia de tráfico nos empuje al límite, en cuyo caso podemos llegar a perder un poco la cabeza—. Como ya habrás adivinado, esta nueva forma de grosería nos ha contaminado a todos. Nos hemos acostumbrado a que la gente no se comporte correctamente y eso, de manera gradual, ha ido comprometiendo nuestros valores. Yo, por ejemplo, pensaba que era una mujer educada, pero si repaso mentalmente el último mes, debo admitir que ladré a la mujer que me atendió cuando llamé a Intelligent Finance («no tan inteligentes, según parece») y grité un poco cuando me dirigí al capataz de la obra de delante de mi casa, envuelta en una toalla y en chanclas, un domingo a las siete y media de la mañana. Y soy muy consciente de que, sin la debida atención, la grosería podría convertirse en parte de mi rutina diaria. Nadie está a salvo.

Por ejemplo, comprueba si alguna vez has hecho algo de esto:

- Has increpado a un camarero porque la comida no estaba como la habías pedido (tal vez la salsa estaba sobre el pescado, no a un lado en el plato. ¡Imagínate!).

- Has sido desagradable con alguien y tras reflexionar te has dado cuenta de que solo hacía su trabajo (la mujer del banco que atendió tu llamada y te preguntó la fecha de nacimiento de tu perro cuando tú solo querías recuperar tu dinero).

- Has ido a cenar a casa de alguien y nada más llegar has anunciado lo muy cansada/resacosa/llena que estabas después de un copioso almuerzo.

- Has estado sentada al lado de alguien durante una cena y a su término te has dado cuenta de que no has averiguado nada acerca de esa persona, ni siquiera su nombre.

- Has sido incapaz de recordar el nombre de un conocido en repetidas ocasiones (esto podría ser un caso de manifestación temprana de Alzheimer, pero es más probable que ese conocido no te importe lo suficiente).

- Has quedado para almorzar con una amiga y te has pasado todo el rato hablando de tus problemas.

- En el coche, le has sacado el dedo a otro conductor, lo has adelantado agresivamente, le has robado la plaza de aparcamiento o no le has dejado pasar en un cruce difícil.

- Has borrado fotos tuyas de la cámara de otros.

- Te has puesto gafas de sol cuando no las necesitabas y te has negado a quitártelas, incluso cuando la pobre vecina de al lado intentaba contarte la historia sobre la enfermedad de su marido.

- Has cortado a alguien por teléfono mientras intentaba contarte algo importante. (Esto no es necesariamente grosero, véase el apartado sobre las normas de los nuevos modales.)

- Has cambiado una tarjeta de lugar en una boda para evitar sentarte junto a alguien, o para sentarte al lado de alguien que te ha parecido más interesante.

- Has dejado a un amigo en una parada de taxis, a altas horas de la noche, en lugar de llevarlo hasta su casa. (Nota: esto es más que razonable si llevarlo a casa implica media hora más de trayecto, pero no si ha sido él quien ha pagado las entradas del teatro.)

- Has conocido a un médico y te has pasado la noche pegada a él, comentándole tu inexplicable problema de hinchazón abdominal o tu teoría personal sobre qué cantidad de alcohol es perjudicial para la salud.

Si has respondido que sí a una o más, entonces te encuentras en la pendiente resbaladiza que lleva al universo de los Nuevos Groseros, por lo que ha llegado el momento de establecer sin dilación qué es grosero y qué no lo es.

Me encantaría, ya te llamaré

Hace unos años, si invitabas a alguien a cenar, te daban una respuesta en ese mismo momento, y a partir de ahí solo tenías que preocuparte de conseguir la comida y la bebida. ¡Pero ya no funciona así! Los Nuevos Groseros tienen fobia al compromiso. Antes, deben estar seguros de que la propuesta que les hagas merezca la pena y que los planes sean flexibles porque no saben cómo se sentirán esa noche. Si invitas a un Nuevo Grosero a cenar, puede ser que:

- Te dé una respuesta cuando haya solucionado un par de cosas.

- Te pregunte quién más está invitado.*

- Te avise de que tendrá que llegar tarde, o marcharse temprano, o ambas cosas.

- Te avise de que se está desintoxicando.

- Te informe de que no se habla con fulanito (por si también está invitado).

- Te pregunte si puede llevar a su pareja o a sus hijos.

- Te avise de que no puede ir en el último momento. (En épocas menos egocéntricas, la norma era que solo podías echarte atrás si llamabas desde urgencias y la enfermera había tenido que marcar el número por ti. Ahora basta con que estés cansado por la salida de la noche anterior para justificar tu ausencia.)

Sin embargo, el anfitrión grosero no es mucho mejor. Si un Nuevo Grosero te invita a cenar, es posible que te dé instruc-

---

* Nota: ¡En ningún caso te sientas obligada a responder! No obstante, la nueva grosería está tan extendida que tal vez sea más sencillo ofrecer la información de antemano para asegurarte un poco de compromiso.

ciones precisas sobre a qué hora llegar, a qué hora deberías irte («Tenemos una semana muy ajetreada»), y que además se olvide de:

- Presentarte a los demás invitados. (Esto es muy propio de los Nuevos Groseros. Se supone que somos demasiado guays para todo eso de los nombres y las etiquetas. Pero habría estado bien decirle a Jack que la razón por la que lo habían invitado la misma noche que a Jane es que ambos son astronautas.)

- Llenarte la copa. (No suministrar el vino suficiente es una grosería tan grande como olvidar comprar la comida.)

- Rescatarte de esa persona que parece insistir para que le des trabajo.

- Rescatarte de los dos hombres que te interrumpen constantemente y llevan veinte minutos hablando de opciones de compra de acciones.

- Desviar la conversación cuando te preguntan cuál es tu postura con respecto a las madres lesbianas y una de las mujeres allí presentes es madre y lesbiana.

Todo esto se resume en cuatro palabras: responsabilidad hacia tus invitados, algo que los Nuevos anfitriones Groseros no dominan demasiado. De hecho, es fácil identificar a una de estas anfitrionas, pues siempre la encontrarás cerca de los dos hombres más atractivos, sin prestar atención a las infructuosas conversaciones que tienen lugar en la otra punta de la mesa. (El anfitrión, en cambio, suele ir cambiando de sitio con la excusa de que quiere mezclarse un poco cuando es evidente que se muere de ganas de abandonar su posición. Todo el mundo lo nota a la legua, sobre todo los que no han recibido su visita.)

Nota: Los pequeños detalles ya no tienen ninguna importancia y, en ese aspecto, han cambiado mucho las cosas. Que te hagan esperar una eternidad para servirte la comida. Que la comida esté quemada. Que te reciban envueltos en una toalla. Que te pidan que los ayudes a cortar las verduras y a cargar el lavavajillas. A nadie le importa, siempre y cuando sientan que el anfitrión los quiere, o que al menos no le molesta que estén allí.

Lo que ahora es grosero: hablar de tus problemas con la niñera, de tu crisis económica, de la habilidad de tu hijo para las matemáticas o de cualquier otro tema que solo tu familia más cercana encontraría interesante.
Lo que ya no es grosero: preguntar si puedes ir a la fiesta con Bjorn, que acaba de llegar de Zurich.
Lo que sigue siendo una maldita grosería: llegar borracho. Sacar droga y un narguile y reducir a los invitados a un estado de apatía catatónica.

¿No tendrías un poco de ensalada y queso de cabra?

Hace algunos años, la comida pasó de ser un producto de primera necesidad a representar todo un estilo de vida relacionado con la salud: y todo el mundo conoce sus derechos en lo concerniente a ella. La gente no solo pide cosas que no están en el menú cuando van a un restaurante y se pone bastante agresiva («Le he dicho que lo quería sin la piel. No puedo comerme esto. Será mejor que se lo lleve»), sino que esperan comer y beber exactamente lo que les apetece, allí donde estén. Es una neurosis tolerable, siempre que se tenga muy claro que ser exigente con la comida es de mala educación, por mucho que lo disfracemos de estilo de vida sana y responsable.

La norma es muy sencilla. A menos que tengas una alergia a los cacahuetes que pueda poner en peligro tu vida, allí adonde vayas, debes comerte lo que te sirvan. Si tienes intolerancia al trigo, al gluten o a los lácteos, o incluso si eres vegetariano y tu anfitrión lo ha olvidado (o, como sería comprensible, ha fingido olvidarlo), entonces come lo que puedas y no hagas de ello un drama. Nunca digas que no quieres probar la salsa o el budín, o «No me sirvas mucho, gracias», como si tener que engullir su asquerosa comida fuera un suplicio; no solo quedarás como una Grosera quisquillosa, sino que tu comportamiento hará que tu anfitriona se sienta como si estuviera siendo sometida al juicio de un exigente crítico culinario, en lugar de como alguien que tan solo pretendía organizar una cena.

Es posible que, llegados a este punto, pienses: «Pero no tiene nada de malo comentar que el vino blanco no está lo bastante frío, o preguntar si hay alguna otra cosa para comer». Piensas así porque ya has puesto medio pie en la pendiente resbaladiza que lleva al universo de los Nuevos Groseros. Y por ese camino se llega a «¿Te importaría servir la cena a las ocho? Es que me baja mucho el azúcar», o «¿Te importa si cambio la música/subo la calefacción/reorganizo la mesa?» (de todo lo cual son perfectamente capaces los Nuevos Groseros).

En caso de duda sobre si ejercer tus derechos en lo relativo a la comida es una forma de grosería, considera lo siguiente: los únicos que pueden comer y beber lo que sea, a cualquier hora y en cualquier orden, son la generación de nuestros padres, y todos sufren de indigestión, tensión alta, diabetes y, en teoría, todos siguen dietas para reducir el colesterol. No oirás a ninguno de ellos preguntar: «¿Qué es esto, exactamente?», como si creyeran que intentas envenenarlos con polonio 210.

Nota: Siempre hay excepciones y, en las siguientes circunstancias, puedes, con todo derecho, ser bastante grosera:

- Si te sirven porciones de *nouvelle cuisine* di que no has comido nada en todo el día y pregunta si puedes comerte un plátano.

- Si el pollo es de color rosa, déjalo en el plato.

- Si has visto al perro lamer la comida, cambia el plato con el de tu vecino de mesa cuando no esté mirando.

- Ofrece (con disimulo) la comida que no puedas comerte al hombre que tengas al lado. Seguramente te estará agradecido.

- Si quieres café y nadie te lo ofrece, di que lo necesitas para estar despierta al volante.

- Si has llevado a la fiesta una caja espectacular de bombones belgas y quieres probarlos, dilo sin vacilar (pero no añadas que te ha costado cuarenta euros y que te cabrearás si no los pruebas).

Lo que ahora es grosero: llevar a la cena tu propia comida en un recipiente de plástico.
Lo que ya no es grosero: fumar durante toda la cena en una casa de fumadores.
Lo que sigue siendo una maldita grosería: quedarte con el vino bueno que han traído tus invitados y servir el de garrafa.

Oh, pero si te has puesto elegante

¿Quién podría olvidar la escena de la película *Diario de un escándalo* en que el personaje de Barbara (interpretado por Judi Dench) descubre con horror que va demasiado elegante para un almuerzo con un grupo de bohemios del oeste de Londres? ¡Yo no! El día en que alguien decidió que sería buena idea que nos libráramos de la tiranía del código del vestir, las mujeres fuimos arrojadas a los lobos. No solo no puedes estar segura de ir vestida de un modo adecuado hasta el preciso instante en que cruzas la puerta, sino que equivocarte de indumentaria te convierte en un bicho raro. Por ejemplo, yo soy una mujer de cuarenta y tantos años, razonablemente segura, tengo mucha ropa a mi disposición, pero ¿qué hago si una mujer refinada a la que apenas conozco me invita a cenar a su casa y la invitación parece informal, pero no se especifica la clase de vestimenta? Tengo que llamar por teléfono a mi equipo de supervivencia y sondear su opinión, eso es lo que hago. Y juntas tenemos que adivinar.

Para esta ocasión en particular, convenimos (finalmente) que con los pantalones de terciopelo y el top semillamativo daré en el clavo, pues estamos de acuerdo en que lo único más humillante que presentarse poco arreglado en la casa de un rico es dar la impresión de estar esperando que un mozo te aparque el coche y que te sirva martinis con pan de oro. ¿Y qué sucede esa noche? La mujer refinada abre la puerta, me echa un vistazo y dice (en voz bastante alta, si mal no recuerdo): «Oh, pero si te has puesto elegante». Ella lleva un vestido negro. A mí me da la impresión de que ella va mucho más elegante que yo, pero lleva maquillaje para parecer que no va maquillada, o es posible que no, no lleva joyas, ni medias, ni zapatos, y ese es el factor decisivo. De rodillas para abajo es una bohemia inconfundible. Así pues, antes de que la velada haya comenzado, ya es oficial que a) voy demasiado arreglada, b) no llevo el calzado adecuado, c) parece que he hecho un esfuerzo d) he quedado excluida del club y e) no tengo nada de bohemia sino que les recuerdo a Barbara en una noche de fiesta. Genial.

La incertidumbre en el código del vestir es una realidad de la vida moderna, pero la grosería se cuela en la ecuación cuando aquellos que podrían tenderte una mano no lo hacen. ¿Por qué no nos libran del sufrimiento? ¿Vestido de baile de fin de carrera o vaqueros sin marca? ¿Hago un esfuerzo o pareceré la novia de un futbolista en Glastonbury? Es una grosería dejar que tus invitados suden la gota gorda cuando podrías descolgar el teléfono y decir: «Tú haz lo que quieras, pero yo llevaré un *couture* de Chanel, con una cola de dos metros». Y el colmo de la grosería es recibirlos a la puerta de tu casa con las palabras «pero si te has puesto elegante», lo que, como es sabido, es lo mismo que decir «Oh, Dios mío. Creí que eras una de nosotras. Me equivoqué». Estas son las principales consecuencias de la ausencia de normas en el vestir: favorece a las socialmente seguras de sí mismas y a las que tienen buen ojo para la moda en perjuicio del resto de nosotras, y consigue convertirnos a todas en Barbaras en potencia.

Nota: La sencillez fingida (es decir, ir poco arreglada cuando sería apropiado hacer un pequeño esfuerzo) es una costumbre de las Nuevas Groseras que se observa comúnmente entre las más adineradas, para quienes vivir a lo pobre no es más que un juego. Estamos todas de acuerdo en que si eres asquerosamente rica no deberías negar a quienes no lo son la oportunidad de beber champán (a poder ser de una fuente de copas redondas) y de arreglarse un poco. Y esa es la razón por la que todo el mundo adora a Elton John.

Cómo evitar la grosería en el vestir:

- Si tienes alguna duda, unos pantalones con estilo, unos zapatos estupendos y una joya sensacional salva la distancia entre ir arreglada y demasiado informal. En el siglo XXI es bastante complicado no ir elegante si se tienen unos buenos zapatos, un buen bolso y se va bien peinada.

- Vestirse de manera excesivamente informal de manera consciente es para la gente que se cree demasiado lista para conformarse: como esos modernos que se presentan a fiestas de gala con vaqueros y chaquetas de terciopelo y hacen que los otros hombres de la sala parezcan camareros.

- Los sombreros para las bodas están bien, pero ya no son obligatorios (y si los llevas, que sean pequeños).

- Los entierros no son la ocasión más apropiada para hacer el numerito sexy siciliano. La discreción sigue siendo la norma.

- Llevar ropa demasiado transparente es de mala educación a menos que a) seas joven y preciosa o b) estés a salvo de las miradas, recluida en tu casa de Ibiza.

- Puede resultar molesto que abuses de las fragancias, en particular si estás comiendo en un restaurante y a la gente de tu alrededor todo le sabe a Opium.

Lo que ahora es grosero: llevar gafas de sol y beber agua embotellada en una iglesia.
Lo que ya no es grosero: llevar pantalones blancos en cualquier ocasión. Acudir a un almuerzo con algodones entre los dedos de los pies, después de la pedicura, y con el pelo húmedo, después del gimnasio.
Lo que sigue siendo una maldita grosería: no molestarte en aparecer disfrazada cuando tu anfitriona se ha confeccionado ella misma el disfraz de tomate.

¿Qué quieres decir con que estoy deprimida?

Una característica clave de los Nuevos Groseros es que ofrecen opiniones e información, aunque nadie quiera oírlas. Por ejemplo, te compras un piso y, nada más entrar por la puerta, los Nuevos Groseros te dirán qué hacer para convertirlo en un lugar habitable (lo que es bastante grosero, sobre todo si no tenías previsto tocarlo). O preparas un aliño de ensalada y todos tienen ideas para mejorarlo. («¿Tienes un poco de zumo de limón? ¿Qué tal con un poco de azúcar?») Sin embargo, esto no es nada comparado con la moderna costumbre de hacer con todo el mundo lo que hicieron con Gordon Brown y comentar tus debilidades psicológicas al estilo de un profesional preocupado (solo que sin la experiencia necesaria).

En el siglo XXI jamás estarás a más de cincuenta metros de un psicoanalista o terapeuta de alguna clase. La cultura de la terapia tiene más fuerza que internet, la música pop o la religión. Aunque no hagas terapia, estarás familiarizada con los principios básicos gracias a programas de televisión que se dedican a analizar el comportamiento de padres disfuncionales o de famosos en espacios cerrados. Todos hemos oído hablar de los anales-retentivos, de los obsesivos-compulsivos y de los traumas de la separación (y eso solo con leer las descripciones de las jaulas del refugio para animales de Battersea). La consecuencia inesperada de esta explosión terapéutica es que, de repente, la afición preferida de toda mujer —examinar minuciosamente a la gente— ha adquirido una legitimidad pseudocientífica. Ahora ya no cotilleamos, analizamos. No es intimidar, es hacer que la gente sea consciente de sus problemas. Esto es un regalo para los groseros de nacimiento, quienes, de todos modos, es probable que te hubieran dicho a la cara lo que pensaban de ti, pero ahora pueden disfrazarlo de falsa preocupación, de observación basada en hechos clínicos, por así decirlo.

Esta es una conversación que escuché en una cafetería. (Quizá te dé la impresión de que soy una cotilla, pero no es así. Es tan solo que la gente habla cada día más alto. Y dice cosas tan importantes que no está dispuesta a que se entere tan solo su triste compañero de mesa.) Dos amigos sentados a la mesa. Un hombre y una mujer:

Ella: Oh, por favor...
Él: ¿Qué?
Ella: Eso ha sido un poco negativo.
Él: ¿Ah, sí? Lo siento.
Ella: Es que eres así. Siempre estás con la negatividad. Resulta bastante hostil, me siento atacada.
Él: Oh, venga ya...
Ella: Lo siento, solo te digo cómo haces que se sienta la gente. Tienes un problema.
Él: Vete a la mierda.

Lo que esta mujer trata de decir es que está enfadada por su culpa, o tan solo enfadada, y nada más. Pero, el hecho de que haya elegido criticarlo con jerga de terapia otorga un peso a sus observaciones, la absuelve de cualquier matiz de mala uva y le permite decir mucho más (podría incluso decir que cree que su amigo siente algo por su madre, si le apeteciera). El amigo puede quejarse, por supuesto, pero por extraño que resulte —aunque ella esté diciendo claramente «quiero herir tus sentimientos»—, la mujer conserva la superioridad moral. ¿No es brillante? También es bastante grosero. Me alegro de que él la mandara a la mierda.

En su mayor parte, estos comentarios de loquero aficionado tienen lugar a tus espaldas, a no ser que estés atravesando una crisis. Tengo una amiga que estaba en un punto de inflexión en su vida. No sabía si mudarse, dejar el trabajo, tomarse un año sabático o emigrar. Era infeliz y no lo escondía, de modo que su círculo de terapeutas aficionadas entró en acción y... le dieron un buen vapuleo. Tienes que tomar el control de tu vida. Tienes que decidir qué quieres hacer. Te asusta la responsabilidad. Eres demasiado pasiva en tus relaciones. «Creo que lo hacen con buena intención —dijo con un hilo de voz—, pero me siento intimidada. Y, además, son demasiado bruscas.» Mmm...

Otra cosa acerca de los Nuevos Groseros: no muestran respeto alguno hacia la intimidad de los demás. La gente no tiene ningún reparo en preguntarte cómo perdiste tanto peso o cómo te libraste del vello facial. Si X es tan bueno en la cama como se comenta. Cuándo fue la última vez que te acostaste con alguien. Y, de igual modo, los desconocidos te contarán detalles que te avergonzaría oír de boca de tu mejor amiga. Por fortuna, no estás obligada a compartir nada con ellos si no te apetece. Una franqueza asombrosamente gráfica no te convierte en una persona equilibrada —como habrá quien pretenda hacerte creer— y estás en tu pleno derecho de decir: «Acabo de recordar que tenía una cita muy urgente».

Lo que ahora es grosero: hacer valoraciones psicológicas de los hijos de la gente utilizando palabras como «ansiosos» o «controladores».

Lo que ya no es grosero: utilizar la terapia como ultimátum. Por ejemplo: «No saldré contigo a menos que hables con un profesional sobre ese complejo que te une tanto a tu madre».
Lo que sigue siendo una maldita grosería: decir a la gente que parece enferma.

¿Quién diablos será a estas horas?

Mantener el contacto con la gente ya no es un asunto tan sencillo como lo era antes. Aquí van algunos aspectos que han cambiado en los últimos cinco años:

- Ya no está bien dejarse caer por casa de alguien. Nadie lo hace. Llamas antes para avisar de tu visita y entonces te imponen una serie de condiciones. Esto se debe a que estamos muy ocupados y obsesionados por controlarlo todo, y el tiempo de tu inesperada visita podría estar bien invertido haciendo la compra del supermercado a través de internet.

- Desde hace poco no está bien visto llamar por teléfono después de las diez. Antes no pasaba nada por llamar más tarde, pero hoy en día tu casa se convierte en tu fortaleza después de las diez entre semana. Si quieres comunicarte con alguien a partir de esa hora, le mandas un mensaje.

- Ahora se considera aceptable enviar una invitación vía mensaje de texto o por correo electrónico y, de hecho, los Nuevos Groseros así lo prefieren. De ese modo, el invitado tiene tiempo de decidir qué le conviene sin que les hagas perder el tiempo.

- Las conversaciones telefónicas se han convertido en una rara excepción. Hablas por teléfono con tus padres, porque a ellos aún les gusta mantener esas conversaciones sin rumbo que empiezan con «Las rosas de la entrada ya han florecido, pero estamos teniendo muchos problemas con los caracoles...». Hablas con tu mejor amiga, aunque una de las dos suele pedir que la charla sea breve. En cambio, a las personas con quien solías conversar durante horas, ahora las saludas con un intimidante «Hola», a lo que ellas responden «¿Estás ocupada?», y tú dices «Mmm... bueno... sí, pero tengo un minuto». Así funciona. Aunque te apetezca hablar, no puedes permitirte caer en la tentación.

Nota: La supresión de las llamadas telefónicas es probablemente perjudicial para la salud. Si hablas con la amiga a quien llevas toda la semana enviando correos electrónicos, la tensión arterial baja de inmediato. Es curioso que, aun así, no lo hagamos.

Mensajes de texto

Los Nuevos Groseros nos han pegado la costumbre de evitar el contacto por medio de la voz y de enviar mensajes de texto o correos electrónicos en cualquier situación. («Siento que tu matrimonio se haya roto. De camino a una reunión. Hablamos pronto.») Los mensajes de texto son maravillosos, pero no deberían utilizarse en las siguientes circunstancias: para consolar a un amigo que ha roto con su pareja o que ha sido despedido, para avisar de que no irás a cenar (con una hora de antelación), para felicitar a alguien por su cumpleaños o para dar el pésame.

Como norma general, las malas noticias deberían ser tratadas en persona y los mensajes de texto tendrían que reservarse para los mensajes amorosos, para coquetear, hacer planes e informar de la situación («Estoy en un atasco, pedidme un martini»). Puedes enviar un mensaje para confirmar asistencia, pero para dar las gracias solo en determinadas circunstancias (sí para agradecer las bebidas, no para dar las gracias por el fin de semana).

Además, enviar un mensaje cuando es evidente que puedes hablar —porque no estás reunida, por ejemplo— es una grosería. Todos lo hacemos sin intención de ofender a nadie, pero es lo que tiene de mecanismo de control —me comunicaré contigo, pero solo como yo quiera— lo que resulta sospechoso.

El envío de mensajes en presencia de otros es una grosería a menos que sea necesario y te hayas disculpado por ello. Por alguna razón, es mucho más ofensivo que atender una llamada, probablemente porque podrías estar escribiendo cualquier cosa, como «Estoy atrapada en una fiesta espantosa con un tío pesadísimo».

El riesgo que corres enviando mensajes de texto es que se convierta en algo contagioso, de modo que incluso las personas más educadas pueden dejarse arrastrar por la costumbre de mandarlos en mal momento. Recibimos un mensaje y tenemos que responder con otro mensaje, porque hacer una llamada en ese momento sería como perseguir a la persona que se ha cruzado contigo por la calle, te ha sonreído y ha seguido caminando. Es preferible que deis la impresión de ser personas groseras y con fobia al compromiso a que uno de los dos parezca demasiado necesitado.

Lo que ahora es grosero: enviar mensajes de texto en el cine durante la película (¡vemos el resplandor del teléfono!).
Lo que ya no es grosero: enviar un mensaje que rece: «Envíame un mensaje para avisarme de cuándo puedes hablar».
Lo que sigue siendo una maldita grosería: enviar un mensaje para decir «Creo que necesito estar un tiempo sola».

Los correos electrónicos
Hoy en día un correo electrónico puede hacer las veces de carta en la mayoría de las circunstancias. Y los correos pueden ser más efectivos. Si bien los mensajes de texto deberían ser cortos y directos, en los correos electrónicos nos preocupa tanto parecer demasiado bruscos que los saturamos de «Te quiero», «Te echo de menos» y «¡Tengo muchas ganas de verte!». En otras palabras, el bombardeo amoroso que te cohibiría escribir en una carta.

Lo que ahora es grosero: pasar un virus a un amigo.

Lo que ya no es grosero: utilizar los «problemas técnicos» como excusa para no aparecer en una fiesta, para no cumplir con un plazo, devolver el traje de esquí a tiempo, etcétera...

Lo que sigue siendo una maldita grosería: enviar el correo electrónico a la persona equivocada («Parece que no podemos perdernos esto»). Todos tenemos una historia de terror sobre mensajes enviados a la persona equivocada. ¿Es que no aprenderemos nunca?

Telefonía móvil

Se ha escrito más sobre los espantosos efectos de los teléfonos móviles y su impacto en el medioambiente que sobre los alimentos genéticamente modificados. No son los teléfonos, por supuesto, sino la decisión de algunas personas a la hora de obligarte a escuchar sus conversaciones. Eso y las cosas que están dispuestas a decir. Aquí van algunos temas sobre los que he oído hablar en el autobús durante las dos últimas semanas: la herida supurante de Janet. Alguien que se acostó con alguien y él dice que fue una apuesta y ella dice que no le importa. La operación de trasero de no sé quién. Venta de drogas. Carly se presentó en la boda aun sabiendo que nadie quería verla allí. Un jefe hijo de p***. Hay dos clases de usuarios de móvil Groseros: quienes lo llevan en todo momento pegado a la oreja (o se dedican a leer los mensajes que les llegan de ese mundo mucho más interesante que el del aquí y el ahora), y quienes deciden arrastrarte con ellos a su infierno particular.

Lo que ahora es grosero: fotografiar a famosos con la cámara del móvil.

Lo que ya no es grosero: no saludar ni presentarte. Ya lo han visto en la pantalla.

Lo que sigue siendo una maldita grosería: seleccionar las llamadas. Lo sabemos. Sabemos que estaba encendido hace un momento y que ahora lo has apagado. Además: atender la llamada de un amigo cuando se está en compañía de otra persona y no anunciarle que tendrá que ser una charla breve; hablar por teléfono mientras pagas, pides comida, etc...; los tonos que no suenan exactamente como el chirrido de uñas arañando una pizarra, pero casi. Y la lista sigue y sigue.

Algunas reglas sobre los nuevos modales

Fumar. Si salís a cenar cuatro, la pareja fumadora no puede abandonar a los otros dos para salir a fumar un pitillo rápido: parecerá que os ausentéis para hacer un análisis de la otra mitad del grupo. Sin embargo, si sois más gente está permitido desaparecer en grupos de dos o de tres, siempre que os disculpéis por ello. No hay duda de que las entradas y salidas que implica el fumar son, por lo general, una grosería y alteran el desarrollo de la cena. Sin embargo, la adicción a la nicotina lo disculpa de algún modo.

La nueva frugalidad. El colmo de los malos modales solía ser hablar de dinero con los amigos (más allá de cuánto les costó la casa o la reforma de la cocina). Sin embargo, en la época poscrisis de crédito, está bien hablar de dinero todo el tiempo —cuánto cuestan las vacaciones, cuánto cobra el fontanero, el coste de la reparación del coche, de la comida que tienes delante y de las sillas en que te sientas—, y desde hace poco es aceptable hacer a todo el mundo regalos muy baratos pero meditados. Si estabas pensando en llevar una botella de champán añejo, no lo hagas. Lo considerarían una extravagancia precrisis de crédito.

La descarga de los sentimientos. Hoy en día poca gente sabe dónde trazar la línea cuando se trata de abrirle el corazón a alguien. Esto conlleva que a menudo abusemos de la buena voluntad de los amigos, quienes, a su vez, empiezan a evitar nuestras llamadas o se muestran bruscos o despreocupados en un esfuerzo por contener la marea de nuestras quejas. La norma con la descarga de los sentimientos es: ahórratela. No caigas en la tentación de que todas vuestras conversaciones giren en torno a tu estresante trabajo/triste vida amorosa, o tus amigos empezarán a ser groseros contigo.

Mirar fijamente. Quedarse mirando a alguien fijamente siempre ha sido de mala educación, pero ahora todos somos culpables de ello, como resultado directo del auge de la cirugía estética. Sea o no una grosería, debemos fijarnos, porque se trata de un territorio nuevo y tenemos que descubrir muchas cosas antes de poder relajarnos: ¿Es un estiramiento o se ha rellenado las arrugas? ¿Son de plástico o lleva uno de esos sujetadores? ¿Utiliza productos del Dr. Sebagh o es que aún es joven?

Los nuevos campos de minas

El embarazo

Hace diez años, el comportamiento hacia las embarazadas no era un tema que la gente se planteara incluir en una guía de buenos modales, pero resulta que ahora es un campo de minas. Como siempre, sigue siendo grosero comentar el volumen de una embarazada: («¡Cualquier día estallarás!»), y aún lo es más intentar averiguar todos los detalles: («Entonces ¿cuánto tiempo estuvisteis intentándolo?»). Sin embargo, ahora hay muchas otras cosas que tener en cuenta. Ya no es seguro hacer ninguna de las siguientes presuposiciones: que la embarazada está con el padre de su hijo; que tiene menos de cincuenta años; que se quedó embarazada por medio de relaciones sexuales o que el hijo que lleva dentro es suyo. Como regla general, conviene que no emitas ningún juicio hasta que la futura madre te haya proporcionado algunos datos básicos.

La edad, en particular, es un tema muy delicado. (Hace poco tuve que intervenir cuando, en una fiesta, me fijé en un hombre que no dejaba de mirar a una periodista embarazada y notablemente nerviosa por la situación, de quien sé que tiene casi cincuenta años. «¿Cuántos años tienes, exactamente?», gritó el hombre mientras yo me interponía entre ambos y meneaba la cabeza con brío. «Solo lo pregunto porque mi mujer fue madre primeriza siendo ya mayor y podría darte algunos consejos.»)

Nota: Sigue siendo y siempre será una terrible grosería preguntar la edad a una mujer, y si además resulta que esa mujer desafía las estadísticas de fertilidad, la pregunta resulta aún más grosera. La nueva norma es que siempre será mejor asumir que la abuela es la madre de la criatura, y no al revés. Así siempre llevarás las de ganar.

Del mismo modo, ahora resulta de mala educación ofrecer consejo a una mujer que está a punto de dar a luz sin saber si es partidaria de la escuela del *Concepto del Continuum* o de *El bebé satisfecho* (esto crea una división similar a la que existe entre quienes detestan a los gatos y creen que están acabando con todos las crías de pájaros y quienes adoran a los gatos y detestan a la gente que no los adora). No hace tanto tiempo, las conversaciones sobre cómo criar a un hijo eran un territorio bastante seguro. Sin embargo, hoy en día las futuras madres sienten la pesada mano de la presión social que las empuja hacia abajo y les pide que se alimenten mejor, que duerman más, que se olviden del alcohol, que se hinchen de ácido fólico, que investiguen sobre la osteopatía craneal, que dejen de ponerse nerviosas (porque hará que su hijo sufra depresión más adelante) y, en general, que demuestren ser contenedores óptimos y químicamente equilibrados de la futura generación. Yo he llegado a ver a un desconocido acercarse a una madre en un supermercado y reprenderla por comprar cereales azucarados, por lo que no es de extrañar que estas mujeres salten a la mínima.

Sin embargo, las madres de hoy en día también exhiben una grosería que antes no se daba. Durante años, se supo que las historias sobre episiotomías solo se contaban a mujeres y a puerta cerrada, pero ahora es fácil que te obliguen a imaginar en tecnicolor toda la película del parto con fórceps mientras tomáis café. Todos aguantamos estas historias de terror porque nos sentimos intimidados por el nuevo estatus de la maternidad (véase el capítulo sobre las Fanfarronas), pero no por eso deja de ser de mala educación que estas mujeres sometan a su público —a menos que sean los asistentes a una clase de preparación para el parto— a historias acerca de sus puertas de la vida. Que conste que es de buena educación desviar cualquier historia que incluya suturas vaginales o procedimientos por el estilo con un entusiasta: «¡Oh, mira! Eso necesita una mano de pintura».

Lo que ahora es grosero: la protuberancia al aire libre está muy bien si es la de Natalia Vodianova, pero, por lo general, mejor no enseñarla en público. Abrirse paso a la fuerza con el carrito de bebé cuando vas de tiendas.
Lo que ya no es grosero: hablar abiertamente sobre tu fecundación in vitro, dando detalles sobre el hilarante momento de recogida de esperma.
Lo que sigue siendo una maldita grosería: desconocidos que se sienten con derecho a acariciar la barriga de una embarazada como si fuera la calabaza ganadora de un premio en una feria rural.

El divorcio

El divorcio es una de esas crisis de la madurez que nos afecta a todos. Tal vez hayas pasado por uno, pero, aunque no sea así, tendrás muchas amigas que sí lo han vivido y deberás hacer frente a los múltiples retos que presenta, como: no tomar partido; darle todo tu apoyo y animarla a entrar en razón/conseguir más dinero/recordarle que las posibilidades de que una aventura con una bailarina erótica de dieciocho años funcione son escasas, etcétera... Las posibilidades de manejar de manera equivocada un divorcio reciente son, francamente, muy altas.

En primer lugar, hay que saber reaccionar. Al enterarnos de que alguien acaba de divorciarse, es de mala educación decir: «Oh, lo siento mucho». No, no y no. Los recién divorciados están a) ilusionados por el atractivo de su nuevo estado y convencidos de que se están embarcando en la vida que merecen después de años de sacrificios y sufrimiento, o b) enfadados, heridos y angustiados. En cualquier caso, no están de humor para que te compadezcas de ellos. Además, esta clase de reacción asume que el divorcio es algo malo, lo cual es insultante para los divorciados. El modo más educado de hacer frente a una noticia de divorcio es con un rápido levantamiento de las cejas y una expresión a caballo entre la preocupación y la intriga, que pudiera significar cualquier cosa desde «No me sorprende tanto» hasta «Me parece inconcebible que alguien quiera divorciarse de ti». No hace falta decir que es grosero y no ayuda en nada a) pedir los detalles de contacto de la otra parte, sobre todo si ya has dejado caer que necesitas pareja para el sábado por la noche; b) confesar aquella vez que lo viste besándose con alguien en el parque; c) revelar que percibiste problemas dos veranos atrás en aquel festival (esto sería unos dieciocho meses antes de que ella, o él, se diera cuenta de que algo marchaba mal).

A continuación está el asunto de repartir tu lealtad. La forma ideal y más educada de afrontar un divorcio es siendo lo más imparcial posible, si bien prestando un poco más de atención al ofendido, es decir, a la persona que menos deseaba divorciarse. Lo que cuenta es que el ofensor va a un lugar mejor, mientras que el ofendido no va a ninguna parte (o en palabras de mi amiga abandonada: «Él se marchó a una cama caliente y a una nevera llena de champán. Yo me quedé con mi cama vacía y una nevera llena de leche materna»). La parte ofendida te necesita más, al menos a corto plazo.

Sin embargo, aunque tenga sentido, este plan no siempre funciona. Si conoces a una mitad de la pareja divorciada mejor que a la otra, es inevitable que gravites hacia tu amigo original, ofensor o no. Es la ley de la amistad. Y la dura realidad es que incluso si te presentaron a los dos miembros de la pareja el mismo día, y los conoces bien a ambos, siempre llegará un momento en que termines viendo más a uno que al otro. Así pues, por muy decidida que estés a ser ecuánime y a invitar a Bill a tu casa las mismas veces que invitas a Jane, uno de ellos estará más interesado, por la razón que sea, y el otro desaparecerá de tu vida. No te culpes por ello. Tal vez te parezca una grosería, pero es una ley natural que a la mitad de una pareja divorciada termines por perderle la pista. Entretanto, lo mejor que puedes hacer es tratarlos a los dos por igual hasta que haya pasado la tormenta y puedan trazarse de nuevo las líneas de la amistad. Si celebras una fiesta, invítalos a los dos por separado (con su conocimiento) y deja que sean ellos quienes decidan quién acude y cuándo. Si organizas unas vacaciones, invita a la parte ofendida. La parte ofensora verá la lógica en ello, sobre todo porque invitar a esa parte sería invitar a la pareja adúltera.

Nota: El momento en el que debes conocer a «la otra persona» es uno de los más delicados por cuanto tiene de ofensivo para la parte ofendida. Por esta razón, en la presentación debes adoptar la siguiente estrategia:

- Quedad en territorio neutral (un lugar poco glamouroso. No querrás decirle a la parte ofendida que fuiste al nuevo restaurante de King y Corbin y viste a Jake Gyllenhaal).

- Mantén a la parte ofendida informada de vuestros planes y promete llamarla más tarde.

- Evita hablar de la parte ofendida.

- Evita hablar de dinero.

- Evita hablar de sexo (es probable que sea complicado, pues buscarán cualquier excusa para hacerlo).

- Sé amable, pero no en exceso (hará que te sientas mejor cuando rindas tu informe a la parte ofendida).

- Si te preguntan, directamente, qué opinas sobre «la otra persona» y no estás lista para dar una opinión elogiosa, di: «Se te ve muy feliz».

Esto cubre prácticamente todos los puntos.

En la etapa que sigue a la separación, los propios divorciados muestran una marcada inclinación hacia la grosería. La ofensa más común es que hablen mal de su ex dando detalles bastante específicos, como «¿Nunca notaste su mal aliento?», y que a continuación obliguen a sus amigos a conocer a «la otra persona» en un molesto primer momento tras la ruptura, y después esperen que se alegren por su nueva situación y acepten que los últimos quince años de felicidad compartida fueron una farsa. También están las conversaciones sobre sexo. Las parejas nunca hablan de su vida sexual, pero los divorciados no hablan de otra cosa: cuándo empezó a ir mal, lo malo que fue desde ese momento, lo fantástico que es el sexo ahora, la cantidad de veces que lo hacen... Y a nadie, literalmente, le interesa.

Nota: las charlas de sexo acompañadas de detalles gráficos son muy comunes entre los Nuevos Groseros solteros que se creen los Gordon Ramsey de la cama (es decir, hombres llenos de energía y que no se andan con rodeos). Si estás sentada junto a un hombre que cuenta a los allí reunidos cómo le gustaba hacérselo a su última novia y por qué, es más que correcto que te inclines hacia tu vecino y le susurres al oído: «Eso no es lo que ella cuenta».

Lo que ahora es grosero: dar a tu futura ex los motivos exactos por los que la dejas —al amparo de la honestidad emocional—, incluidos detalles sobre su inaceptable descuido de la zona púbica. (Aunque, lo más grosero de todo —y lo más común, si mis fuentes son de fiar— es decir sin rodeos «Nunca te quise».)
Lo que ya no es grosero: las invitaciones a las dos partes. Está bien invitar a los dos a fiestas, siempre que ambos lo sepan y puedan decidir su hora de llegada.
Lo que sigue siendo una maldita grosería: quejarte sobre tu triste vida sexual durante el matrimonio y dar la lata sobre tu espectacular vida sexual después de este.

Los niños

Los niños ofrecen grandes oportunidades para que los Nuevos Groseros desarrollen su grosería. Tener hijos no solo hace que se crean con más derecho a ser maleducados (véase la sección sobre las Madres Diosas), sino que los mismos niños quedan eximidos de seguir las reglas normales de comportamiento, con la justificación de que ellos son especiales y sus padres son gente demasiado interesante para perder el tiempo con lecciones de disciplina convencional.

Los Nuevos Groseros que son padres consideran que cosas como «por favor, gracias, hora de irse a la cama, no comas con las manos» son para gente con vidas pequeñas y aburridas, no para individuos interesantes y modernos como ellos. Se creen liberales, tolerantes —en resumen, gente guay— y no quieren poner en peligro esa imagen con la imposición de montones de normas ni discutiendo sobre si un niño de ocho años debería acostarse a las nueve o a las once. ¿Qué imagen daría eso?

¿Y qué pensarían de ellos sus hijos? Quieren ser la clase de padres que hablan con sus hijos, no reaccionarios convertidos en símbolos de autoridad. De manera similar, los Nuevos Groseros creen que sus hijos son demasiado especiales para someterlos a las convenciones de una educación normal, y que lo que es bueno para el espectador medio de *Supernanny* resulta opresivo y anula el espíritu de los pequeños Milo y Minna.

En la práctica, esto se traduce en que tú (que no tienes hijos, pero a veces tienes que soportar a los de otra gente) terminas aguantando las impertinencias de unos niños maleducados que sus devotos padres han convertido en protagonistas. Los Nuevos Groseros están tan ciegos ante esa situación que casi resulta divertido. Se horrorizan cuando un niño recibe una amonestación por comportamiento antisocial, pero ni siquiera pestañean cuando sus queridas fieras aterrorizan al perro del vecino. Se indignan cuando madres que viven en barrios marginales se atreven a amenazar a profesores, pero telefonean con frecuencia a la escuela e intimidan a todo el personal. Los hijos de los Nuevos Groseros no hacen nada mal, y si no cumplen las expectativas nunca es culpa suya, ni de sus padres (no hay estadísticas para establecer con exactitud quién se encarga de revisar el boletín de notas de los niños, pero baste con decir que en esa época del año los Nuevos Groseros están muy, pero que muy ocupados).

En resumidas cuentas, todos somos mucho menos educados de lo que deberíamos ser, pero nos decimos que es inevitable porque el mundo es ahora un lugar más frenético, cruel y cambiante, y si no nos ocupamos de nosotros mismos, la gente se nos llevará por delante y los Nuevos Groseros heredarán el mundo. Sin embargo, en el fondo sabemos que no nos hace felices.

No hace mucho tiempo, estaba yo en un sombrío y grasiento pub de Cotswold (uno de los pocos que no han convertido en un templo de productos biológicos y paredes con acabados históricos). Era la hora de comer, así que pedí langostinos rebozados con patatas, el plato menos arriesgado del menú, pero cuando llegó, cuarenta minutos más tarde, era evidente que aquello eran gambas congeladas envueltas en una masa pegajosa. Me quejé (en realidad, tan solo pedí la cuenta) y a los pocos segundos la cocinera apareció a mis espaldas para preguntarme qué problema había con la comida. Parecía alicaída mientras me comentaba con mucha educación que aquellos eran langostinos congelados de la mejor calidad, pero que estaría dispuesta a cambiármelos por cualquier otro plato del menú. Y entonces le dije: «Mire, soy una imbécil por no comerme sus langostinos. La verdad es que tengo prisa. No tiene nada que ver con los langostinos. Me encanta su pub, y usted, y espero que me perdone por arruinarle el día». O algo por el estilo. Fui en contra de todos los principios, o incluso de la forma más básica de la nueva grosería. Salí de allí con ocho euros menos en el bolsillo, hambrienta, cuando todos los pubs de la zona ya habían dejado de servir comidas, y la cocinera siguió convencida de que sus gambas eran un manjar regional. Pero la cocinera se quedó contenta y yo también, o mucho más de lo que me habría sentido si me hubiera negado a pagar y me hubiera marchado ofendida, blandiendo mi bolso de marca. Fuimos amables la una con la otra a la usanza de la Inglaterra en blanco y negro, cuando la gente soportaba lo que fuera para evitar ofender o abochornar a alguien. No tuvo ningún sentido actuar así, pero recomiendo esa sensación.

¿PUEDO SER SOLTERA Y FELIZ?

En mi cuarenta cumpleaños, estaba de vacaciones en Brasil con mi amiga la Soltera Cabreada. Aparte de llevar la cabeza vendada al estilo del Hombre Invisible y seis puntos de sutura en la coronilla, donde me golpeó una bengala del barco durante una tormenta, todo era perfecto. Bebimos muchas caipiriñas. Abrí una carta de mi madre en la que me aseguraba que los cuarenta era el año en que todo se ponía en su sitio (de nuevo). Hablé con un amigo atractivo y soltero que estaba en Londres (y que ya no estaba soltero, pero da igual) e hice una rápida reflexión sobre adónde había llegado en la vida. Sin que el orden importe demasiado, pensé que tenía: un buen trabajo, un contrato para publicar un libro, grandes amigos y una colección de zapatos bastante amplia. Era económicamente independiente, tenía mi propia oficina, muy bonita, a pocos metros de la puerta azul que sale en *Notting Hill*, y un piso de soltera que hacía que mis amigas casadas suspiraran de envidia (sobre todo por el suelo del baño enmoquetado en color claro y no invadido por hombres rana a cuerda y uniformes de fútbol cubiertos de barro). La vida era bella, decidí, animada por la Soltera Cabreada. Ninguna de nuestras amigas casadas podía liar el petate y marcharse a Latinoamérica para pasar unas cuantas semanas de aventura no planificada —ellas estaban atadas, durante los siguientes siete años, con planes ya definidos por las vacaciones escolares y los compromisos de sus parejas—, ¡mientras que nosotras éramos libres! La vida entera —o, al menos, la segunda mitad— se extendía frente a nuestros ojos, rebosante de promesas. Pero eso era en Salvador, una cálida noche de agosto, y la Soltera Cabreada y yo sabíamos que probablemente no nos sentiríamos igual cuando llegara febrero, tras un frío y largo enero durante el que no sale nadie, cuando todo el mundo deja de beber y San Valentín está a la vuelta de la esquina.

Mucha gente tiene la impresión de que la vida de una soltera se reduce a sus Manolos, mocha lattes, a organizar vacaciones y ligar con desconocidos interesantes en los bares. Las solteras saben que no es así, pero, con todo, es el vacío que se abre entre la realidad y la ficción lo que causa esos sentimientos ocasionales de desencanto y frustración. Y, al igual que el matrimonio está condenado al fracaso si esperas que sea todo sexo apasionado y cenas de aniversario, no podrás ser una soltera realmente feliz a menos que aceptes lo que hay en realidad, con todos los inconvenientes.

Lo que implica para ti, con total honestidad

Para empezar, no mantienes relaciones sexuales

Es probable que el mayor mito asociado al concepto moderno de soltería sea que la vida te da la ocasión de ligar con multitud de hombres, por lo que está salpicada de episodios regulares de sexo acrobático. Según esta versión de la realidad de la era posterior a *Sexo en Nueva York*, te pasas el día en bragas, hablando por teléfono con tus amigas para contarles tu complicadísima vida amorosa, o preparándote para salir con alguien que hace que te tiemblen las rodillas. Bueno, detengámonos aquí. De una vez por todas debe quedar claro que soltera significa «sin un hombre» —sales de vez en cuando con ellos, pero navegas por el mundo en solitario—. Como regla general, no hay nadie en tu vida para quien debas ponerte ropa interior especial, y cuando estás animada no tienes nada que hacer aparte de poner Scissor Sisters a todo volumen y bailar, sola, encima del sofá (porque, después del mito de una vida sexual ajetreada, el segundo mito más difundido es que puedes tener a la vez suelos de madera y vecinos en el piso de abajo).

Es importante dejar claro que no mantener relaciones sexuales es lo más habitual entre las solteras o, de otro modo, podrías llevarte la impresión de que no perteneces al grupo de las solteras sino al de las malas, fracasadas y de segunda división. (Esta clase de falsas representaciones de los hechos mina la confianza en ti misma, y la confianza en una misma es esencial para la mujer sin ataduras.) Así pues, repite conmigo: «Soy soltera y no mantengo relaciones sexuales con frecuencia (o nunca). No me besaron en Nochevieja. A veces me irrita sobremanera ver parejas acarameladas. Me preocupa mucho con quién voy a ir de vacaciones este año, ahora que mi amiga soltera ha tenido un bebé. En ocasiones pienso que debería haber superado la falta de atracción física y haberme casado con mi mejor amigo». Todo esto es normal. Eres normal.

Te preocupas por el futuro (y por todo)

Ser soltera es apasionante en muchos sentidos. ¿Quién más, hoy en día, pone los pies en una fiesta pensando «Bueno, tal vez esta sea la noche. Llego soltera pero quizá salga colgada del brazo de un bailaor flamenco que esté aquí de gira»?

Sin embargo, junto con la esperanza aparece también la engorrosa preocupación por no tener ni idea de dónde terminarás. ¿Qué será? ¿Un bungalow frente a la playa con un portátil y un perro fiel? ¿Un breve cortejo, seguido de tratamiento de fertilidad y trillizos? ¿O más de lo mismo, hasta que seas demasiado vieja para subir la escalera hasta tu piso y tengas que mudarte a un apartamento adaptado? ¿Deberías mudarte al campo o tal vez a otro país? ¿Quién demonios lo sabe? Es imposible tomar una decisión, de la clase que sea. Tu futuro es un enorme signo de interrogación.

Así pues, no es que tengas un cajón lleno, sino una auténtica montaña de páginas arrancadas de revistas y periódicos con artículos sobre los mejores tratamientos de fertilidad (solo por si acaso y un día sucede); depresión posparto (lo mismo digo); osteopatía craneal para el bebé (en caso de que tengas un hijo, ya te estás preocupando por lo poco que dormirá); estiramientos faciales quirúrgicos y no quirúrgicos (todo el mundo arranca esas páginas); productos para combatir el debilitamiento capilar (podría pasarte a ti y, la verdad, no quieres ya más problemas). También sientes atracción por los artículos sobre las siguientes mujeres: Susan Sarandon, Geena Davis, Helen Fielding (¿qué tienen en común? Sí, todas ellas han sido madres después de los cuarenta y dos). Una vez entrevisté a Susan Sarandon y cuando transcribí la cinta me di cuenta de que toda la conversación había girado en torno a la maternidad a una edad tardía y a cómo había salido adelante. (Su secreto era una dieta rica en tomates italianos y todo un verano al sol, con mucho sexo de por medio. ¿Cómo no adorar a Susan Sarandon?)

Todo lo mencionado con anterioridad queda archivado bajo el título «Mi posible vida futura», junto con recetas para la cena de Navidad (¡un día podría tocarte cocinar a ti!) y folletos de fabricantes de columpios de jardín (tal vez vivas en una antigua rectoría) y de lugares donde comprar casas de árbol, cocinas industriales familiares y sofás George Sherlock. (Esto puede deberse a que lo hagas para estar preparada, por si acaso, o porque las mujeres están biológicamente programadas para obsesionarse con un maravilloso sofá aproximadamente al mismo tiempo que sus ovarios empiezan a perder fuelle. ¿Quién sabe?) En cualquier caso, hay mujeres que matarían por tener acceso a tu alijo de proveedores de pizarra, especialistas en chimeneas y arquitectos paisajistas. Y no es que vayas pregonando que lo tienes. No querrías que la gente se hiciera una idea equivocada.

Además de preocuparte de modo subliminal sobre lo que te deparará el futuro, te preocupa que sea demasiado tarde para ponerte al nivel del resto de la población femenina adulta (en caso de que apareciera el hombre de tu vida y tu vida adulta comenzara en serio). Otras mujeres de tu edad saben hacer cosas como cuidar de una cobaya, plantar un geranio, preparar tortitas, encender una barbacoa, organizar una fiesta infantil, etcétera... La propia amplitud de sus habilidades resulta intimidatoria para la mujer soltera, cuyas responsabilidades no van más allá de alimentarse y vestirse. Y todas sabemos que lo que en una veinteañera resulta excéntrico y encantador, en una mujer madura es visto como una total incompetencia.

Si conoces al hombre de tu vida, ¿qué pensará de ti? Asumirá —teniendo en cuenta el tiempo libre de que dispones— que tendrás alguna afición o algún interés además de ver la televisión y de pasarte las horas en la cocina de tus amigas, bebiendo. (Y no es así.) Como poco, esperará que sepas cocinar e identificar las hierbas del jardín. ¿Y si quiere que te aficiones al arriate de plantas y flores que tiene en su nidito de amor? ¿Y si tiene hijos pequeños que cuidar?

En el siglo XXI, se espera que las mujeres sean diosas domésticas, expertas en moda, eficientes niñeras, profesionales de éxito, mujeres felices, depiladas, amables y capaces de organizar la remodelación de su hogar. Es la norma. Y tú no eres ese robot multifunción de mujer. Tú eres más bien como su hija de dieciocho años, solo que sin el cuerpo firme y el carácter optimista.

Miedo al fracaso sexual

Hablando de cuerpos, ¿te acuerdas de *Algo para recordar*, cuando Tom Hanks accede de mala gana a volver a salir con mujeres tras la muerte de su esposa? Y su amigo lo lleva a cenar y le dice que no sabe lo que se pierde al no haber probado nunca el tiramisú, y Tom Hanks asume que el tiramisú es alguna clase de maniobra sexual que se ha convertido en habitual mientras él ha estado fuera de juego? Pues bien, las solteras conocen muy bien esa ansiedad. Todas hemos visto esos documentales sobre sexo que dan a altas horas de la noche y en los que sale el experto con el plátano y el preservativo. Hemos visto los artilugios que se supone que debemos tener en el cajón de la mesita de noche, por no hablar de lo que se supone que tenemos que saber hacer con las manos, el dedo gordo del pie y un bote de vaselina. Hubo un tiempo en el que lo único que se necesitaba para el sexo era un par de cuerpos, algo de deseo mutuo y, al parecer, nada más. Ahora necesitas vibradores en forma de conejo, ropa interior provocativa, velas, cantidad de almohadas, tapones anales y aceites aromáticos. Por supuesto, te dices que el buen sexo no requiere un certificado del Templo de la Erótica, pero tienes la molesta sospecha de que estás muy desconectada de ese mundo y de que el hombre de tu vida esperará de ti algunos trucos especiales, posiblemente con cubitos de hielo.

Y el miedo al fracaso no se limita a tus habilidades sexuales. Oh, no. Está todo el tema del vello y de cómo depilarte para salir con alguien hoy en día: ¿Deberías tener los antebrazos tan suaves como el cuello? ¿Tus partes íntimas tendrían que parecer un ratón recién nacido o un seto podado? Si se lo preguntas a la esteticista, te dirá que todo el mundo pide depilación brasileña o al estilo Hollywood, como Gwyneth Paltrow (así pues, si te consolaba pensar que solo las jovencitas cachondas optaban por el estilo Mini-Yo ahí abajo, estabas muy equivocada: las mujeres con clase, que llevan brillantes colas de caballo y visten con decoro tampoco tienen vello). De hecho, en los círculos más altos, el conejito sin pelo es prácticamente obligatorio.

Esta es una historia real. No hace mucho tiempo, una actriz británica (que había aparecido desnuda en la pantalla) iba caminando por una calle de Los Ángeles cuando un taxista la reconoció, bajó la ventanilla al pasar por su lado y gritó: «¡Depílate!». Esa actriz tiene una cantidad normal de vello púbico. Además es joven y encantadora, pero al parecer no lo bastante bonita para que ese hombre estuviera dispuesto a perdonarle un felpudo perfectamente normal (esto sucedió en Hollywood, pero aun así). Por fortuna, la mujer está felizmente casada con un hombre que nunca se ha quejado de ello, por lo que no se vio obligada a engullir una caja de Nurofen y salir corriendo hacia el centro de belleza más cercano en ese mismo instante. Sin embargo, si hubiera sido soltera y no saliera con nadie, la historia podría haber sido muy distinta. Ese episodio habría minado por completo su seguridad y se habría planteado lo que todas las solteras llevan preguntándose desde que la depilación de la entrepierna se volvió radical: «¿Tengo una vagina aceptable?». Olvídate del «¿Estos pantalones me hacen el culo muy grande?». Qué más da, ahora son nuestras partes femeninas las que nos inquietan.

Hace diez años, una mujer no habría pensado en su vagina, y mucho menos habría reflexionado sobre ella. Los traseros podían ser demasiado grandes, los pechos demasiado pequeños, pero en lo concerniente a la entrepierna, estábamos tranquilas. Ahora es el área que requiere mayores atenciones y las expectativas en ese sentido se han disparado. La depilación de las ingles —aunque no te decidas por un completo Mini-Yo— es una suerte de cruce entre una cita con el ginecólogo y una clase avanzada de yoga Ashtanga (no pasará mucho tiempo antes de que comiencen a hacerlas en grupos de tres, toma nota de mis palabras). El mantenimiento exigido (por no hablar de la humillación) triplica el de hace cinco años. No es de extrañar que Britney y Lindsay nos muestren sus partes cada vez que bajan de una limusina: quieren que se les reconozca el mérito a sus esfuerzos.

Así pues, ahora hay una nueva zona de nuestra anatomía a la que debemos prestar atención. ¿Es normal? ¿Está lo bastante despejada? ¿Es lo que los hombres quieren realmente? ¿Necesito cirugía? Si la mía no se parece a la que vi en la tele, ¿debería insistir en hacerlo con la luz apagada? Al fin tenemos el equivalente a la ansiedad que genera en los hombres el tamaño de su pene. Igualdad, sí, pero no como la esperábamos.

Ansiedad por no estar en tu mejor momento reproductivo

Se han tendido muchas trampas a las mujeres solteras: multitud de artículos que te dicen que si sigues soltera es porque no eres lo bastante audaz, o porque eres demasiado independiente, o no lo bastante independiente. Tú no les prestas atención, pero hay una duda insidiosa que no logras sacarte de la cabeza y es la posibilidad de que no seas atractiva en un sentido estrictamente biológico. En particular, comienzas a preocuparte cuando lees artículos en la prensa que apuntan a que las mujeres que toman la píldora podrían estar ahuyentando al sexo opuesto.

Ese fue el tema de conversación cuando hablé por teléfono con mi amiga A:

Yo: ¿Y si resulta que durante los últimos diez años he estado desprendiendo una hormona que hace que los hombres se mantengan alejados?
A: Mmm. No sería bueno. Pero no puede ser tan simple.
Yo: No, pero combinado con otros factores...
A: ¿Por ejemplo?

Yo: ¡No lo sé! Tal vez debería haber hecho un esfuerzo para terminar con ese tóxico campo de protección antihombres.

A: Bueno, ¿por qué no dejas de tomarla?

Yo: ¡Ya lo he hecho! La dejé el mes pasado. Y este fin de semana he recibido mucha atención, y ahora sé qué ha estado sucediendo todo este tiempo. He estado repeliendo a los hombres con intenciones serias ¡durante los mejores años de mi vida!

A: Oh, bueno, no desesperes. Si el efecto desaparece tan rápido, es posible que por Navidad ya hayas encontrado a alguien.

El miedo a la píldora era la forma más básica de ansiedad por el hecho de que —incluso en estos tiempos en que retrasamos tanto el envejecimiento— las mujeres tienen una fecha de caducidad. O, más bien, a que incluso si el hombre adecuado está ahí fuera buscándote, está programado para elegir a la joven fértil de mejillas sonrosadas antes de cruzar la habitación y llegar hasta donde estás tú. (Llevas tu vestido ceñido especial para ligar, has ido a la peluquería e irradias energía positiva, pero el hombre adecuado está indefenso ante la fuerza de los impulsos darwinianos. Él no decide; se trata de la supervivencia de la especie.) En resumidas cuentas: si ya no estás en tu mejor momento reproductivo, ¿puedes esperar que un hombre te desee? ¿No sería ir contra natura? ¿No tendrías que ser alguien realmente espectacular?

La necesidad de hacer un esfuerzo

Este es el gran dilema para las solteras: ¿Me quedo con lo que sé que me hace feliz, porque el tiempo es oro? ¿O salgo de esa zona de confort y hago planes osados para conocer a gente nueva y «crear oportunidades»? Como es evidente, lo único que quieres es salir con tus amigos, pero oyes una vocecita en un rincón de tu cabeza que te grita: «¡Eso es lo que haces siempre! Tienes que encontrar a gente que no haga veinte años que conoces y que no tenga relación con tu vida cotidiana. Tienes que salir de esta rutina sofocante». Y la voz tiene toda la razón. Una semana al sol con desconocidos del sexo contrario tiene que ser un plan más productivo que ir de cámping a Cornualles con cuatro amigas y sus familias. Pero, cuidado, porque salirte de pista puede dar como resultado unas vacaciones realmente horribles.

Por ejemplo, tal vez estés en una casa en Ibiza, con una amiga —que conocía «un poco» a ese banquero que decidió organizar unas «vacaciones de solteros», y es posible que te preguntes «¿Qué estoy haciendo aquí?»—. (Nota: mirando hacia atrás, te das cuenta de que conocer «un poco» al encargado de organizar unas vacaciones no es suficiente. Y el concepto «vacaciones de solteros» debería preocuparte. Es posible que no te apetezca verte acorralada por personas cuyo único criterio para invitarte sea que estás libre. Créeme.)

Así pues, tal vez te preguntes «¿Qué estoy haciendo aquí?» (o, más bien, «PERO ¿QUÉ ESTOY HACIENDO AQUÍ?») cuando te des cuenta de que el único material de lectura de los banqueros son guías de clubes nocturnos con máquinas de espuma (aunque tengan edad para tener hijos adolescentes, y uno o dos de ellos los tengan). Y entonces vuelves a hacerte la misma pregunta cuando la novia (mayor de edad por los pelos) del banquero ultrababoso empieza a hablar de sus aftas y de su vida sexual (y de los problemas a la hora de combinar ambas) y comenta que las mujeres que han tenido hijos (tu amiga) deben de ser malas en la cama. Encantador. Y entonces te lo preguntas de nuevo, justo cuando el rey de la banca, al tiempo que se rasca la barriga, empieza a soltar comentarios racistas. Y de nuevo cuando todos los gordos banqueros se disponen a esnifar gruesas rayas de cocaína. Y de nuevo cuando el banquero estadounidense suelta «Si juegas bien tus cartas, nena, podría llevarte a una cena de Republicanos en el Extranjero». Uau.

Fue más o menos entonces —habían pasado tres días de aquella semana de vacaciones— cuando mi amiga y yo nos escapamos al hotel de la zona, donde nos recibieron con un brandy y una sonrisa de complicidad. ¿Será que ya lo habían visto antes? Las mujeres solteras corren riesgos a fin de expandir sus horizontes, y descubren que no es tan sencillo. El mundo está lleno de banqueros.

Si dejas que sean los demás quienes te busquen pareja, los resultados no son mejores. Por ejemplo, la mesa de los solteros en las bodas. ¿De qué va todo eso? Es como la cesta de los restos en una tienda de lana («liquidación total»). Te sientas a una de esas mesas y quedas reducida de inmediato a una infeliz con el cartel de «NO ME QUIERE NADIE» pegado a la frente. Además, aparte de la humillación, las mesas para solteros son del todo contraproducentes. En cuanto alguien descubre que una persona está soltera (de acuerdo, en cuanto un hombre descubre que una mujer está soltera), pierde todo el interés en ella. Un hombre quiere pensar que podrías estar libre, pero que, por lo que él sabe, podrías estar viviendo con un director de cine que está rodando en esos momentos, o dándote un tiempo en mitad de una relación de años, o medio liada con Hugh Grant. Le gusta pensar que te ha seducido ante las mismísimas narices del hombre que es el mejor partido de la fiesta, preferiblemente su mejor amigo. Pero lo que nunca, jamás, pensará es: «Vaya. Está sola. ¡Qué bien!».

Cómo te ve la gente

Si eres soltera, estás obligada a vivir las fantasías de todas tus amigas que un día fueron solteras y que ahora solo pueden tener un poco de tiempo para ellas mismas si se encierran en el baño y fingen haber contraído un virus gastrointestinal. Tienes que ser espontánea, hedonista, siempre dispuesta a tomar un avión rumbo a Marrakech en el último minuto. (¡No tienes hijos! ¡No tienes ataduras! Y con todo ese dinero... ¡No sabes la suerte que tienes!) Tus amigas casadas te llaman un domingo por la mañana y gritan al auricular: «¿Y bien? Vamos, quiero que me cuentes todos los detalles!». Y si, por casualidad, resulta que no fuiste a un concierto de última hora de los Rolling Stones seguido de la fiesta posterior, y de la fiesta posterior a la fiesta, entonces es probable que te digan: «Nos estás decepcionando, lo sabes, ¿verdad? Solo te tenemos a ti».

Esta carga de responsabilidad supone una pesadilla. La mayor parte del tiempo solo quieres ir a trabajar, volver a casa y comerte un risotto de sobre mientras ves *Property Ladder*, porque no te apetece hacer nada más. Al fin y al cabo, tu trayectoria biológica es la misma que la del resto de las mujeres. Solo porque permanezcas soltera no significa que estés en todo momento de humor para ir a fiestas, ni siquiera a las que organizan en el Hoxton y que empiezan a las once de la noche. Eres una persona aburrida y estás cansada, igual que el resto de la humanidad, y, por lo general, tus planes de fin de semana consisten en salir a comprar una pantalla para la lámpara. (Dicho lo cual, no regresas a casa del trabajo, te cambias de ropa y te pones tus preciosos pantalones de cachemir y una moderna camiseta, ni te haces un recogido sexy en el pelo porque ¿para qué molestarse si no va a verte nadie?) Sin embargo, deberías adaptarte al mito de la soltera glamourosa —hasta cierto punto—, porque de lo contrario tu situación dejaría de ser especial. Sería la misma que la de tus amigas, solo que sin un hombre a tu lado.

Los hombres que no pueden o no quieren quedar contigo

Hay una edad límite —establezcamos los treinta y ocho por decir algo— a partir de la cual algunos hombres creen que a las mujeres solteras deberían proporcionarles uniformes de color gris y encerrarlas en campamentos a las afueras de las ciudades para que no interfirieran en la interacción normal y saludable entre ambos sexos. Estos tipos no solo se muestran indiferentes ante las mujeres de esa edad, sino que las compadecen por mantener falsas esperanzas y negarse a abandonar la escena con elegancia. Hay incluso algunos hombres bastante inteligentes para quienes resulta incomprensible que se tomen la molestia de lavarse el pelo y cambiarse de ropa interior cuando es evidente que todo ha terminado ya para ellas.

A continuación transcribo la conversación que mantuve con M (cuarentón y también soltero). Tienes que saber que la Lucy que aparece en la conversación es preciosa. Cualquier mujer de su edad mataría por tener su aspecto, y no exagero. Sin embargo, tiene cuarenta y dos años.

Yo: ¿No crees que Lucy está muy sexy?
M: [mirando a todas partes menos a Lucy] Mmm.
Yo: ¿No lo crees? ¡Con ese vestido y ese sombrero!
M: Mmm.
Yo: ¿Qué? ¿No te gusta el sombrero?
M: No, no es eso. Es que... No me malinterpretes, pero ¿para qué se toma tantas molestias?
Yo: Perdona pero no te sigo.
M: Bueno, no es que alguien vaya a... acercarse a ella.
Yo: Espera un poco. ¿Y por qué no?
M: Está estupenda, pero tiene [articula en silencio el número maldito].
Yo: [Mirada glacial] Veamos si lo he entendido. Cualquiera tendría más opciones que Lucy, siempre que fuera diez años más joven.
M: Esto... Bueno... Sí.

Este hombre no es un analfabeto. No es el propietario de un pub que protege con un violento pit-bull ni el líder de una secta polígama. No se enfunda en monos de cuero negro ni vive en un sótano. No es un famoso narcisista. Es, simplemente, uno de los millones de hombres cuyo radar no detecta a las mujeres mayores de treinta y cinco años. Pero hay una categoría aún peor: los que piensan como M y además tienen la impresión de que son perseguidos por mujeres mayores de treinta y cinco, acosadoras, que harán lo que esté en sus manos para echarles el lazo.

Esos hombres se reconocen al instante porque evitan el contacto visual directo, no vaya a ser que te hagas ilusiones, y te advierten de que tienen novia antes de que les hayas preguntado su nombre. Tienen una cara en modo apagado (la que usan cuando hablan contigo) y otra en modo encendido que reservan para las jovencitas y que consiste en abrir mucho los ojos, lanzar miradas lascivas e ir bajando los ojos progresivamente hacia el escote. Si, por alguna razón, no pueden evitar hablar contigo, la conversación será tensa —como en las raras ocasiones en que los ricos intentan iniciar una charla con sus sirvientes—, y apenas serán capaces de contener algo como: «Mira, no te lo tomes a mal, pero es evidente que solo estoy siendo amable contigo. No te hagas ilusiones».

La que sigue es un ejemplo de una de esas conversaciones (para que pudieras hacerte una idea tendrías que ver la cara que ponen, pero no importa):

Él [que cree estar haciéndote un favor por hablar contigo] Mmm.
Yo: Pareces algo inquieto.
Él: Estoy esperando a mi novia.
Yo: ¿Y te llamas...?
Él: [larga pausa] Jeff.
Yo: Entonces eres el amigo de Jack. El que tiene un barco.
Él: [pensando «Ya ha mencionado el barco. Dios, no pierde el tiempo»] Sí.

Yo: ¿Quieres saber cómo me llamo o no es necesario, ya que tienes novia?
Él: Claro. Tan solo necesito... (que guardes las distancias. Me pasa todo el tiempo).
Yo: No te preocupes. Por cierto, estoy casada.
Él: Ah, bien. [Visiblemente más relajado] Te he visto llegar. ¿Ese de ahí es tu coche?
Yo: Lo siento, tengo que ir a saludar a alguien. A quien sea... Adiós.

Si quieres ser soltera y feliz, necesitarás tener sentido del humor, sobre todo cuando el hombre más vulgar, aburrido y barrigón de la fiesta crea que le estás tirando los tejos.

Las Casadas Infelices

También las mujeres pueden poner a prueba tu paciencia, en particular las Casadas Infelices. Algunas casadas desconfían de las solteras porque creen que tal vez estés interesada en sus maridos, pero las Casadas Infelices detestan a las solteras porque tú encarnas el valor que a ellas les falta. Lo siento, pero es así. Te miran y se sienten amenazadas: el hecho de que no te precipitaras y no te casaras con el pesado de Roger solo porque estuvieras a punto de cumplir los treinta y cinco y sin un céntimo, y que todas tus amigas se estuvieran casando, para ellas parece contener una crítica velada de todo el modus operandi. A estas mujeres no les agrada tu presencia y no se molestan en disimularlo. Fruncirán el entrecejo ante tu estilo de vida, cuestionarán tus acciones y malinterpretarán todo lo que digas:

Tú: Oh, me encanta el nuevo corte de pelo de Milly; es como de niño de coro.
La Casada Infeliz: ¿Insinúas que parece un niño? ¡Roger! ¿Has oído eso? Ha dicho que nuestra hija parece un niño.

No hace falta decir que conoces a su marido de toda la vida (véase Cómo conservar la amistad con un hombre casado), razón por la que aguantas tantas tonterías.

Mujeres Infinitamente Superiores

Por fortuna no abundan, pero una sola de estas mujeres puede hacer que una soltera pierda la alegría de vivir, justo cuando menos se lo espere. Sirva como ejemplo el día que fui al hospital a visitar a una amiga que acababa de dar a luz. Mientras estaba de pie junto a su cama en la unidad de maternidad, mirando embobada al bebé y zampándome unas uvas, una de sus otras visitas (una madre que llevaba a un pequeño en brazos) se inclinó junto a mí y susurró: «Esto debe de ser muy duro para ti». ¡Ja! ¿No es maravilloso? La mujer que había dado vida a otro ser humano era capaz de disfrutar de ese momento de felicidad, pero yo, la chica soltera y sin hijos, tenía que sentir arrepentimiento y frustración. Los momentos como este ilustran a la perfección por qué las mujeres solteras se levantaron en masa y crearon una cultura de mocha lattes, clases de yoga y luces de colores a su alrededor, porque siempre habrá intransigentes como esa que tratan a las mujeres libres y sin hijos como si fueran deshechos de la sociedad. (Merece la pena señalar que Kylie Minogue padeció cáncer, pero que la prensa siguió prefiriendo compadecerse de ella por seguir soltera. Puede que incluso fuera eso lo que le provocó el cáncer, tanta independencia, tanto éxito... Mmm.)

El tema de la exigencia

Nadie te lo dirá nunca a la cara, pero algunas de tus amigas casadas no están seguras de que estés hecha para el matrimonio. Te quieren con locura, pero de verdad están asombradas de que sigas perdiendo las llaves de casa, que tengas resacas de dos días y que cenes cereales. A veces, incluso las personas que no te cambiarían por nada del mundo se preguntan si no tendrías que cambiar, tal vez de manera radical, para encontrar a un hombre. Y de ahí a llegar a la conclusión de que eres demasiado quisquillosa, hay tan solo un paso.

Eso es algo que tú ya has considerado. Eres humana, y alguna vez habrás echado la vista atrás y habrás pensado: «¡Oh, no! ¿Me he centrado lo suficiente? ¿He estado flotando en una burbuja? ¿Ha habido hombres en los que no me he fijado que habrían sido amables y atentos y habrían empujado mi silla de ruedas en la vejez? ¿Debería haber solucionado mi situación años atrás, casándome con uno de mis amigos?». (No es que alguno de ellos te lo pidiera, pero es probable que en tu vida haya habido algún hombre dispuesto a quedarse contigo, si te hubieras esforzado lo suficiente.) Y, a veces, cuando vas a sus bonitas y cálidas casas, los ves arropando a los niños en la cama y te enseñan la ampliación de la cocina y te cuentan el safari de su segunda luna de miel, la duda te da un golpecito en el hombro y te susurra: «Esta podrías haber sido tú, si no hubieras sido tan... ya sabes».

Pero el tema es el siguiente: demasiado quisquillosa es un concepto que solo aflora cuando la gente decide que se te está acabando el tiempo. Durante años es señal del respeto que te tienes, puesto que no te planteas estar con el tipo rico que no te atrae ni con el tipo atractivo que no te gusta mucho. Pero entonces, un día, alguien te sugerirá que, en realidad, eres demasiado crítica. Tu nivel de exigencia es en exceso alto y tienes que dar a esos hombres —o a cualquiera que sea lo bastante generoso para prestarte atención— una oportunidad. A nadie se le ocurriría aconsejarte que te compres el vestido que se te clava en las axilas por si no encuentras otro que te guste. Ninguna de tus amigas te animaría a que invirtieras en el piso orientado al norte con un fumadero de crack en el sótano solo para que, al menos, tengas un techo bajo el que vivir. Sin embargo —una vez has pasado esa época de tu vida en la que cada fin de semana vas a una boda—, por lo visto deberías estar dispuesta a unirte a un hombre que no te parece el adecuado. Es brillante e interesante, te dicen. Conoce a mucha gente. Está forrado y le gustas... Lo menos que podrías hacer es darle una oportunidad. ¿Qué más da que escupa la comida? Por favor... ¿Qué es un poco de bizcocho en el ojo comparado con una vejez en solitario? (Nota: muchas personas, sobre todo mujeres, que nunca han vivido solas, temen esa posibilidad tanto como los hombres a los tiburones. Pero cuando has vivido sola sabes que pasar el resto de tu vida con un hombre que escupe no es un sacrificio necesario. Esa gente no hace más que proyectar sus propias necesidades, así que no te dejes perturbar por su ansiedad.)

De una vez por todas, no existe nada parecido a un listón de exigencia que empiece a descender lentamente, a partir de los treinta y cinco y hasta llegar a los cuarenta y cinco, que te obligue a considerar a hombres que han adaptado su loft para instalar en él una maqueta de tren. (No preguntes cuál es el nivel que alcanza el listón cuando ya has cumplido los cincuenta. De acuerdo, te lo diré: hombres a los que no les gustan las mujeres pero que necesitan a alguien que se ocupe de la casa ahora que su madre ha muerto.)

Entonces, a modo de resumen: la cultura de la soltería ha hecho maravillas por la moral de la mujer soltera. La soltería ya no tiene nada de triste ni es digna de lástima, sobre todo en estos tiempos en que nadie está dispuesto a ceder el control. Sin embargo, la realidad es que si cumplidos los cuarenta continúas soltera, tendrás:

- Una madre que se culpa por ello.
- Un padre que culpa a los hombres.
- Algún que otro amigo que cree que deberías salir con «alguien».

- Y también están todos los miembros del sexo opuesto que has conocido a lo largo de tu vida —solteros o no—, que alguna vez te han mirado y han pensado: «Vamos. Tiene que haber una razón».

La gente te querrá, te apreciará, habrá incluso quien te envidie. Pero te costará encontrar a alguien que crea que tu soltería es fruto de la casualidad. Es importante aceptar esto último y elaborar alguna teoría al respecto. De ese modo, la próxima vez que alguien te pregunte por qué diablos sigues sola, estarás preparada para responder.

La inevitable crisis de autocompasión

Tal vez el detonante sea una persona mayor bienintencionada que comente «Entonces, nunca has estado casada». («No, pero aún no estoy acabada —te apetece responder—. No hace falta ser tan directo.») También podría ser tu Amiga Soltera, que te llama para decir que sí, ¡que ha vuelto con él! Y que se van al Caribe por Navidad. Mi propia crisis de autocompasión tuvo lugar en una fiesta organizada por la hermana de un ex novio. Y no era un ex cualquiera, sino aquel con quien había salido durante casi cinco años, el que estuvo a mi lado desde los dieciocho hasta los veintidós. Estaba en la fiesta, pero no fue él el motivo de mi hundimiento, sino su padre. (En mi experiencia, son siempre los mayores quienes encuentran tu punto débil.)

Me invitó a abandonar la fiesta y me llevó a dar una vuelta por la casa familiar, y abrió puertas que me devolvieron de golpe a largos y lluviosos veranos escuchando a Bob Marley, al vestido de lazos, los vaqueros demasiado ajustados, la cocina en la que nos reuníamos después de las fiestas, con los ojos entrecerrados y los zapatos en la mano, el suelo de madera chirriante del pasillo, la cama diminuta en la que nunca dormí. Luego me llevó a los edificios anexos para mostrarme el Sprite de ojos saltones en que aprendí a conducir y las motos herrumbrosas en las que solíamos correr por los caminos, mi falda agitándose al viento. Hacía diecisiete años que no había vuelto a aquella casa, pero en realidad nada había cambiado, solo que sus hijos se habían marchado de allí y tenían sus propios hijos y sus propias casas. Casi todos a quienes conocía de aquellos años llevaban años casados, menos yo. Así pues, cuando el padre de mi ex novio hizo el comentario «Jamás pensé que precisamente tú... No entiendo por qué sigues sola», me cayó como si me hubiera dado una mala e inesperada noticia y estuve a punto de romper a llorar. No era que me arrepintiera de nada. No era que pensara que las cosas deberían haber sido distintas. Es tan solo que, a veces, cuando vuelves la vista atrás piensas (y todos conocemos esa sensación): «Pero si estábamos todos en el mismo barco... ¿Por qué todo el mundo ha encontrado a la persona adecuada menos yo?».

Es autocompasión, lisa y llanamente. Es también alcohol y nostalgia, y demasiadas noches de fiesta. Y son los ancianos. Los ancianos son fantásticos para alimentar sin pretenderlo el sentido de la injusticia. ¿Cómo es posible que hayan dejado escapar a un encanto como tú? Es una lástima, un misterio y una vergüenza para el género masculino. ¡Una mujer como tú, sola! Teniendo que arreglárselas con el calentador que gotea. Sufriendo para sacar la basura. Volviendo a casa sola en oscuras noches de viento. Cuando han terminado, es más que probable que sientas lástima de ti misma. Pero no son más que ancianos haciendo lo mejor que saben hacer. No eres una heroína en una novela de Edith Wharton: eres una mujer soltera. No pasa nada.

Una nota sobre la autocompasión: Si te dejaran en paz, jamás sucumbirías a la autocompasión, pero los demás alimentan ese sentimiento de «¿Y por qué yo?». Solo necesitas una amiga a la que llevas tiempo sin ver que, sin mala intención, te suelte el discurso de siempre («¿Aún sigues sola? ¡No me lo puedo creer!»), y a continuación te descubrirás manteniendo la conversación titulada «¿Dónde diablos están los hombres decentes?». Estas charlas están permitidas, siempre que no haya testigos, pero, como regla general, deberías intentar evitarlas. En primer lugar, porque a nadie le importa, a no ser que esté en tu misma situación. Y en segundo lugar, porque es un error seguir culpando al sexo contrario de tu soltería. Ellos son lo único que te queda.

Tal vez sea un buen momento para repasar los novios que has tenido hasta la fecha.

Una breve historia de tus citas

Hasta este momento, los hombres que han pasado por tu vida han sido estupendos, solo que no eran idóneos para ti. Y, naturalmente, eso te ha llevado a pensar que no hay un hombre adecuado para ti ahí afuera. Esto se debe a que tienes un historial típico de mujer que lleva mucho tiempo sola. Crees que eres única, pero no es así. La historia es como sigue:

El Novio Inapropiado

Algunas mujeres restringen a sus Novios Inapropiados (es decir, novios con los que a ninguna mujer se le pasaría por la cabeza terminar sus días) a los años experimentales que van, digamos, de los diecisiete a los veinticuatro. Estas son las mismas mujeres que miran un paquete de cigarrillos, ven las advertencias en negrita, y se quedan perplejas al pensar que haya gente capaz de pasar por alto el mensaje, alcanzar el paquete y encender una cerilla. Tú no eres una de ellas.

El Novio Inapropiado adopta formas muy distintas. Tal vez le vayan las drogas duras. Tal vez sea corresponsal en el extranjero y no esté nunca en casa, o se trate de un artista carismático que siente debilidad por sus modelos, o de un borracho informal, o de un hombre casado. También puede ser que no esté preparado para los compromisos emocionales. (Todos ellos son igual de inapropiados si el objetivo es encontrar a alguien con quien ser feliz durante el resto de tus días.) Tú, sin embargo —que te consideras hábil a la hora de juzgar el carácter de los demás—, te niegas a aceptar que todo Novio Inapropiado viene con fecha de caducidad. No es que creas que tal vez sientes la cabeza con él y te conviertas en la madre de sus hijos, ni que sepas con toda seguridad que no ocurrirá así. Tan solo evitas pensar en ello, porque así resulta más fácil. El Novio Inapropiado es una fase que ha durado demasiado... así de simple.

En la última cita que tuve con el más inapropiado de una larga lista de Novios Inapropiados, terminé boca abajo, tumbada debajo de su coche (él estaba debajo del de al lado, boca arriba). La idea era que a la policía —que estaba peinando la zona con linternas, buscando al conductor del vehículo— no se le ocurriría buscarnos allí y, dándose por vencidos, se marcharían. Solo que no se dieron por vencidos, pues estaban seguros de que éramos terroristas, ya que cuando un coche patrulla nos hizo una señal para que nos detuviéramos, el Novio Inapropiado pisó el acelerador y salió disparado por las calles de Victoria con la policía pisándole los talones. (Iba a más velocidad de la permitida y ya había perdido un montón de puntos, así que, siendo como era un Novio Inapropiado, su reacción fue la que cabía esperar). Desde nuestro escondite contra el asfalto, oímos que los agentes pedían refuerzos por radio y cortaban el acceso a todas las calles de la zona. Tal vez estuvieran pidiendo también un helicóptero cuando uno de ellos se agachó junto al coche, me miró a los ojos y dijo: «Hola. ¿A quién tenemos aquí?». (Al parecer el borde de mi abrigo nuevo nos había delatado.) El abrigo de niña buena sirvió como indicador de mi carácter y me libré con una amonestación. Mientras tanto, el Novio Inapropiado subía a la furgoneta policial, de camino a comisaría, una vez más. Y ese fue, más o menos, el final de otra relación inapropiada.

Este Novio Inapropiado fue un caso bastante extremo. Pero las mujeres que llevan solas bastante tiempo comparten un gusto particular por esta clase de autoflagelación, que tendemos a pensar que es normal, aunque tengamos treinta y tantos años y estemos pagando una hipoteca.

El Novio que no va a Ninguna Parte

Lo curioso con esta clase de relación es que cabría la posibilidad de que fuera a alguna parte. Muchas cosas están bien: tenéis amigos e intereses en común; es probable que lo conozcas hace tiempo y que hayas tenido ocasión de observar su carácter en distintas situaciones. En cualquier caso, representa una mejora ya que a) no está fichado por la policía, b) no ha estado ingresado en un centro psiquiátrico, c) vive en la misma ciudad que tú, d) a todo el mundo le gusta o le cae bien y e) tú lo has elegido de manera consciente. (Nota: La soltera que lleva tiempo sola está acostumbrada a que sean los hombres quienes la elijan a ella, por esto tiene una lista tan impresionante de Novios Inapropiados.)

Sin embargo, lo que se te escapa con el Novio que no va a Ninguna Parte es que, a partir de las primeras semanas, esa relación no va a ninguna parte. Y deberías ser capaz de identificarlo porque:

- Cuando cambia la decoración de su casa pide consejo a su mejor amiga y a ti ni siquiera te lo menciona.

- Solo utiliza la primera persona del singular, nunca habla de «nosotros».

- No siempre te lleva a las fiestas.

- No siempre queda contigo después de dichas fiestas.

- Tiene amigas especiales cuyas opiniones suele citar cuando está contigo.

- Cree que tu mejor amiga chilla demasiado.

- No recuerda el nombre de tu primer novio.

- Nunca te ha pedido que lo ayudes a comprar algo para su piso, su hermana o su madre.

- Cree que la Navidad supone un período de vacaciones en vuestra relación de pareja.

- Se pone tenso y a la defensiva cuando haces algún comentario de mal gusto sobre sus anteriores conquistas (como: «¿Esa era Tobillos Gordos o Cara de Pato?»).

- No tiene fotos tuyas y no parece interesado en conseguirlas.

- No le interesa en lo más mínimo tu trabajo.

- Te preguntó qué querías por tu cumpleaños.

- El día de San Valentín te compró rosas amarillas, no rojas, cuando todo el mundo sabe que las amarillas cuestan la mitad.

- El día de San Valentín le enviaste una tarjeta anónima y lo descubriste intentando descifrar el código postal, más de una vez.

- Se enfurruña si cree que tendrá que ver a tu familia, aunque solo haya sucedido una vez en cinco meses.

Por increíble que resulte, y pese a todo lo anterior, mantienes esa relación que no va a ninguna parte durante meses y meses, y cuando se termina, te sorprende que su mejor amiga comente:

Mejor amiga: El problema con él es que no se compromete.
Tú: Pero fuimos juntos de vacaciones. Hicimos planes juntos.
Mejor amiga: Pero no se comprometió contigo. Espera un momento. ¿Es que no ves la diferencia?
Tú: ¡SÍ!

Lo que ocurre es que entonces no la veías. Aunque sepas lo que es un compromiso serio, eres perfectamente capaz de negar la evidencia para no tener que enfrentarte a la otra alternativa.

El Novio Producto de tu Imaginación

Este es el hombre que crees que se convertirá en tu próxima relación duradera en cuanto regrese de Estados Unidos, en una fecha aún por determinar. No es que te haya dado razones para creerlo, pero tú lo crees de todos modos. Lo crees durante más o menos un año, hasta el momento en que le dices a tu amiga A (en voz baja): «¿Sabes?, tuve algo con él». Y A responde: «¡Yo también! Y ella. Y Anna. Y Charlotte. Y Hannah. ¿Ves esa mujer de ahí, la del vestido rojo? Estuvo con él la semana pasada en Nueva York. ¿No es curioso?».

El Ex Novio Flotante

Oh, cielos. Otra de las cosas que te diferencia de la mujer comprometida es que tiendes a idealizar todas tus relaciones, incluso las que se terminaron hace algún tiempo. No dices: «Vaya, me ha dejado. Será mejor mirar hacia delante». Ni siquiera dices: «Ya está hecho, lo he dejado. Ha llegado el momento de buscar a alguien con quien de verdad me apetezca estar». En lugar de eso, dices: «Pero es que estuvimos juntos durante tres años. Es probable que me pase los tres próximos años preguntándome si algún día encontrará a alguien mejor que yo». Estos pensamientos no son del todo conscientes, pero la parte de tu cerebro que rige el instinto de supervivencia (del tamaño de un albaricoque en la mayoría de las mujeres pero apenas visible en solteras que llevan tiempo sin pareja) no está funcionando como debería. Así pues, te haces falsas ilusiones.

Solo porque el Ex Novio Flotante acabe volviendo un día a tu casa —si ambos os seguís gustando— no significa que estéis destinados a acabar juntos. Asimismo, él no piensa en ti cada vez que oye «Venus in Furs», ni siente la necesidad de llamarte cuando ve un pingüino en miniatura por la tele. Y puedes estar segura de que no se acuerda del día de tu cumpleaños, ni habla de ti con sus amigos, ni se pregunta si estarás en la fiesta de este o de aquel, ni se comprará ropa sexy, solo por si acaso. Si da la casualidad de que tienes uno de estos ex en tu vida, pregúntate lo siguiente:

- Si estáis destinados a estar juntos, entonces ¿por qué solo os veis los sábados a partir de las tres de la mañana y en meses que terminan en «e»?

- Si estáis destinados a estar juntos, entonces ¿cómo se explica que haya tenido tres novias desde que rompisteis, mientras que tú, durante ese tiempo, has estado leyendo su horóscopo en busca de una señal prometedora?

- Si estáis destinados a estar juntos, entonces ¿cuándo fue la última vez que te hizo sentir realmente bien?

- Si estáis destinados a estar juntos, entonces ¿por qué no lo estáis?

La relación «quiero que esto salga bien»

Esta parece que podría ser la buena, si no fuera porque, de vez en cuando, sucede algo que desata en ti el miedo. Tal vez conozcas a una mujer en una fiesta y él opine de ella que es un ser humano excepcional, cuando es evidente que es una mujer de bandera. Tal vez te recomiende una película y a ti te parezca la banalidad más pretenciosa que has visto jamás. Tal vez estés haciendo un comentario sobre algo que para ti es muy importante —como lo fabulosa que es Alison Goldfrapp— y él sonría con indulgencia porque no entiende que esperes que a él le interese Alison Goldfrapp. O puede que haga un gesto de gato enfadado con las manos cuando le estés hablando de manera perfectamente normal y divertida sobre los defectos de una compañera de trabajo. Nada de esto parece una razón lo bastante importante para terminar una relación, y puede que, para la mayoría de la gente, no lo sea. Pero tú estás buscando a tu alma gemela, nada menos. No es que seas rara ni que pidas la luna: él no es el hombre adecuado.

Vuelta a empezar.

Qué decir si te preguntan por qué no tienes pareja

Si te preguntan por qué no tienes pareja (como te sucederá de vez en cuando, sobre todo en reuniones familiares), no bufes: «¿Te lo puedes creer? Si hasta ella se ha casado. E incluso ella. El mundo se ha vuelto loco». Aunque hayas entregado los mejores años de tu vida a un hombre que te dejó por su fisioterapeuta, no es buena idea que ofrezcas una respuesta injusta y cruel como explicación a tu situación actual. Las solteras deben aceptar su soltería y sentirse cómodas con ella. Deberías responder algo como: «¡Oh, soy un desastre eligiendo hombres!». Esto consigue el punto justo de ligereza y optimismo, y no falta a la verdad. Si no, también tienes las siguientes alternativas:

- «¿Por qué crees tú?» (Para esto tienes que conocer un poco a la persona. Y estar preparada para escuchar la respuesta.)
- «¿Quién dice que estoy soltera?»
- «¿Por qué está soltera Kylie?»
- «Bueno, tal vez no debería haber pasado los noventa en la Isla de Pascua.»
- «Me estoy haciendo un tratamiento láser para eliminar el exceso de vello. Cuando se haya terminado, ¡preparaos, hombres!»

- «No he conocido al hombre de mi vida.» (Nadie se conformará con esta respuesta, pero qué más da.)

No digas:
- «¿Por qué no iba a estar soltera, capullo?».
- «Métete en tus asuntos.»
- «¡No lo sé! ¡Lo he intentado todo! Reza por mí.»
- «La cagué. Debería haberme casado con mi primer novio. ¿Quieres escuchar la historia...?»

Algunos inconvenientes reales de estar soltera

- Si un pájaro se cuela en tu piso, no hay nadie más para hacerlo salir (y tienes que llamar al ex marido de tu amiga, que vive cerca).
- Tienes que pedir a la anfitriona de la fiesta a la que vas que te suba la cremallera del vestido antes de entrar en su casa.
- En vacaciones siempre te toca la habitación de la sirvienta, con vistas a un patio interior.
- No puedes guardar las maletas en lo alto del armario porque no podrías bajarlas.
- No tienes a quién culpar por no haber asistido a la fiesta.

Cómo ser soltera y feliz

Verás, conocer a un hombre no es tu único objetivo en la vida. No te quita el sueño (aunque alguna vez lo haya hecho). Pero la clave para ser soltera y feliz es mantener la mente abierta. Debes irradiar satisfacción y confianza en ti misma, y al mismo tiempo evitar dar la impresión de que estás tan contenta con tu vida de soltera que no la cambiarías por nada del mundo: incluido el hombre perfecto. Todo es cuestión de cómo presentar el asunto.

Algunas consideraciones sobre el doble rasero

Hay muchos dobles raseros cuando se trata de establecer qué está bien para una soltera y qué es lo adecuado para sus congéneres casadas. Por ejemplo: mujer casada que llora en una boda: aaah; soltera que llora en una boda: uuuy. Mujer casada con plantas muertas en las ventanas de su casa: ocupada; mujer soltera con plantas muertas en la venta de su casa: desnaturalizada. Mujer casada con las cejas algo descuidadas: no pasa nada; mujer soltera con las cejas algo descuidadas: se ha rendido y ha perdido el juicio. Mujer casada que se compra un cachorro: normal; mujer soltera que se compra un cachorro: oh, un sustituto de los hijos. Nos guste o no, a las solteras se las juzga de manera distinta. Es así y tienes que ser consciente de ello.

Un carácter difícil
Puedes ser todo lo difícil que quieras, siempre que estés con un hombre. Puedes hacer aspavientos, arrugar la nariz, enfurruñarte, lloriquear, montar en cólera, patear el suelo, arrojar las llaves de casa por la ventana y encerrarte en el baño. Sin embargo, la mujer soltera no tiene esa posibilidad, porque nadie la soportaría.

A veces, la soltera presencia una escena en la que una casada fastidia a su marido. Por ejemplo:

Casada: Se me ve gorda.
Marido: Claro que no.
Casada: Sí. Y me has obligado a darme tanta prisa que aún estoy peor.
Marido: Bueno, a mí me parece que estás preciosa.

Casada: ¿Por qué tanta prisa? ¡Se me ha olvidado ponerme los pendientes!

Marido: Porque dijiste que teníamos que estar allí a las ocho, por eso.

Casada: ¡Podríamos haber llegado cinco minutos tarde! Por tu culpa tengo un aspecto espantoso.

Llegado este punto, la soltera pensará: «¡Por favor! ¡Soy yo la que me veo gorda! Creo que voy a ponerme a hacer pucheros aquí mismo. Me apetece y da la casualidad de que estoy harta de ser razonable, jovial, y de estar siempre lista a tiempo. Yo también me haré la difícil».

Por desgracia, esto no puede suceder, porque un refunfuño sin nadie que lo reciba se convierte en una carga para quienes te rodean, y si hay algo que una soltera no puede permitirse, es ser una carga. Tienes que ser risueña y dócil, la mejor invitada, la amiga de confianza, el alma de la fiesta y la que se adapta a las vacaciones familiares. Justamente porque no eres parte de una pareja, tienes que transmitir el mensaje, alto y claro, de que no eres problemática sino enriquecedora. Ser soltera y feliz implica tener multitud de opciones diferentes y conocer a mucha gente que pueda pensar «Sí, ¡invitémosla!», en lugar de «Mejor no. Ya sabemos cómo se pone de vez en cuando».

Cómo disfrutar del alcohol

Uno de los vestigios de la época ASG (anterior a que la soltería fuera guay) es el riesgo de que las mujeres solteras se sumen en un sopor etílico por culpa de la combinación de soledad y frustración. Lo que significa que la gente se fija más en las solteras que beben que en cualquier otro grupo demográfico aficionado al alcohol, a excepción de los niños pequeños. Esperan de ti que empieces a hacer eses y tomes la pista de baile, sola, agarrada a una botella de champán, y que después rompas a llorar apoyada en el hombro de un hombre que lleva años casado con tu mejor amiga. Aunque te plantes en la fase de hacer eses, ya habrás desencadenado esa conexión (borracha, triste, desesperada por encontrar a un hombre, la pobre) en la mente de todos aquellos que no tienen ni idea de lo mucho que te diviertes estando soltera y de lo poco que te importa lo que piensen.

Quizá esas personas no importen. Tal vez seas lo bastante mona para salir bien parada de un baile en solitario al ritmo de Scissor Sisters (aunque será mejor que no lo intentes con «Saturday Night's Alright For Fighting»). Sin embargo, ten presente que todos los hombres de más de treinta y cinco años tienen una opinión bastante formada sobre las mujeres y el alcohol; no sobre las mujeres en general, ya me entiendes, sino sobre las que pueden interesarles. Les encantan las mujeres que beben. Les vuelven locos las chicas que disfrutan de fiestas salvajes. Les parece de lo más sexy tu caminar inestable y tu risa floja, y que no te importe qué hora sea ni dónde estés. Pero todos ellos, sin excepción, se quedan petrificados ante una mujer borracha. La desinhibición es buena. Las ganas de bailar son buenas. Cantar está bien. Los tambaleos ya no están tan bien. Arrastrar las palabras ya resulta peor. Los gritos y las discusiones no gustan. Que te flojeen las piernas es malo. El llanto es malo. Vomitar en el suelo es muy malo. Por cierto, decidió que no te llamaría cuando empezaste a arrastrar las palabras.

El mantenimiento
Gastarte el dinero que tanto te cuesta ganar en unas piernas suaves que nadie acaricia y en unas axilas perfectas en las que nadie se acurruca resulta desalentador. Es similar al hecho de limpiar tu piso todas las mañanas por si el agente de la propiedad inmobiliaria pasa a enseñarlo a alguien (y después ni siquiera se molesta en aparecer). Sin embargo, la mujer soltera debe estar preparada a todas horas. Aunque estés segura de que las probabilidades de que un hombre entre en contacto

con tus zonas recién depiladas son cercanas a cero, saber que estás lista para lo que surja te proporciona cierta seguridad. Además, está el tema de la interpretación subjetiva. Lo que para una casada es dejadez, para una soltera es una muestra de baja autoestima. Ella no ha tenido tiempo de arreglarse; tú no te quieres lo suficiente.

Como sea, el mantenimiento (¿no odias esa palabra?) sigue caminos misteriosos. Tengo una amiga que vive con un hombre con el que se acostó por primera vez tan solo porque, justo ese día, se había sometido a un carísimo tratamiento exfoliante con algas marinas. El tratamiento hizo que se sintiera a) más segura gracias a su piel de bebé y b) decidida al cien por cien a no desperdiciar su inversión. Así pues, es probable que el mantenimiento tenga ese doble incentivo.

Nota: No tiene ningún sentido que te hagas una depilación brasileña si pasas todas las noches sola en casa. ¿Para qué soportar el dolor? Una depilación de ingles normal es lo que una soltera debería solicitar. De ese modo nadie podrá criticar tus valores de mantenimiento ni acusarte de ser demasiado presuntuosa.

Qué ropa no debes ponerte

Una mujer con novio puede presentarse en una fiesta vestida con una sudadera agujereada, una falda rota y zapatillas de ballet deshilachadas, y tendrá un aspecto bohemio y sexy. No es necesario que el novio esté ni siquiera en el país; el simple hecho de que exista excusa el aspecto desastrado de su novia y confiere a esta un aire de sensualidad. Una soltera vestida exactamente igual, la misma noche, parecerá desaliñada, sucia y es posible que un poco desequilibrada. La gente la mirará y pensará: «Pobre Susie. Definitivamente, ha tirado la toalla, ¿verdad?».

De manera similar, solo las mujeres que tienen novio pueden vestirse como zorras, con ropa que incita a llevarlas directamente a la cama, porque están protegidas por su estatus de mujer comprometida. Esos escotes interminables, bragas a la vista y tacones de vértigo son tan solo un anuncio de la habilidad sexual de sus parejas, no son ninguna señal de que vayan buscando marcha. Pueden ponerse lo que quieran, en realidad, y no parecerán ni la mitad de desesperadas por captar la atención de los hombres que la soltera del bustier.

Esta regla («Tener pareja te permite ponerte lo que te salga del moño») se aplica sin excepciones. Una mujer con novio puede ponerse traje y corbata, pantalón de peto o un vestido de granjera. Puede cortarse el pelo a lo chico con las tijeras de cocina y depilarse por completo las cejas. Puede ponerse tacones que la lleven a alcanzar los dos metros, pintarse los labios de color naranja y hacerse coletas. Eso es algo a lo que deberías aspirar. Por ahora, bastará con que sigas unas sencillas normas.

Hay una verdad inevitable sobre la ropa que muchas de nosotras seguimos empeñadas en evitar: si quieres sexo, entonces tienes que vestirte pensando en sexo. Tienes que incluir el sexo en la ecuación cuando abras el armario y evitar pensar cosas como: a) es negro, nadie se dará cuenta de que es un poco anticuado, b) esto mismo, no me apetece seguir buscando, c) ¡Oh, Dios! ¡Me gasté trescientos euros en ti! Tengo que lucirte antes de que el look cosaco pase a mejor vida, ¿o ya ha sucedido?

Vestirte con el sexo en mente no significa, repito NO significa adelantarse a las fantasías de los hombres. Podría funcionar, pero no tan bien como si te vistes según lo que tú consideras sexy, por dos razones:

A) Una mujer vestida con una falda de raso con apertura lateral, medias de red, un top ajustado o algo similar parecerá la resignada subdirectora del colegio el día del concierto benéfico, si es que ese no es su estilo. Embute a Kate Hudson en un vestido de PVC y matarás la magia. Viste a Scarlett Johansson con unos vaqueros desgastados de chico y ponle una gorra y pfff... la atractiva gatita habrá desaparecido. Tienes que ser sexy a tu manera.

B) ¿Quién sabe qué encuentran sexy los hombres? Cada uno es distinto, y justo cuando crees saber lo que les gusta, te recuerdan que no todo es tan sencillo. Allí estás tú, probándote por última vez el vestido que no deberías haberte comprado, justo antes de llevarlo a una tienda Intermón Oxfam, y él te lanza esa miradita.

«¡Estás de broma! ¡Pero si parezco un extra de *Tenko*!»

«Lo sé. O un trabajador de una fábrica de municiones...»

A algunos les gustan las mujeres con vestidos popelín, a otros los pechos monumentales bajo un top de seda corto, hasta el ombligo, y la mayoría de ellos siguen sorprendiéndose a diario (culottes... mmm... extrañamente picantes, o ¿serán las botas?). Así pues, no intentes descubrir qué quieren. No saben lo que les gusta hasta que te lo ven puesto.

Dicho lo cual, no irá mal que nos detengamos durante treinta segundos y reflexionemos sobre algunos aspectos que sí conocemos acerca de los hombres y de su reacción ante la ropa que llevamos.

Ropa que te hace sentir segura

A los hombres adecuados para ti no les gustan los looks demasiado seguros: ven a una chica con vaqueros ajustados, un top brillante y mechas rubias y piensan «Zzzz». El hombre moderno necesita un punto extra de estilo y elegancia. No sabría decirte con exactitud qué convierte un vestido sin gracia en uno atractivo, pero lo sabe en cuanto lo ve, y sentirse cerca de él mejora su autoestima casi tanto como ir al lado de un par de piernas estupendas en minifalda. Saber trabajarse el look, como diríamos nosotras (si es él quien empieza a decirlo tal vez tengas un problema), es una habilidad a la que ellos se dedican casi tanto como nosotras, y respetan a las mujeres que no transigen. Si te acercas a la barra del bar con tus sandalias con estampado de cebra de Manolo Blahnik, las piernas al aire y una falda de vuelo corta, aunque fuera esté nevando, el hombre que esté contigo se sentirá como un contendiente. (¡Mi chica no es una chica como las demás! ¡Nosotros somos mucho más interesantes!) Los hombres no siempre se dan cuenta de lo que llevas puesto, pero les gusta que parezca que sepas lo que haces. Les gusta la ropa que te da confianza y lo inusual.

Dicho lo cual, a menos que te muevas entre arquitectos, o en el círculo de la vanguardia del videoarte, no debes confundir la definición que un hombre hace de «inusual» con un apetito por todo aquello que es realmente inusual. Las botas de pezuña, los atuendos llenos de pliegues de los diseñadores japoneses, los peinados asimétricos, los vestidos encima de pantalones cortos encima de mallas con calcetines a rayas, cualquier cosa que se ponga Tilda Swinton, casi todo lo que se pone Sarah Jessica Parker, cualquier prenda azul cobalto o amarillo chillón, sin duda les helaría la sangre en las venas. Piensa en un look bonito con un toque atrevido y estarás en la línea correcta. Un bolso verde. Unos zapatos rojos atados al tobillo. Un abrigo con estampado de leopardo. Un sombrero de paja elegante.

El look que te conviene evitar a toda costa (aparte del gótico) es el que tu madre describiría como «precioso». Precioso es un vestido de flores cortado al bies y unas sandalias de tacón bajo, vestidos ajustados con una chaqueta de punto encima, y las chaquetas de bailarina en tonos pastel combinadas con faldas estrechas. Todo de lo más favorecedor, un look que escapa a cualquier crítica, pero con el que no conseguirás llamar la atención. (Súbete a unos tacones de vértigo y añade una estola de piel y la historia será distinta.) Una vez, hace ya algún tiempo, la maravillosa Isabella Blow me dijo qué ponerme si quería encontrar al hombre de mi vida. «Tienes que destacar. Tienes que hacer que se fijen en ti —me explicó—. ¡A los hombres les encantan las mujeres con sombrero! Ven el sombrero y de inmediato quieren conocer a la chica.» Jamás llegué a ponerme un sombrero como los de Isabella (en forma de galeón, de esos que bloquean por completo el sol), pero debería haber tomado nota. No es necesario que te plantes un barco en la cabeza para que los hombres se fijen en ti, pero si te pasas diez años llevando trajes pantalón negros a las fiestas, que no te sorprenda si pasan de largo junto a ti para acercarse a la chica que lleva un loro sobre el hombro.

Lo que los hombres piensan de la ropa

Todos los hombres son diferentes, pero al igual que la mayoría de las mujeres tiene cierta aprensión a las espaldas peludas, también ellos nos permiten hacer un par de generalizaciones. Aquí van:

Sencillez. No hay nada que las mujeres admiren más que a la mujer capaz de ponerse una camiseta de Ganesh con una minifalda escocesa, unos botines y dos chales, echarse encima una chaqueta de cuero y tener un aspecto despampanante. Los hombres, en cambio, describen tan inspirador eclecticismo como «look de vagabunda». Ellos estarían más que contentos si te vieran cada día con un sencillo minivestido negro. (Nota: Puede que alguna vez hayas tenido la impresión de que a los hombres les gusta que las mujeres vistan de negro. No es el negro lo que les gusta: es la ausencia de complicaciones.)

Tacones. A menos que sean muy bajitos, a todos los hombres les encantan los zapatos de tacón, y no muchos demostrarán interés por unos bonitos mocasines. (Dicho esto, hay tacones y hay armas que amenazan con la emasculación. Cuidado con los de tamaño Godzilla.)

Ropa interior. Les gusta que combine. Es una lata, sí, pero es lo que les gusta. Y la ropa interior de color carne les parece lo peor del mundo, aunque les hayas explicado un millón de veces que es el complemento necesario para la ropa transparente. Y detestan la ropa blanca que se ha vuelto gris después de varios lavados y los sujetadores que declaran a gritos: «Nuestra función es sujetar. Y punto». Es un engorro, pero siempre se fijan en tu ropa interior, no hay forma de evitarlo.

Ropa holgada. Los hombres esperan ver la forma de tu cuerpo, hasta cierto punto. No esperes que les guste el vestido de lana que te queda como un saco, el que te pones con las botas, aunque sea de Marc Jacobs. (Tal vez se deba a que cabe la posibilidad de que otros hombres te miren y piensen: «Podría ser una chica gorda, pero es difícil saberlo».)

Ropa unisex. Me refiero al jersey oscuro de cuello alto, a los pantalones oscuros, a las chaquetas oscuras y botas oscuras. Una vez me compré un traje pantalón de color gris que atrajo más cumplidos por parte de mujeres que ninguna otra pieza de ropa que haya tenido jamás. Un día, un hombre que intentaba recordar dónde me había visto, dijo: «Sí, ya sabes, llevabas ese uniforme de conductor de autobús». En realidad no parecía un conductor de autobús, pero los hombres no aprecian la ropa si no es sexy.

Otra historia sobre pantalones: una vez conocí a un hombre que, durante meses, no me había prestado la menor atención hasta la noche en que me vio con un vestido. «Llevas vestido», comentó, antes de tratar de seducirme. Lo que en realidad quería decir es: «Eres una mujer. No me lo habías dicho».

Jerséis de cuello alto con lo que sea. Jamás he conocido a un hombre que aprecie los cuellos altos, ni siquiera en las pistas de esquí.

El look de niña pequeña. Incluye todo lo que lleve lacitos o botones de tela, cintas o pompones. Hay hombres a quienes les gusta, pero no son los hombres a los que quieres conocer.

Estilo maternal. Después del miedo al look moderno extremo, está el miedo a que las mujeres que los rodean se parezcan a sus madres. Mocasines. Azul marino. Chaquetas de punto. Tú sabes que los ha diseñado Luella. Él no.

El espacio adecuado

Todo el mundo se fija en tu piso, puedes estar segura de ello. Aunque no te preocupe demasiado tu entorno, tienes que ser consciente de que tu casa es la imagen pública de tu estado de soltería. Si está un poco desarreglada y se observan pocas evidencias de amor propio, por extensión, también tú darás la impresión de ser una perdedora, todo lo contrario de lo que en realidad eres: ¡una mujer encantada de vivir sola! ¡Una soltera sexy! ¡Dispuesta a abrazar todas las oportunidades que se te presenten! En el otro extremo, si tu casa podría confundirse fácilmente con una tienda de nombre Caramelo de Coco, y la iluminación consiste en tintineantes arañas de lágrimas, y todos los cuadros son de corazones bordados y fotografías al estilo de los años cincuenta, entonces corres el riesgo de que te tomen por una soltera profesional (o lo que es lo mismo, alguien que adora su existencia libre de testosterona y a quien no parece apetecerle que ningún hombre interfiera en su vida).

Tu espacio debería ser un lugar que da la bienvenida a todo el mundo, incluidos niños y perros (es decir, nada de iluminación tenue, con hileras de velas, o un estudio en tonos blancos y marrón topo). Puede ser que nunca un niño o un perro cruce el umbral de tu puerta, pero eso no es lo importante. Ese lugar tiene que transmitir el mensaje de que eres una mujer feliz, equilibrada y fogosa que vive sola, no que se ha aislado de la vida normal, desordenada y rutinaria. Tiene que ser un entorno en el que un hombre pueda sentirse cómodo (así que olvídate de las camas con dosel cubiertas de muñecas de coleccionista y de las delicadas sillas de caña francesas). Y tiene que estar limpio y razonablemente ordenado. Los hombres suelen ser muy críticos con el desorden. Les gusta crearlo, pero confían en que las mujeres saben dónde está el límite. Si te pareces a Béatrice Dalle (¿te acuerdas de ella?), tal vez les parezca bien que las sábanas estén manchadas de carmín, que se amontonen tazas de café en el fregadero y que la alfombra esté cubierta de ceniza de cigarrillos, pero el look mugriento solo funciona si eres sexy y si tienes menos de veinticinco años. Salvo estas excepciones, cualquier hombre pensaría: «No. Esto es antihigiénico, y yo no sé cómo quitar estas manchas. ¿Quién va a quitar estas manchas?».

No recrees el hogar de tus padres

Hay un estilo de decoración que la mujer soltera debería evitar a toda costa: recrear el hogar de sus padres. Naturalmente, jamás se te pasaría por la cabeza hacerlo a propósito, pero entonces llega tu madre y te regala un par de mesitas, el cuadro que solía colgar del pasillo, algunos adornos de los que tanto te gustaban, un espejo con el marco dorado, y cuando quieres darte cuenta tu apartamento sexy de soltera parece el decorado de una nueva obra de teatro de un solo acto titulada *La hija que no se casó*. Evita las fotografías enmarcadas en las que apareces sola en tus aventuras; las cortinas pesadas con bandó a juego; moqueta en color crudo; pantallas de lámparas en seda china; tableros de corcho adornados con tela escocesa; un cuarto de baño decorado con libros y cuadros. ¿Te das cuenta de adónde te lleva todo eso? Tu piso parece decir que desearías estar viviendo la vida de una mujer felizmente casada, así que haces lo más parecido a ello, que es fingirlo.

Cosas importantes en un piso de soltera

- *Tu colección de libros.* Si el hombre de tu vida entra en tu casa, echará un vistazo a tus estanterías, y tal vez no te apetezca que encuentre todos los números de *Grazia* y dos ejemplares *de Las mujeres que aman demasiado.*

- *Tu colección de CD.* Irá directo a ella y empezará a buscar pistas, así que si Ziggy Stardust es la influencia cultural más importante en tu vida hasta la fecha y no encuentras el CD, ve a comprar otro de inmediato. También puedes disimular y comprar algo de Billie Holiday y el álbum *Getz/Gilberto* si lo único que tienes es *Now That's What I Call Music*, volúmenes 5 y 6.

- *La nevera.* Tiene que contener vino de cierta calidad, algunas cervezas y un poco de comida para casos de emergencia, mejor si es orgánica. Si hay alcohol y tan solo alcohol se llevará la impresión de que eres tacaña y alcohólica. Si encuentra alcohol y muslos de pollo de cría intensiva fileteados y en paquetes, la impresión será aún peor.

- *El baño.* La ducha y el lavabo tienen que estar impecables, como es evidente, y el cepillo de dientes no debería estar demasiado sucio ni desgastado. No dejes a la vista las pinzas para arrancarte los pelos de la nariz ni otros artilugios que preferiría imaginar que no necesitas (sin embargo, los tampones deberían estar visibles si te acercas a la edad en que dejarás de necesitarlos).

- *Flores.* Las flores sugieren que disfrutas de la vida. Lo mismo con las caras raciones de tapas del restaurante español. Luces de colores colgando sobre las fotos. Velas gordas, de calidad.

- *La cocina.* Además de la nevera bien provista, necesitarás algunos pequeños electrodomésticos y utensilios de calidad: una tostadora Dualit; un mortero y un macillo de granito; una coctelera de acero inoxidable. Tal vez también una minicafetera exprés. No importa siempre que parezca que utilizas la cocina; es fundamental que no sospeche la cantidad de risottos de sobre que se consumen en ella.

Y a continuación, el dormitorio.

Cómo decorar tu piso para que parezca que mantienes relaciones sexuales

No se trata de instalar un columpio del amor al estilo de Samantha de *Sexo en Nueva York*, ni de dejar paquetes de pañuelos cerca de la cama; se trata de crear un ambiente. Las palabras clave son calidez y glamour —un cuarto de ducha funciona para algunos, un sofá de piel desgastado para otros—, y tienes que tener muy claro lo que debes evitar. El color beige. Las reproducciones de antigüedades. Los efectos de pintura de moda en los ochenta, en particular el estucado en color melocotón. Los muebles de pino, a ser posible. Esas plantas de interior capaces de sobrevivir a un ataque nuclear. Las cortinas estampadas que contengan tonos mostaza, caramelo, y tres tonalidades distintas de terracota. Gruesas telas étnicas. Tu casa debería evocar un nidito de amor parisino en una plaza cubierta de hojas secas, o un picadero al estilo *Austin Powers* (no tiene por qué costarte mucho dinero; todo es cuestión de establecer prioridades). Aunque no tengas unas bragas pantalón de raso, ni un par de botas negras hasta las rodillas, es importante que pienses como la mujer que tiene todo eso y que no sucumbas a pensamientos del tipo: «¿Se verá mucho la suciedad?».

Nota: Es importante que ninguna de nosotras se deje arrastrar por la tiranía de lo útil, pero la mujer soltera en particular debe decir NO a todo aquello práctico, manejable, que sea barato de mantener, cómodo, y todos esos conceptos creados para convertir a las mujeres en borregos. Una de las muchas ventajas de estar soltera es que solo tienes que ocuparte de ti misma, así que pon el camino de alfombra color verde Nilo, y el cubrecama blanco, y las fundas de lino de color piedra para las sillas, si es lo que te gusta.

Algunos detalles útiles

- Telas para cubrir el sofá (siempre que no sean de color beige), mantas galesas (siempre que no estén apolilladas), pieles de borreguito, etc... Intenta cultivar una atmósfera de refugio entre montañas nevadas.

- Plantas. Eres una criatura sensual, una cuidadora. Adoras la naturaleza (léase el sexo).

- Una chimenea de gas. Es tan evidente. Levantas el interruptor y de repente te transportas a *Desde Rusia con amor.*

- Reguladores de la intensidad de la luz.

- Muchas velas, pero no tantas como para grabar un vídeo de la MTV.

- Copas en la vitrina (cuanto más centelleantes, mejor).

- Un mueble-bar (bueno, por soñar que no quede).

- Zapatos por el suelo.

- Sombreros en el perchero... aunque eso tal vez sean cosas mías.

Y ahora pasamos a...

Tu dormitorio

Tu dormitorio no debería parecer, bajo ningún concepto, el de la mayor seductora de este mundo, pero tampoco conviene que parezca un trastero. En mi primer apartamento de soltera, el dormitorio fue la última habitación que decoré y, durante bastante tiempo, estuvo amueblado con una cama de matrimonio cubierta con un edredón de cama individual (perdí el grande), un riel para colgar la ropa y un flexo. Una noche, un amigo actor y algo entrometido echó un vistazo desde la puerta cuando ya se marchaba, suspiró y dijo: «Nada de sexo, por lo que veo». Y, por supuesto, tenía razones para pensarlo. Puedes mantener relaciones sexuales en cualquier escenario pero si tu propio dormitorio no está preparado para recibir visitas, deberías preguntarte: «¿Lo estás tú?».

Necesitarás

- Una cama lo bastante grande para dos.

- Sábanas blancas (por favor, retira las del estampado floral que alguien te pasó).

- Un cubrecama, tal vez peludo.

- Lámparas bonitas, no la bombilla desnuda colgando del techo.

- Una alfombra.

- Algunos libros (no queremos que parezca una cárcel de amor).

- Una radio (a los hombres les encantan las radios, ¡y puedes conseguir una Roberts que haga juego con tu papel pintado!).

- Una mininevera (¡por qué no! Tal vez convenga que parezca que has pasado buenos ratos ahí dentro).

No necesitarás

- Botes de aceite de masaje/vaselina de tamaño industrial.

- Fotos de tus padres y de tus ahijados.

- Ted, el osito de peluche.

- Ceniceros llenos de colillas.

- Un televisor.

- Zapatillas/chanclas.

- Una fotografía artística de un hombre desnudo a tamaño natural, enmarcada.

Centrémonos ahora en los hombres que pueden volver a tu piso.

Las citas

Las citas (o lo que es lo mismo, conocer a la gente antes de acostarte con ella) son el principal inconveniente de estar soltera. La mayoría de ellas no son más que sofisticadas formas de autoflagelación, que te dejan pensando que ahí afuera, en el mundo masculino, las cosas están aún peor de como las imaginabas. Tras el noventa por ciento de esas citas, vuelves a casa, abres una botella de vino y pides a Dios que te convierta en lesbiana. Sin embargo, las citas son inevitables. Tienes que salir con hombres cuando surge la oportunidad, igual que estás obligada a votar cuando se celebran elecciones, porque a) de lo contrario no tienes derecho a quejarte de tu situación, y b) siempre cabe la posibilidad, por mínima que sea, de que aporte algún cambio positivo a tu vida.

Además, es bueno practicar, o eso dice la teoría. Los hombres que te piden una cita piensan más o menos lo mismo, aunque los que hace poco que acuden a AA o se están recuperando de una crisis emocional reciente, estarán, literalmente, solo practicando, y es probable que tú formes parte de un ejercicio que le han impuesto en el programa que sigue para recuperar la seguridad en sí mismo.

Cabría esperar que las citas, ahora que eres adulta e independiente y que has tenido varias relaciones largas y un par de novios de una noche, fueran pan comido. Pero no, siguen siendo tan estresantes como siempre.

(Bueno, tal vez no tanto. En mi primera cita de verdad, me metí en el coche deportivo que esperaba frente a mi puerta llevando puesto un vestido largo de Rumak y Sample, prestado, que se quedó atrapado en la puerta cuando la cerré. Sé qué estarás pensando. Es un deportivo, no un avión. Si se te queda atrapado el vestido en la puerta, la abres y ya está. Bueno, es evidente que no recuerdas lo que es tener diecisiete años y sentirte tan insegura como Carrie la noche del baile de graduación. Estaba demasiado nerviosa para abrir la puerta, porque habría supuesto admitir que me había pillado el vestido y eso habría estropeado el momento perfecto. Así pues, la falda siguió atrapada durante todo el trayecto. Y cuando salí del coche, una hora más tarde, lo hice con un vestido que por la derecha tenía bastante buen aspecto, pero que por la izquierda parecía que lo hubiera arrastrado por una carretera a lo largo de sesenta kilómetros. (Y, de hecho, era lo que había sucedido.)

En fin, ¿cómo no vas a estar nerviosa en una cita? Una cita es una entrevista para conseguir sexo. Son dos personas que fingen hablar, o ver una película, o comer, mientras deciden si quieren verse desnudas en un futuro inmediato. Incluso si estás segura al noventa por ciento, no es tan fácil; quieres que el hombre que sale contigo se sienta atraído por ti, lo que significa que tendrás que pensar qué ponerte, y te preguntarás si es culpa tuya que la conversación sea demasiado tensa, y no te sentirás demasiado bien si sale corriendo al final de la velada (si eres tú la que sale corriendo, la sensación no será mucho mejor).

En realidad, es más probable que te pongas más nerviosa a estas alturas del juego, porque lo cierto es que estás asumiendo un riesgo. Las citas, cuando se es joven, son algo más puro: sales con un chico porque es atractivo, o divertido. O porque quieres, no porque una de tus amigas te ha dicho: «Vamos, ¿qué tienes que perder? Si parece un poco apagado es porque lo ha pasado un poco mal con lo del despido, y con el divor-

cio. Mira, ya le he dicho que saldrías con él, ¿de acuerdo?».
Ahora, el problema de tener una cita con alguien es que te sientes obligada a intentarlo, aunque no estés del todo convencida, porque si dejas pasar la oportunidad corres el riesgo de que te tomen por alguien que se ha encerrado en su caparazón.

Sin embargo, hay circunstancias en las que debes decir rotundamente que no.

Algunas razones para no salir con un hombre, aunque todo el mundo te diga que deberías intentarlo

- Cuando te llama por teléfono, no tenéis nada de que hablar o, lo poco que consigues articular, él no lo entiende. Entonces dice: «Esto... de acuerdo. Creo que lo he pillado. Era broma, ¿verdad?».

- Fue cruel con una mujer que conoces.

- Lleva jerséis sin nada debajo. (Más adelante nos ocuparemos de descartar aspectos tan superficiales, pero los jerséis sin nada debajo son un punto a tener en cuenta, pues es más que probable que el tipo sea un crápula.)

- Quiere que planees tú la velada.

- Busca un hueco para quedar contigo entre el preestreno de una película y una fiesta esa noche. (Aunque termine llevándote a la fiesta, ese es un comportamiento grosero y egoísta del que no quieres formar parte.)

- Tiene alguna adicción.

- Hace dos semanas que terminó una relación seria.

- Es amigo de unos amigos de tus padres, al parecer muy atractivo y soltero recalcitrante. (Sí, sí. Es el último a quien quieres conocer.)

Aunque hagas estas excepciones, terminarás teniendo algunas citas horribles.

La cita con el Hombre Incompatible

Llega un momento en la vida en que incluso la soltera más segura de sí misma se pregunta: «¿Debería fingir ser más interesante de lo que soy en realidad, por si eso me abre un mundo nuevo de posibilidades?». No eres de las que se pasan los sábados por la tarde visitando galerías de arte o viendo crípticas películas de autor. No pintas, ni te interesa la jardinería, ni la fotografía, ni tienes aficiones de las que hablar. (Sabe Dios en qué inviertes tu tiempo, pero ese no es el tema.) El hecho es que, con un poco de estrategia, podrías salir con un hombre que habla cuatro idiomas, tiene una carrera artística y estuvo casado con una escritora feminista. (Ese hombre ha demostrado cierto interés por ti, pero hasta ahora has evitado el encuentro porque no entiendes mucho de lo que dice.) Aun así, si te aplicas, todo es posible, y además tiene una casa en Venecia...

La cita transcurre así:

Él: Conoces Venecia, por supuesto.
Yo: ¡Sí!
Él: ¿Hablas italiano?
Yo: No.
Él: ¿Prefieres el francés?
Yo: No... [me aclaro la garganta]
Él: Entonces ¿qué?
Yo: Bueno... Tengo algunas cintas para aprender portugués.
Él: Ja, ja, ja. Tu iglesia italiana preferida, vamos.
Yo: Oh...
Él: Vamos. Bueno, entonces tu pintura veneciana preferida. Estudiaste Historia del Arte, ¿verdad?

Yo: Pfff. Bueno... esto...

Él: ¿Qué estás leyendo? Me encantaría saber qué libro tienes en la mesita de noche. Déjame adivinarlo [suelta una lista de ocho o diez libros, uno de los cuales he leído, tres de los cuales no he oído hablar jamás].

Yo: [sonrisa enigmática, asintiendo como si los hubiera leído todos]

Él: Dime, ¿qué prefieres?

Yo: ¿De la lista de libros?

Él: ¿Qué me dices de Barolo?

Yo: Bueno... ¿es el que tiene flores en la cubierta que es un poco...?

Él: El vino.

Yo: Sí. Un litro. Por favor.

Sales de esa cita y te pasas las dos horas siguientes intentando leer a toda velocidad los libros de tu casa que ni siquiera has abierto, y durante el mes siguiente sufres leves ataques de pánico cada vez que cae en tus manos una crítica de arte.

Marcador de la autoestima: –10

Ventajas: hay todo un mundo de hombres ahí afuera aún por descubrir, pero ahora sabes que no estás interesada en hacerlo.

La cita con el Hombre que Odia a las Mujeres

Esta cita se parece a la que has tenido con el Hombre Incompatible en el sentido de que tiene lugar cuando decides pasarte al otro extremo del espectro —lo más lejos posible de los hombres con los que sueles salir—, y esperas que se abra ante ti un nuevo mundo de posibilidades. Por difícil que resulte de creer, en esta fase es posible que confundas al Hombre que Odia a las Mujeres con un tipo duro que tiene las cosas muy claras, sobre todo si tan solo has quedado con él una vez. Así es como transcurre esta cita:

Él: No necesitas comer más cacahuetes. [Aleja de ti los cacahuetes]
Yo: [Intentando alcanzar los cacahuetes] Bueno, entonces pediré otro cóctel.
Él: No me parece buena idea. Estamos a punto de cenar.
Yo: Pero quiero tomar otro.
Él: Fíjate qué elegante va todo el mundo. Es patético.
Yo: A mí me gusta.
Él: Es tan burgués. Las mujeres se acicalan para los hombres. Los hombres pagan las cuentas de las mujeres. Mi ex mujer se gasta cantidades obscenas de dinero en ropa.
Yo: ¡Oh!
Él: Así son las mujeres. Solo buscan arrancarnos las putas tripas.
Yo: Mmm.
Él: Mira esos dos. Los de la mesa del rincón. Es tan obvio en qué nivel están.
Yo: ¿Y en qué nivel están?
Él: En el mismo que nosotros. Los dos sabemos dónde terminará todo esto.
Yo: ¿Ah, sí?
Él: En la cama, por supuesto.
Yo: Chopoojkk. [Yo, atragantándome]
Él: Oh, vamos, no me jodas. Las mujeres siempre con sus jueguecitos. Los dos somos adultos, ¿no?

Llegado ese momento, es correcto escapar de la cita.
Esta cita hace que te preguntes por qué razón la amiga que os presentó no te llamó para decirte: «¡Por el amor de Dios, ni se te ocurra salir con ese tipo! ¡Aspira a vengarse de toda la población femenina! ¡Ni siquiera pagará la cena!».
Marcador de la autoestima: 2

Ventajas: La próxima vez que un hombre te haga sentir nerviosa, imbécil y que vas demasiado arreglada, sabrás que es él quien tiene un problema.

La cita que se produce porque a alguien le gustaría tenerte como cuñada

Conoces a una pareja y resulta que conectáis de maravilla. Al término de la velada, ella te lanza una mirada de depredador y sugiere que volváis a quedar los tres, más su hermano mayor —que es fabuloso y da la casualidad de que está soltero— y claro, tú no dejas escapar la oportunidad. A la semana siguiente os encontráis en el cine, como habíais planeado. El hermano llega tarde, desarreglado y con gesto renuente: como una criatura nocturna obligada a abandonar su madriguera para aparearse. Haciendo una estimación aproximada, dirías que tiene quince años más que tú. A continuación se pasa toda la película durmiendo. Y roncando.

Esta cita te molesta porque ha llegado a través de unos nuevos amigos que evaluaron la situación y decidieron que el dormilón desaliñado era de tu estilo.

Marcador de la autoestima: 2

Ventajas: Ninguna.

La cita con el Hombre que todas tus Amigas Adoran

Sin duda, sería estupendo que congeniaras con los amigos libres de tus amigas —Roger («¡Menuda casa tiene!») o George («Es tan divertido y encantador»)—, pero, por mucho que lo intentes, no logras que Roger ni George despierten en ti la más mínima atracción. Aun así, algunas de tus amigas creen que la atracción es una disciplina: hay veces en que surge sin dificultad, otras veces tienes que concentrarte y hacer que suceda, y es así como terminas teniendo esta cita. Durante una fracción de segundo te dejas convencer de que el hecho de que alguien no te atraiga en absoluto es como no tener ganas de levantarse por la mañana para tomar el avión que te llevará al mejor destino de vacaciones de toda tu vida.

Nota: Que te guste alguien porque lo consideras idóneo para ti es un don. Lo tienes o no lo tienes, y las mujeres que llevan tiempo solteras suelen carecer de él. En fin.

He tenido un par de citas de este estilo y es como salir con tu hermano, solo que salir con tu hermano suele ser más divertido y no te hace sentir como una señorita de compañía. Además, siempre terminas ofendiendo al hombre, porque estás de los nervios y no puedes evitar beber demasiado, y lo que fuera que no te atraía de él en un principio es probable que se convierta en una obsesión. (Por ejemplo, que no te extrañe si terminas gritándole: «¡Pues no tienes los brazos tan cortos!».)

Marcador de la autoestima: 3

Ventajas: Tal vez organice una fiesta al cabo de seis meses y, como es tan agradable, seguro que conoce a mucha gente.

La cita sexy

Sales con el tipo sexy y os acostáis. Para eso están las citas con hombres sexies. Bien podría ser un gigoló, si no fuera porque conoce a muchas de las personas de tu entorno, y todas ellas se juntarán a la mañana siguiente para decirte: «Bueno, es un bombón. ¿Por qué no?». El problema con esta cita es que al hombre en cuestión lo desean en seis barrios distintos y nunca repite con la misma mujer. No es en realidad una cita, sino un encuentro relámpago. Y no es que no estuvieras al tanto de esos detalles cuando corriste a casa con él (aunque, ¿quién piensa que con ella actuará igual que con las otras mujeres?

Y así es como el hombre sexy acumula conquistas; toda mujer está convencida de que con ella será diferente). Te pide el número de teléfono, lo que es de agradecer, y al día siguiente te hace una llamada de cortesía (en realidad así te lo anuncia: «Es una llamada de cortesía»). Es increíble que algo así te suceda más de veinte años después de haber cumplido los dieciocho.

Marcador de la autoestima: –6
Ventajas: Al menos ha habido sexo.

Normas básicas para la mujer experimentada

- Deja que pague él; es una cita.
- No te pongas unos zapatos con los que no puedas caminar. No conviene que dependas demasiado de él.
- Si notas que se avecina un beso no deseado por tu parte, recurre a tu bolso. (Nota: los bolsos gigantes, además de un poco ridículos, son unos excelentes guardaespaldas en miniatura. Puedes ponértelos en la rodilla, a tu lado en el banco, entre tú y él mientras camináis por la calle, y es como llevar a una pequeña carabina de bordes puntiagudos.)
- Si crees que podría funcionar, no vayas con él a un sitio donde cabe la posibilidad de que os encontréis con amigos (véase el próximo capítulo).
- Si crees que probablemente no funcionará, propón ir a ver una obra que hace tiempo que quieres ir a ver. De ese modo, te quedarás con la sensación de haber hecho algo de provecho.
- No hables de tus experiencias sexuales, o de la ausencia de las mismas.
- No preguntes sobre su ex.
- Si os traen café a la mesa antes incluso de que os hayáis sentado, no llames al camarero para que se lo lleve. El

hombre es un AA y vive a base de expresos. Se tomará al menos ocho antes de que haya terminado la noche.*
- No llores.
- No te emborraches hasta el extremo de terminar en el suelo del baño de señoras.
- Si la cita ha salido bien y él ha disfrutado, lo sabrás porque te mandará un mensaje de camino a casa.

Un comentario acerca de las citas por internet. Todos conocemos a gente que conoce a gente que ha conocido a su pareja por internet. Ahí afuera hay organizaciones especializadas capaces de concertarte una cita exclusivamente con hombres que se han sacado la carrera con Matrícula de Honor, que tienen perros pequeños o un apartamento con vistas al río. Las posibilidades son infinitas y no se debe menospreciar su potencial. Sin embargo, pese a las buenas noticias, no soy la más adecuada para exaltar las virtudes de las citas por internet porque a) nunca he conocido a nadie por ese medio y b) tengo una buena amiga que sí lo ha hecho, en multitud de ocasiones, y no ha llegado muy lejos (aunque ahora podría entrar en una sala llena de desconocidos y arrancarse a bailar

---

* Una de mis diez citas más horrendas (y la competición es dura) fue con un tipo que hacía poco que había renunciado al alcohol. El nivel de tensión en la mesa alcanzó tal punto que la gente que estaba sentada a nuestro alrededor comenzó a mirarnos. Él no dejaba de pedir y de engullir un doble expreso detrás de otro, ni de apuñalar la mesa con un cuchillo. Yo pedía media botella de vino (fue idea suya, no mía) cada veinte minutos, solo para aplacar un poco los ánimos. Al término de la velada, yo estaba apoltronada en la silla y él daba la impresión de estar conectado a la red de suministro de electricidad. Mi consejo, si es la primera vez que sales con un alcohólico, es que esperes a que haya superado la etapa de sobredosis de cafeína de los primeros días y que después quedéis para ir al zoológico, por ejemplo.

claqué). Dicho esto, puedo pasaros algunos de sus trucos para las citas a través de internet, por si alguna se decide a intentarlo:

- No te acuestes con él en la primera cita. Ni en la segunda. En la tercera podría estar bien.

- Analiza la foto de tu posible cita con rigor forense. Busca pistas en el fondo, como trofeos de golf en la repisa de la chimenea; un retrato en un marco dorado de él el día de su graduación; un armario para las armas; una estatuilla de la Virgen en una hornacina iluminada con velas. Todo ello te dirá más acerca de tu posible cita que su sonrisa o cómo se hace la raya en el pelo. (Como es obvio, un chándal o una camiseta de tirantes también merecen tu atención.) Asimismo, busca pistas sobre su altura real: fíjate en los pomos de las puertas, la encimera de la cocina, etc... (El perfil incluye un apartado sobre su altura, pero los hombres tienden a añadir un promedio de ocho centímetros.)

- Desconfía de los que no especifican su peso. Y si, debajo del apartado «situación sentimental», se lee «no especificada» (¿perdón?), o «tiene una relación» (hummm) o «prometido» (¡caray!) o incluso «casado, aunque no felizmente», más vale que te olvides de él.

- Si ha marcado la casilla de «más de una o dos piezas» en la categoría de joyas, ¿qué te parece que debes hacer?

- Averigua qué periódicos lee. Es fundamental.

- Si habláis por teléfono y tiene una voz cómica, despídete educadamente.

- Si tienes que posponer una primera cita y su respuesta es algo así como: «Oh, tenía tantas ganas de verte; llevo toda la semana preparándome para ello», ídem.

- Queda con él para tomar café antes de tener una cita en condiciones. Así, si resulta desastroso, no habrás perdido toda una noche.

- Haz que te escriba mensajes. Pueden servirte para averiguar muchas cosas, como si es capaz de ser divertido y ligón sin caer en la obscenidad. Las fotos de su pene erecto te pueden resultar excesivas (sucede).

En general, no tengo nada bueno que decir sobre las citas (a menos que haya habido sexo, te estés enamorando, y entonces ya no son citas sino la celebración de tu fabulosa personalidad). Así que vuelve la página y veamos si podemos hacer que suceda...

CÓMO CONOCER A UN HOMBRE (ADECUADO) DESPUÉS DE LOS CUARENTA

Antes de empezar, tienes que saber que el hombre del que te enamores no guardará parecido alguno con el hombre del que pensabas enamorarte. Vivirá a una hora de distancia de tu casa, como mínimo. Llevará puesto un traje brillante y es posible que una camisa marrón. Será un fumador y un bebedor entusiasta, y le gustará asumir riesgos, tres de las cosas que has decidido ir dejando, si es que no las has dejado ya. Y llegará cargado con la clase de equipaje que requiere de un despachador de equipajes profesional. Tras un análisis más minucioso descubrirás, no uno, sino al menos veinte aspectos sobre los que no estarías dispuesta a negociar. Nunca se sabe cuándo o dónde conocerás al hombre de tu vida, pero sobre eso no tienes ninguna duda.

Porque una de las razones por las que sigues soltera (y esta es la única razón de la que solo tú tienes la culpa) es que has descartado a toda clase de hombres que se han cruzado en tu camino. Has levantado una fortaleza en base a tus condiciones y estás mirando hacia abajo desde las almenas, con el ceño fruncido y algo sorprendida porque nadie intenta echar abajo las puertas e irrumpir en la fortaleza. De vez en cuando se acerca algún hombre, pero entonces ve los tanques de aceite hirviendo, inestables en las murallas, y se lo piensa dos veces.

Desde tu punto de vista, esta fortaleza es una precaución normal para examinar a posibles parejas; y así era, en un principio. Pero fue pasando el tiempo, te instalaste en una rutina y ahora te has convertido en la señora de No Pasarás la Prueba de la Lista. Y no es de extrañar —hay muchos capullos ahí afuera y tienes que estar alerta—, pero, con todo, ten en cuenta que la Lista es la causa número uno de la soltería prolongada.

La Lista

¿He mencionado que mis amigos me organizaron una cita con el hombre de mi vida, durante un almuerzo, tres años antes de la fiesta en que lo conocí «oficialmente»? La razón por la que el almuerzo no cuenta como primer encuentro es que apenas hablamos, y la razón por la que no hablamos es que cotejé sus características con la base de datos de la Lista y en cero coma dos segundos obtuve el resultado «no apto como firme candidato». ¡Por supuesto, no lo era! Se había divorciado hacía muy poco (no me interesa, gracias). Llevaba tres hijos a remolque (esto...). Creo recordar que lucía un rapado por el que habría pagado unas cinco libras y estoy casi segura de que llevaba una camisa marrón.

De acuerdo, olvida el corte de pelo y la camisa. La verdad es que no vi más allá de su residencia en las afueras y de su desordenada vida de divorciado. Ni siquiera me fijé en el hombre que tenía delante de mí: solo vi barbacoas en el pequeño jardín de la casa de su segunda vida. Me imaginé tomando el tren al salir del trabajo (al menos una hora de trayecto de un sitio a otro). Vacaciones familiares en centros turísticos con piscinas con máquinas de olas y bufets libres. Me imaginé cambiando mi espacioso y diáfano apartamento de mi arbolado barrio de Notting Hill por la vida suburbana en Acacia Grove (resultó que allí vivía él). Así pues, en ese primer encuentro, recurrí a la Lista y la Lista me dio permiso para no actuar. Me dijo: «¿Para qué buscarte problemas, cariño? Eres feliz en tu situación, ¿no? Exacto. Y, aunque no lo fueras, ¿por qué ibas a cambiar tu maravillosa vida por otra tan desordenada? No, no. Podemos encontrarte algo más adecuado».

Imaginas que la Lista está ahí para evitar que pierdas tu valioso tiempo. Crees que es el producto de años de observación y experiencia, y que está moderada por ese sexto sentido que evita que la soltera que lleva tiempo sin pareja se case con el hombre inadecuado y cometa los mismos lamentables errores que las mujeres más jóvenes e inexpertas. Hasta aquí, todo cierto: la Lista te protege y evita que tomes algunas decisiones equivocadas, de eso no hay duda. Pero también evita que te arriesgues. Te acurrucas junto a tu Lista, en tu cama de sábanas blancas y montones de almohadas, y te sientes bien.

Hablemos claro: esta Lista no consiste en directrices sensatas y amplias como «Di no a los hombres casados» o «Tiene que vivir en el mismo continente». Es de lo más específica. A continuación reproduzco algunos de los puntos más destacados de mi Lista, y te aseguro que no me he inventado ninguno:

- *Tiene que tener pelo.* El pelo está bien, pero ¿qué pasa si en las primeras posiciones de la Lista de él aparece que tú tienes que tener los pechos grandes? Visto así, el asunto toma un cariz distinto, ¿no te parece?

- *Lo ideal es que no tenga ex mujer ni hijos.* La piscina ya es lo bastante pequeña.

- *No puede llevar forros polares.* De esos voluminosos, en color azul marino. No estoy dispuesta a transigir en esto. Los forros polares dicen que eres la clase de hombre que lleva a su mujer al pub a celebrar su cena de aniversario.

- *No puede llevar camisas de manga corta.* Véase el punto anterior. Añade club de golf, críquet o rugby a la lista de lugares de celebración del aniversario.

- *No puede llevar joyas, aunque las joyas dan muchas pistas.* Un hombre que lleve un collar con tira de cuero negro es sin duda un narcisista que aún imagina que podría haber tocado en los Rolling Stones. Pasados los cuarenta, un pendiente evidencia una crisis de la mediana edad. Las cadenas de oro sobre un pecho moreno son el equivalente a una uña del meñique demasiado larga (simplemente asqueroso). Las pulseras étnicas: «Recuerdo de que fui a Goa antes de que los sueños se truncaran». Y podría seguir dando ejemplos.

- *Tiene que tener trabajo,* pero no uno que lo obligue a levantarse a las cinco y media todas las mañanas y a llevarse el portátil de vacaciones.

- *No puede llevar sudaderas sin nada debajo, ni jerséis con cuello de pico.* Las sudaderas son para los jóvenes. Y el nada debajo es otra señal de está encantado consigo mismo, solo que también quiere sugerir que es una máquina en la cama.

- *No puede llevar jerséis de color pistacho ni rosa pálido.* Por favor. Eres demasiado ordinario para llevar jerséis de color rosa pálido.

- *No puede desafinar al cantar.* (En esto también me reafirmo.)

- *Tiene que ser bastante bueno en algún deporte.* No hay excusas que valgan. Tal vez sea herencia de los años de la escuela y de la lista de requisitos en la época anterior al sexo.

Si piensas en ello, esta Lista es más propia de una chica de dieciocho años. Y eso es parte del problema: no modificas la Lista a lo largo del tiempo, sin tener en cuenta que las circunstancias han cambiado, que las circunstancias de ellos tampoco son las mismas, y sin considerar el mayor entendimiento y tolerancia que has adquirido durante los veintitantos años de interacción con el sexo contrario. Entonces piensas que tal vez podrías repasar la Lista y tachar «Tiene que tener pelo», pero no. La Lista contiene todo lo que siempre has pensado sobre los chicos desde que tenías catorce años y hasta la fecha, y sigues añadiendo puntos. No puede llevar barba. No puede decir «nena». No se le pueden ver los pelos canosos del pecho. No debe llevar gafas de diseñador ni calcetines amarillo limón.

Bien. En este mismo instante, y sin más preámbulos, necesitas abandonar la Lista. Vamos, no hay nada en esa lista que sea del todo innegociable. Si detestas las perillas, pídele que se la afeite. Si tienes alergia a los pantalones tres cuartos, díselo. Libérate. Empieza de nuevo. ¿Que no es tu tipo? No pasa nada porque hayas salido con él.

Por cierto, y por si pensabas que esto era solo cosa nuestra, los hombres solteros también tienen sus listas. Y, como la tuya, contienen cosas importantes y banalidades, además de algunos aspectos idiosincrásicos e incomprensibles. Debes ser consciente de ello porque tal vez te ayude a contemplar tu Listitis con objetividad.

La típica Lista de un hombre:

- Tiene que tener los pechos grandes, o tirando a grandes. En cualquier caso, no pueden ser pequeños.

- No puede ser demasiado complicada, en el sentido de inteligente. Tiene que haber oído hablar de Martin Scorsese, Armando Iannucci, Barack Obama y Bill Gates, pero no es necesario que esté al corriente de las tasas de interés.

- Tiene que estar en forma.

- Tiene que ser muy atractiva.

- No puede llevar el pelo muy corto.

- No puede llevar maquillaje pegajoso.

- No puede ser graciosa, al estilo de Catherine Tate.

- No debe dar demasiada importancia a las cosas (es decir, tiene que tomárselas con calma).

- No puede ser una fanática del fútbol (podría parecer una ventaja pero en la práctica resulta irritante).

- Tiene que ser sexy, pero no hasta el punto de haberse acostado con más de un conocido común.

- No debe avergonzarte, es decir, no debe ser demasiado vehemente ni chillona, sino interesante y capaz de contenerse.

- No debe tener excesivo vello corporal, sobre todo bigote.

- No puede llevar calcetines hasta las rodillas.

- No debe ser demasiado mayor, es decir no puede tener más de treinta y seis años.

- Tiene que tener un trabajo excitante, pero ganar menos que él.

Si los hombres se ciñeran tanto a sus listas como nosotras, la supervivencia de la especie no estaría garantizada. Por fortuna, la mayoría de ellos están dispuestos a olvidarse la Lista en casa y dejarse llevar por la inspiración o el alcohol. (Fíjate en cómo compran. Entran en el supermercado a comprar arroz y huevos, y salen con un triturador de ajos, tres cajas de calzoncillos y una bolsa de bolígrafos.) El caso es que, si es el hombre adecuado, no le importará que no cumplas todos los requisitos, así que, ¿por qué habría de cumplir él todos los tuyos?

Tal vez te interese saber que cuando conocí al hombre de mi vida (cuando lo conocí de verdad, la segunda vez), él estaba decidido a seguir viendo a varias mujeres. Todo el mundo sabía que nunca le habían atraído las rubias —naturales o no—, y que no había salido con ninguna. Tenía razones para pensar de mí que era problemática y complicada, en base a nuestra primera cita durante el almuerzo. Le dije mi edad (muy por encima de sus preferencias, por lo menos diez años mayor que su anterior novia). En resumidas cuentas, Heather Mills McCartney habría encajado mejor que yo en su lista de preferencias, pero el mecanismo ya estaba en marcha y ni siquiera unas cuantas palabras arrastradas cuando iba por el tercer margarita (yo, no él) pudieron detenerlo. (Nota: No hay casi nada que puedas hacer que provoque rechazo en el hombre adecuado cuando ya ha surgido esa conexión. Trataremos de los «casi nada» un poco más adelante.)

La nueva Lista, revisada

Tras mucho deliberar, estos son los únicos requisitos básicos no negociables:

- *Tiene que ser buena persona.* Si lo has oído ensañarse con alguien (Heather Mills McCartney incluida); si lo has visto demostrar crueldad hacia los animales, niños, o anfitrionas aburridas; si lo has visto machacar a la adolescente arrogante o al bufón borracho con unas palabras bien elegidas, ese no es el hombre para ti. Quieres a alguien que sea tan buena persona que cuando le viertas agua en la cabeza mientras duerme (como castigo por alguna ofensa que te has imaginado después del segundo brandy), te diga: «Tendría que echarte de aquí, pero te perdono. Y ahora, a dormir».

- *Tienen que gustarle las mujeres.* Creerás que esto resulta de lo más evidente. Por supuesto, a todos los hombres con los que has salido les han encantado las mujeres. Aunque, ¿puedes estar segura de ello? ¿Les gustaba que los contradijeras en público? ¿Se sentían atraídos por muchas mujeres que a) tuvieran más de cincuenta años, b) estuvieran rollizas o c) fueran bulliciosas? ¿Sabías que les parecías más atractiva después de una gripe virulenta, es decir con unos

tres kilos por debajo de tu peso ideal? ¿Alguna vez te expresaron su admiración por mujeres que se han hecho famosas por satisfacer los deseos de los hombres? Ya me parecía a mí.
- *Tiene que adorarte* (véase «¿Estoy convirtiéndome en mi madre?»).
- *Tiene que ser más listo que tú* o, por lo menos, igual que tú. Mejor que sea más listo, porque de lo contrario siempre seguirás buscando ese talón de Aquiles.
- *Tiene que tener los pies más grandes que tú.* Es evidente. Y tiene que ser más peludo que tú.
- *Tiene que ser capaz de hacerte reír* en cualquier situación, incluso cuando llegáis al aeropuerto y descubrís que él se ha dejado el pasaporte.
- *Tienes que sentirte irremediablemente atraída por él.*

Si no cumple todos los requisitos mencionados, yo me plantearía romper con él ahora mismo. (Nota: Hay gente que te dirá que una personalidad encantadora puede compensar la falta de sentido del humor. Se equivocan, pero si estás decidida a quedarte con alguien que no te hace reír, entonces será mejor que te asegures de tener una casa enorme, montones de dinero y cantidad de amigos divertidos.)

Ya te has librado de la Lista, o al menos has hecho un gran esfuerzo por dejar a un lado los prejuicios. Y ahora, ¿qué? Primero una breve charla preparatoria: tienes que estar lista para que suceda. Es decir, tienes que estar preparada y deseosa de que tu historia inacabada tenga un final feliz. De lo contrario, cabe la posibilidad de que encuentres al hombre de tu vida y pienses: «Oh, no lo sé. ¿Es perfecto? ¿Es perfecta nuestra relación? Tal vez debería seguir buscando un poco más. Si he esperado tanto tiempo... No quiero fastidiarla ahora». Las mujeres que llevan tiempo sin pareja suelen aferrarse a seguir abiertas a otras posibilidades. En el fondo te encanta pensar que pueda haber algo extraordinario que cambiará para siempre tu vida esperándote a la vuelta de la esquina. No es fobia al compromiso (nooo), es más bien miedo a la seguridad, o a la normalidad o... tal vez a madurar. No te resulta fácil aceptar que el futuro empieza aquí. (Vaya. Y ahora, ¿qué? Espera un momento... aún no he decidido si quiero vivir en lo alto de una montaña, o iniciar una carrera en televisión o formarme como naturópata...) Y la razón por la que tú, que viajas sola y haces amigos con facilidad, y nunca dices que no a una aventura, necesitas replantearte las cosas es que tal vez estés preparada para intentarlo y arriesgarlo todo excepto tu corazón.

Entonces ¿qué podrías hacer de manera diferente?

Cuando me prometí, un hombre al que hace años que conozco dijo algo que me dejó petrificada y cubierta de un sudor frío. «¿Vas a casarte? —preguntó, mientras me dirigía una intensa mirada—. ¿En serio? De verdad pensaba que a ti no te interesaba todo eso.» ¡Vaya! Detengámonos un momento a profundizar en esa frase: «No te interesaba todo eso». Como si yo hubiera dado la impresión de ser tan autosuficiente y de estar tan satisfecha con mi vida que no me interesaban los hombres, el amor, la convivencia ni los niños. ¿De dónde demonios había sacado eso? Pues claro que me interesaban. Claro que quería encontrar al hombre adecuado, enamorarme y ser feliz con él durante el resto de mi vida. ¿Acaso no es lo que quiere todo el mundo? Entretanto —consciente de que podía no suceder— seguía con mi vida de soltera, disfrutándola al máximo. Interesante, ¿no crees? Lo que para mí era una actitud de mujer feliz aunque evidentemente abierta a nuevas posibilidades, para él trasmitía el mensaje de que no estaba interesada en que se me acercara nadie. Así pues, la soltería bien llevada no solo consiste en cómo te sientes tú, sino en cómo te perciben los demás: todo se basa en dar con el tono justo.

Como es natural, se da por sentado que estás soltera (no desesperada) y abierta a nuevas oportunidades (no pidiéndolas a gritos), pero, créeme, desde fuera puede parecer que te has comprometido con tu soltería y que ni siquiera el hombre de tu vida sería capaz de arrancarte de ella.

Intimidas, asúmelo

Hay tropecientas solteras maravillosas, atractivas, cálidas y sexies cuyos amigos se asombran de que puedan estar solas ni siquiera un fin de semana largo. Sin embargo, y aquí está el tema: las mujeres solteras intimidan. El hecho de que tengan trabajos, coches, equipos de música en condiciones, de que viajen solas, negocien sus aumentos de sueldo y den instrucciones a los albañiles resulta problemático para muchos hombres. Si llevas más de seis meses sin pareja, sin duda alguien te habrá dicho en algún momento: «Es probable que intimides a los hombres». Y, aunque te entren ganas de responder con un puñetazo, resulta que es verdad. En teoría, estás sola y disfrutas de tu situación, y eso hace que los hombres se pongan un poco nerviosos.

Cabría pensar que lo contrario los echaría para atrás: la divorciada vulnerable y con las mejillas sucias de rímel, con tres hijos menores de diez años, la cuenta bancaria en negativo y un perro incontinente. ¡Pero no! A esta clase de mujer se la llevan antes de que se les haya helado el otro lado de la cama. No bien ha solucionado la custodia de los hijos, su abogado, uno de los padres de la escuela o el repartidor de productos ecológicos, están haciendo cola frente a su casa para llevarla a cenar y casarse con ella. (De hecho, si pudieran, se saltarían la cena y pasarían directamente a los esponsales.)

¿Y por qué? Porque los hombres saben qué esperar de una

divorciada. Ha vivido con un hombre y ha superado la vida doméstica, por lo que nadie se llevará sorpresas desagradables. Tú, en cambio, ¿quién sabe qué clase de pareja serás después de tantos años de pagar por tu cena y de hinchar tú misma las ruedas de la bicicleta? Eres un misterio, lo cual se traduce en dos palabras: «potencialmente complicada».

Es muy injusto. En realidad no eres una persona que intimide y estarías encantada de delegar la tarea de hinchar ruedas de bicicleta. Sin embargo, de nada sirve decir: «¡Si no son capaces de tratar conmigo, que les den!», por mucho que te apetezca. Tú sabes que eres una gatita —y una gatita algo caótica, además— pero, por desgracia, vas a tener que demostrarlo.

Aquí va otra anécdota: una vez fui a una boda en la que me tocó sentarme al lado de un soltero muy codiciado. Estaba encantada, por supuesto, pero también sumamente nerviosa. Sin embargo, no estaba dispuesta a que se me notara. Oh, no. Me habían dado una oportunidad por la que muchas solteras habrían sido capaces de encerrar a su mejor amiga en el baño. Estaba decidida a mostrarme a la altura de las circunstancias y ser una mujer con chispa, ingeniosa y encantadora. Entonces, mientras ocupábamos nuestras sillas alrededor de la mesa, dije al elegante soltero —con cierto tono de coqueteo, sin mirarlo directamente a los ojos—: «Qué mala suerte la mía». (Como diciendo, ¡NO! ¡Por supuesto! ¡Ja, ja! ¡Qué suerte he tenido de que me toque sentarme a tu lado! ¡Yujú!) Me miró, pero no respondió. Transcurrieron algunos minutos. Habló con la chica que tenía al otro lado. Habló con la chica que tenía enfrente. Transcurrieron algunos minutos más. Al cabo de poco tiempo terminó la cena sin que hubiéramos cruzado más que un par de palabras. Yo no me explicaba qué había hecho mal. ¿Tal vez había sido demasiado directa? Quizá pensó: «Oh, Dios, es una fan. No necesito esto ahora».

Sin embargo, como descubrí semanas más tarde, la realidad era la contraria. «Se quedó destrozado —me informó mi fuente—. Porque te quejaste de la distribución de las sillas.

No se lo podía creer. Con las ganas que él tenía de sentarse a tu lado...» ¡Aaargh!

Demasiada ironía, ¿te das cuenta? Mis palabras, pronunciadas con cara de póquer, sin rastro de una sonrisa, sin un golpecito en el codo, sin una risita ni un guiño de ojo. Por Dios santo, ¡creyó que hablaba en serio! Yo, que me sentía tan intimidada por él. Yo, la persona menos imponente de toda la sala, dicho con total objetividad. ¿Cómo es posible que no se diera cuenta? Y eso es justo lo que importa. Ese encuentro demuestra claramente algo que las mujeres olvidamos con frecuencia: que nunca seremos demasiado cálidas o encantadoras con los miembros del sexo opuesto, porque rara vez son tan seguros como parecen. Además, es un error asumir que la gente siempre se da cuenta de que estás siendo irónica; incluso la persona más mordaz necesita un golpecito en el codo.

Cómo dejar de intimidar a los hombres

- Tal vez frunzas el entrecejo más de lo que crees. ¿Cómo no hacerlo? Tienes una hipoteca que pagar, bebés que engendrar...
- Olvídate de tu trabajo. El hombre con el que estás cree que lleva una vida bastante estresante. Si tú atiendes las llamadas al móvil por la noche o engulles una copa de vino tras otra mientras hablas del día que has pasado en el trabajo, él se lo tomará como una competición.
- No lleves tú el control, al menos no todo el tiempo. Si pides al camarero la carta de vinos, sugieres el club al que podéis ir y después sales a la calle y paras un taxi, se sentirá como tu hijo un día a la salida de la escuela.
- Procura que no haya mucha diferencia de altura. Si con tacones eres más alta que él, bromea sobre ello o quítate los zapatos.

- Mantén la calma. Si estás muy, pero que muy preocupada por la política de reciclaje de tu empresa, coméntaselo, pero no le sueltes una arenga al pobre hombre. Todo tiene su momento y su lugar. No quieres recordarle el momento «He abandonado a mi hijo» de Daniel Day Lewis, con la vena de la frente hinchada y todo.
- No te arrimes a mujeres en todas las fiestas. Las mujeres en grupitos no resultan atractivas, sino que parecen estar conspirando. Asustarás a los hombres.
- Que no parezca que ya lo has hecho todo. De acuerdo, fuiste al concierto de reunión de Led Zeppelin, has nadado con delfines, bailado con pingüinos, etcétera, etcétera. Pero ¿qué pasa si quiere llevarte a Brighton ese fin de semana? Pues que no se atreverá a sugerirlo, eso pasa.
- Controla la ironía (como ya he comentado, puedes parecer desagradable).

Tienes la paranoia de quien no quiere que parezca que se esfuerza demasiado: supérala.

El problema de llevar más de un año sin pareja es que empiezas a sufrir esta clase de paranoia. Piensas que eres del todo feliz con tu vida y, además, estás decidida a que nadie te tome por una soltera triste que de vez en cuando sale a ligar. Esa es mi prioridad número uno. Bajo ningún concepto permitiré que alguien en una fiesta, en un restaurante, en la calle, un taxista, un satélite que cruce los cielos crea que estoy intentando conseguir a un hombre. Fíjate en la chica del rincón, la que lleva un vestido palabra de honor de Dolce & Gabbana, un bolso de mano, el pelo muy arreglado, y a la que nadie presta la menor atención... yo no caeré en la trampa, gracias. ¡Yo no!

Esta es la conversación que tuve con mi amiga la Soltera Cabreada antes de mi primera cita oficial con el hombre de mi vida:

Soltera Cabreada: Tienes que ponerte uno de tus vestidos.
Yo: ¿Estás de broma? Un vestido, dice. Llevaré vaqueros.
Soltera Cabreada: ¿Por qué?
Yo: Porque no quiero que piense que estoy haciendo un gran esfuerzo por él.
Soltera Cabreada: ¿Por qué?
Yo: Porque no. No quiero que parezca que esta cena es muy importante para mí.
Soltera Cabreada: ¡Oh, por el amor de Dios! Solo porque te pongas un vestido no pensará que estás desesperada. No pensará: «¡Qué triste! ¡Mírala! Está intentando cazarme». Pensará que estás estupenda.
Yo: [A mí misma] «O también podría pensar: "Vaya, está poniendo toda la carne en el asador... Tengo a una cuarentona que cree que tiene alguna posibilidad conmigo"». Verás, es una cuestión de moda. Quiero parecer moderna, no entusiasmada.
Soltera Cabreada: ¡Oh, pues ponte los malditos vaqueros!
Yo: ¿En serio? ¡De acuerdo! Los combinaré con un top bien bonito, te lo prometo.

Esta actitud es peligrosa porque no solo afecta a la ropa que te pones en las citas. Si te dejas arrastrar por la corriente de no hacer ningún esfuerzo, los hombres nunca sabrán que te gustan. Cuando te pidan una cita, dirás: «De acuerdo, ¿por qué no?», en lugar de: «¡Me encantaría!». Pondrás freno a tu entusiasmo natural y esperarás a que ellos sean agradables contigo antes de serlo tú con ellos. Esta actitud de «tú primero» no solo es poco saludable, sino que hace que parezcas brusca, por lo que los hombres se llevarán la impresión de que prefieres que te dejen en paz. Por supuesto, el instinto de un hombre debería decirle que estás haciéndote de rogar porque morirías antes de dar una impresión de mujer poco independiente y necesitada. Por supuesto debería darse cuenta, por tu corte de pelo irregular, las uñas mordidas y la sonrisa encantadora que le dirigiste al inicio de la velada, de que eres una mujer amable a quien le encantan los hombres. Sin embargo, te aseguro que no se dará cuenta. En lugar de eso, pensará: «Es una borde». O, lo más probable, ni siquiera se dará cuenta de que estás allí. Los hombres solo se basan en tu actitud, y si la tuya está en zona roja, porque estás decidida a que nadie te confunda con una mujer que podría estar interesada en encontrar a un hombre, no te sorprendas si nadie se acerca a ti.

Este tema incluye una variación, conocida como el comportamiento marimacho. Un poco de masculinidad resulta interesante: llevar jerséis de hombre, siempre que no tengas la talla de un hombre; pantalones cortos al estilo de Karen Allen en *En busca del arca perdida*; arreglar las estanterías con un taladro vestida tan solo con camiseta y calcetines de deporte. Todo esto mejorará tus posibilidades con el sexo contrario, pero hay otro nivel de comportamiento masculino que suele confundir a los hombres. La marimacho bebe tanto como los hombres, se suma a los chistes sobre Dolly Parton y lleva la clase de ropa (chaquetas de cuero, camisas de franela, parkas) que a todos los hombres les gustaría tener en su armario, pero no quitársela poco a poco a una mujer. De vez en cuando, uno de la pandilla se emborracha y le tira los tejos a la marimacho. Pero entonces, un día, él aparece con una rubia menuda que lleva una falda de tubo, los labios perfilados y una diadema (la clase de detalles que la marimacho sabe que él detesta), y presenta a la marimacho como una vieja amiga, y ese día ella termina volviendo a casa sola en el autobús.

Tú no eres esa chica, por supuesto. Aunque tal vez reconozcas en ella tus ganas de mezclarte con los chicos en lugar de pedir de ellos un trato especial. Puede que algunos hombres vean más allá de todo eso (quítate las gafas, suéltate el pelo, Dios mío, pero si eres hermosa), pero lo más probable es que asuman que prefieres no jugar y se olvidarán de que tenéis órganos sexuales diferentes.

La importancia del coqueteo

Lo sé, lo sé. No hay nada más descorazonador que desplegar durante cuarenta minutos todo el encanto del que eres capaz para coquetear con un hombre y descubrir que está casado o que es gay. Todas hemos pasado por eso. Acabáis de descubrir que los dos vivís en Florencia. Él ha dicho: «¿Tú también conoces ese lugar? Es asombroso», y después ha añadido: «Así es exactamente como me siento», y a continuación: «¡Me alegro tanto de haber venido a esta fiesta!». Y tú estás esperando que las siguientes palabras que salgan de su boca sean: «Mira, ya sé que aún faltan algunos días, pero estoy libre el próximo viernes, así que me estaba preguntando...», cuando, de repente, «mi esposa Anna» hace aparición por primera vez en la conversación y ¡ZAS!, esos brotes verdes y diminutos de una posibilidad romántica que acababan de emerger a la superficie, temblorosos bajo la luz, quedan enterrados bajo una montaña de estiércol. (¿Qué se creía que estabas haciendo, atusándote el pelo como una chalada y riéndote de todo lo que te decía? Maldito cabrón egoísta.)

Hagas lo que hagas, no dejes que esa decepción se trasluzca en tu rostro. Aunque estuvieras ya imaginando cómo serían vuestros hijos, bajo ningún concepto demuestres tu indignación. (¡Estás de broma! ¿Por qué no la has mencionado antes? ¡Me he quedado sin un puto viaje de vuelta a casa por tu culpa! ¿Qué parte de «si tú te quedas, yo también» no has entendido?) Porque solo hay algo peor que coquetear en vano, y es no coquetear.

Nota: No hace mucho, sentada a una mesa en un restaurante de Los Ángeles, vi a una mujer arremeter contra un hombre por no haberle dicho que estaba casado. No estaban teniendo una cita, ni siquiera estaban sentados el uno junto al otro, pero aun así la mujer se sentía engañada y no tuvo reparos en mostrar su disgusto. Así es como surgió la confusión: el hombre estaba coqueteando con ella, aunque no más de lo que coqueteaba con las otras mujeres del grupo, y era evidente que estaba haciendo un esfuerzo —algo inusual en un inglés— para que las mujeres se sintieran a gusto consigo mismas. Eso, unido al hecho de que no llevaba alianza, hizo que esa mujer pensara que tenía una oportunidad.

—¿Has dicho que estás casado?
—Sí.
—No hablas en serio.
—Hablo en serio.
—No llevas anillo.
—Soy inglés. Algunos no lo llevamos.
Boca abierta en evidente gesto de estupefacción.
—¿Y te parece que todo está bien?
—Esto... Sí.
—Bueno, pues yo diría que no.

Todas sabemos cómo se sintió la Mujer Engañada. Era una fiesta en la que había mucha gente y, si se hubiera fijado otro objetivo y se hubiera sentado a una mesa distinta, tal vez estaría a medio camino de ligarse a un cotizado productor. Sin embargo, al demostrar su enfado, la Mujer Engañada no solo dio una imagen de mujer triste (solo le faltó inclinarse sobre la mesa y bramar: «¡Me he pasado tres horas en la peluquería para esto! Seguro que tu mujer no está tan buena como yo. ¡Dios, es tan injusto!»), sino que hizo un flaco favor a todas las solteras. Poco importa que el Casado Insinuante tal vez no vuelva a coquetear en público en su vida, pero en la fiesta había otros hombres solteros y también ellos captaron el mensaje, alto y claro (vaya si lo captaron), de que más vale actuar como una persona seca que dar a una mujer la más mínima esperanza. La Mujer Engañada se equivocó en su comportamiento. Los solteros ya son lo bastante precavidos, por culpa de las historias que corren sobre mujeres deseosas de ser madres que agujerean los preservativos de sus parejas, y por no ser capaces de averiguar la edad de una mujer a menos que logren hacerse con su pasaporte. Están bastante confundidos, de modo que es un error criticar a un hombre por coquetear.

Sobre todo, no dejes que esas decepciones te conviertan en la clase de coqueta selectiva que solo se molesta en dar un paso si ha recibido la aprobación de la anfitriona y la confirmación de refuerzo por parte del barman. El coqueteo consiste en irradiar buenas sensaciones, sin que importe a quién van dirigidas. En otras palabras, no importa si la persona con la que coqueteas es un candidato romántico: el tipo que está de pie junto al ficus, en quien aún no te has fijado, podría estar observándote, al acecho. O, más adelante, el hombre que te encontró encantadora podría charlar con su amigo soltero y hablarle de esa mujer tan atractiva (tú) que conoció y que estará en la fiesta de fulanito el próximo sábado... Así es como funciona el coqueteo: si lo reservas para unos pocos elegidos, te estás equivocando. Además, date cuenta de que las chicas que no se ciñen a coquetear con los candidatos apropiados, y que lo hacen de manera casi inconsciente, raramente están sin pareja.

La vida social adecuada

No hace falta que te dejes crecer pelos en la barbilla para transmitir el mensaje de que no estás buscando a un hombre. Hay muchas otras formas, igualmente efectivas, de asegurarte de no conocer al hombre de tu vida. Por ejemplo:

- Relacionarte con chicas en las fiestas. Es bien sabido que es divertido hablar con chicas en las fiestas, pero también es la táctica más sencilla y que menos esfuerzo requiere.

- Pasar el fin de semana con tus amigos casados que se han mudado al campo, o con tus amigos gays, en su fabuloso jardín.

- Planear las vacaciones con amigas con meses de antelación, y solo con mujeres.

- Pasar todo el tiempo libre con parejas, sin darle mayor importancia.

Hay una razón por la que tu vida social se ha vuelto a prueba de hombres: sufres el dilema social de la mujer soltera. Estás atrapada entre la vida social que se ajusta a las necesidades de tus amigos casados —es decir, la mayoría de la gente que conoces— y la que, en realidad, podría llevarte a alguna parte.

La clave para las solteras que llevan tiempo sin pareja consiste en elegir a qué sitios no ir. Buena parte de tus amigos están casados y tienen varios hijos pequeños. El problema es que ellos siguen, empecinadamente, haciéndote llegar invitaciones: el domingo almuerzo entre multitud de tronas de bebé; unas copas con los padres de los amigos de sus hijos; la fiesta ocasional en la que te sientan entre la agotada anfitriona y Serena, cuyo marido está de viaje de negocios. Experiencias como estas pueden mermar las reservas de energía positiva de la mujer soltera (tu mayor atractivo después de tu cuenta corriente, y tienes el deber de protegerlas a toda costa). No hay nada más desesperanzador que someterte a una depilación completa y tener que apoquinar veinte euros en unas medias, cuarenta en taxis y otros cincuenta en la peluquería (bueno, todo cuesta dinero) para pasar la velada con gente que solo habla de las casetas de la feria de Navidad de la escuela, y que llega a la fiesta con ponche caliente. En pocas palabras, tienes que mostrarte inflexible.

El secreto está en dividir tu vida social en cuatro categorías, de la A a la D. A es el tiempo para los amigos de verdad. Vas a todo lo de A cueste lo cueste, incluso cuando estás hecha polvo y tienes que tomar un avión a las ocho de la mañana siguiente, porque estos amigos son un tónico y te producen el mismo efecto que acariciar a un burro. En la categoría B están las invitaciones para matar el tiempo (es decir, situaciones sociales en las que no tendrás oportunidad de conocer a gente nueva ni encontrarte a gente que te apetecería ver). Siempre terminan en resacas indeseadas (tienes que beber mucho para soportar la situación) y sientes que la vida pasa de largo: evítalas a menos que sientas la necesidad de salir de casa. En C tienes buenas ocasiones de conocer a un hombre: estas no las rechaces, aunque estés escayolada hasta las pestañas. Las D son las citas. (Hemos hablado de ellas. Ya sabes a qué atenerte.)

Ejercer el derecho a decir que no a una invitación es un paso muy importante para la mujer soltera porque alivia toda la culpa que sientes al salir ahí afuera y no aprovechar al máximo cada oportunidad (es decir, más de seis cuerpos reunidos en una habitación). Los no solteros tienen la posibilidad de ejercer su derecho a elegir entre los distintos acontecimientos sociales, pero las solteras se sienten obligadas a no dejar pasar ninguna invitación, por sospechosa que resulte. No quieres ir. Tienes la firme sospecha de que solo estarán ellos y el hermano raro recién llegado de Australia, pero tu conciencia de soltera te dice: «¿De verdad está bien que me quede en casa a ver un concurso de talentos cuando mi futuro esposo podría estar allí?».

La respuesta es, sin duda alguna, sí, porque tu instinto jamás se equivoca. Además, si evitas todas las ocasiones del grupo B, tendrás mucha más energía y entusiasmo para dedicar a las del C: concretamente a la noche en que conozcas al hombre de tu vida.

¿Deberías mudarte al campo? (¡No!)

Mudarte al campo (posiblemente después de alquilar allí una casita) es un rito de iniciación para la mayoría de las mujeres casadas que quieren alejarse de la contaminación, plantar sus propias hortalizas y que, por lo general, sienten que allí disfrutarán de una mejor calidad de vida. Como es natural, llega un momento en que también la mujer soltera se pregunta si no debería optar por un cambio de escenario más rejuvenecedor. El campo presenta nuevas y saludables oportunidades: las vistas, los paseos, la jardinería, los animales, la vida campestre y, por último pero igualmente importante, una nueva fuente de personajes masculinos. Tu pensamiento —y yo también lo he tenido, de manera fugaz— es más o menos el siguiente: criaré gallinas y plantaré peonías, llevaré vestidos vaporosos y sombreros de ala ancha. Renovaré mi armario en base al catálogo de Toast, tendré una chimenea de leña que crepitará con fuerza y un perro fiel. La razón principal por la que nada sucede en mi vida es que no es auténtica. En cambio, el campo sí es auténtico. Está lleno de gente con valores de verdad y de hombres de verdad, que no se preocupan por su pelo ni sufren crisis bruscas u ocasionales. Si me mudara al campo, podría suceder algo inesperado. Y lo que de verdad te planteas, lo que se esconde detrás de todo esto, es: «Además, imagina las posibilidades de decoración».

Sin embargo, lo que nadie te dice es que el campo está pensado solo para parejas, a menos que montes a caballo o que seas la duquesa de Devonshire. Y aquí viene el porqué. Pregúntate qué piensas hacer cuando hayas alimentado a las gallinas, arreglado el jardín y encendido el fuego. Ver la televisión y terminarte la segunda botella de vino tinto, eso es lo que harás. Es lo que hace todo el mundo, pero si formas parte de una pareja, al menos uno puede vigilar al otro. No solo te convertirás en una alcohólica en cuestión de semanas, sino que no tendrás más remedio que conformarte con las mechas de la única peluquera de la zona, y se te agrietarán las manos, se te romperán los capilares de las mejillas y los dientes se te volverán de un tono amarillento (misterioso pero así es) y entonces, de vez en cuando, decidirás no cambiarte de bragas y comenzarás a ponértelas del revés. En cuanto a depilarte en invierno...

¿Para qué? Necesitarás ese calor extra. Y si crees que tu vida social es ahora irregular y un poco escasa en lo que a oportunidades de mantener relaciones sexuales se refiere, espera y verás. Cuando estés instalada en la bonita Mitad de la Nada, es probable que unos vecinos te inviten a cenar, y que hayan invitado para la ocasión también a Geoffrey, quien no ha vuelto a ser el mismo desde que se cayó de su moto de cuatro ruedas en la granja la Semana Santa pasada. Hasta ese glorioso día, te relacionarás con el agente inmobiliario que te vendió la casa, el abogado que redactó la escritura y la mujer que te acortó las cortinas, además de ese alguien con quien fuiste a la escuela y que nunca te cayó bien, pero que da la casualidad de que vive en el pueblo de al lado.

De acuerdo, tal vez no sea tan terrible, pero se acercará mucho. Y si (y es un «y si» de mucho peso) resulta que encuentras allí a un veterinario soltero al estilo de Sam Shepard, que espera a una sexy urbanita con la que compartir su vida, piensa que tampoco podrás acercarte a él. Es probable que se desplace de un sitio a otro en un vehículo blindado. (Esa es otra cosa que no te cuentan sobre el campo: las mujeres son duras. Y tú, con tus ridículos zapatos y tus ideales románticos, te verás atrapada en el fango antes de que te dé tiempo a decir: «Perdón, pero en las fotos todo el mundo comía en huertos con banderitas colgadas de los árboles y ningún hombre tenía el pecho peludo».)

Llamada a todas las alcahuetas

Tal vez creas que ya nadie media en las relaciones amorosas, aunque son varias personas las que me han dicho, desde que conocí al hombre de mi vida, que se habían planteado presentarnos, pero que al final no se atrevieron por culpa de mi Lista. (Lo que en realidad dijeron fue: «Eres taaan crítica que al final decidimos que el riesgo no merecía la pena».) Si tienes esta reputación, a tus amigas inclinadas a emparejar a la gente (y son una raza en extinción) la idea de buscarte pareja a ti les resultará tan atractiva como cruzar a nado el Canal. Es sorprendente que estas bienintencionadas personas no estén dispuestas a dar explicaciones sobre cómo han valorado tus preferencias y tus manías. Si sospechan que existe la posibilidad de que, después del primer plato, te encierres con ellos en la cocina y sueltes cabreada: «¿Estás de broma? ¿Yo? ¿Con él? ¿Cómo diablos se te ha ocurrido algo así? Hazme un favor. Repasa conmigo todos los pasos mentales que has dado para llegar a esta conclusión, uno a uno», es probable que no se tomen la molestia de intentarlo. Y es una auténtica lástima porque un viraje en la dirección adecuada, por parte de alguien que te conozca y que lo conozca a él, de alguien que te cae bien, a quien respetas y en quien confías, no es algo desdeñable. Por supuesto, tus amigas se equivocarán algunas veces. Por supuesto, es posible que no salga bien. Pero ¿qué tienes que perder?

Así pues, anima a quien creas que puede echarte una mano. Di: «Oye, ¿sabes ese chico tan agradable con el que trabajas en la BBC? ¿Por qué no lo invitas a tu cumpleaños? ¿Lo harías? Yo traeré el champán». Y cuando te respondan (porque la gente está aburrida y cansada de tu situación, seamos sinceros): «Oh, vaya, es que este año no tenía previsto celebrar mi cumpleaños», entonces di: «Necesito que me hagas este favor. Vamos. Te compensaré con entradas para la ópera».

Nota: Puedes intentarlo por internet, si prefieres. Puedes ver alguien a lo lejos, averiguar su nombre y llamarlo. Puedes poner un anuncio en el periódico o acercarte a desconocidos por la calle. Todas son posibilidades. Pero no hay nada que sustituya al suministro natural que pueden proporcionarte tus contactos sociales o del trabajo, si permites que la gente adecuada ponga en ello algo de esfuerzo.

No todas las citas tienen que consistir en un encuentro algo forzado durante una cena. A veces un amigo puede empujarte en la dirección correcta desde una discreta distancia. Este fue el intercambio de mensajes que mantuve con la anfitriona de la fiesta en la que conocí al hombre de mi vida:

S: Entonces ¿vendrás a mi fiesta?

Yo: ¡Oh, no! Ese fin de semana he quedado en ir a Suffolk con unos amigos. Aunque tal vez pueda librarme de eso.

S: Tienes que venir. Puedes ir a Suffolk de fin de semana en cualquier otro momento. He pedido a mi cuñado que me proporcione una selección de millonarios recién separados, abogados y banqueros, para que les eches un vistazo.

Yo: De acuerdo. Me libraré de la cita. [Piensas: «¡Es de la categoría C! Si es de la categoría C, no puedo perdérmelo. Aunque sé que sería más fácil ir a la salida de fin de semana de la categoría A y pasarme el día en un jardín sin hacer ningún esfuerzo, sin conocer a nadie, solo comiendo».]

S: ¡Viva! Creo que te gustará [el hombre de mi vida]. ¿Lo conoces?

Yo: ¿Estás de broma? La gente no deja de intentar juntarme con él. [Esto es una leve exageración. Hubo aquel almuerzo que ya he mencionado. Y la otra vez en que nos sentamos el uno junto al otro durante una cena de trabajo. Y una fiesta, mucho tiempo atrás, cuando su jefe intentó que congeniáramos. Pero había hablado de él en más de una ocasión, había hecho algún comentario como «y qué tal está, es un tipo genial...».] Pero no es un candidato. He oído que tiene novia.

S: Acaban de romper. Así que ahora está libre...

Yo: Bueno, pero sé que no es el hombre de mi vida. Gracias por pensar en mí, de todos modos. [Mientras me acomodaba en la silla, miraba fijamente la pantalla del ordenador y hacía una pausa para reflexionar: pero es evidente que a ella le parece que sí. Se ha molestado en mencionarlo, de manera bastante específica. Nunca, en los quince años que hace que nos conocemos, S ha sugerido que podría gustarme un hombre en particular. ¿Por qué lo ha hecho ahora? ¿Y si manda un correo electrónico a otra amiga y se lo sugiere como una posibilidad? Tal vez me estoy perdiendo algo.]

En ese momento se me encendió la bombilla: tengo que ir a esa fiesta y tengo que fijarme bien en ese hombre porque a) hay gente que ha visto potencial en él y b) si no lo hago, hay muchas probabilidades de que otra mujer lo haga, delante de mis narices.

El correo electrónico trae otro mensaje. Vuelve a ser S:

S: Bueno, si tú no estás interesada, tal vez lo intente yo.

Sí, desde luego tengo que centrarme. S es preciosa. Me ha dado un empujón, pero ahora está diciendo: «Despierta, hermana, o las chicas mayores te pasaremos por delante».

Así que, en efecto, a mí me dieron ese empujón, pero no hace falta que tengas a una alcahueta internáutica para animarte y pensar que todo es posible (es decir, el estado ideal para acercarte al sexo contrario).

Cómo entrar en la zona

- *Asume que vas a mantener relaciones sexuales en un futuro muy próximo.* Eso genera una mezcla de adrenalina y feromonas que la humanidad lleva intentando embotellar desde los inicios de los tiempos.

- *Haz un esfuerzo extraordinario.* Si llegas a la fiesta vestida con el segundo vestido más sexy que tienes, porque te reservas el número uno para otra ocasión y ya has decidido que solo te quedarás una hora, entonces más vale que no te molestes. No irradiarás el brillo de quien cree que todo es posible y el hombre de tu vida, cuando te mire, pensará «qué triste».

- *Haz algo de manera diferente.* Ponte zapatos de tacón en lugar de planos, un vestido suave en lugar de vaqueros, haz algo inesperado con tu pelo (algo que, por supuesto, no implique una diadema). No tienes por qué tener mejor aspecto, pero sentirás que has cambiado.

Parte del juego (después de un tiempo de pasar inadvertida) consiste en creer que sin duda mereces alguna atención, y no mostrar un aspecto pasable en un entorno de luz tenue, y eso implica sorprenderte a ti misma. Por ejemplo, en la que fue la noche más importante para mí, decidí a conciencia no ponerme el equipo estándar de verano (vaqueros blancos, sandalias de tacón de cuña, top llamativo), sino que lucí un vestido ceñido y brillante y unas sandalias planas doradas. No iba a la última moda, y las piernas no se me veían tan largas como con los zapatos de tacón, y en realidad las sandalias no combinaban con el vestido, y además, en aquel momento tenía los brazos un poco fofos, pero el cambio hizo que me comportara de manera diferente. Con las sandalias planas, que casi nunca utilizo, me sentí más desinhibida, y el vestido resultó de lo más seductor. Si me hubiera puesto los tacones y los vaqueros, habría destacado de manera exagerada, me habría pasado la noche pisando canapés y habría sobresalido por encima de la mitad de los hombres —y ese es un look al que recurro a menudo —, pero esa noche el vestido me obligó a ser más femenina y coqueta. Más accesible (en particular para esos hombres tamaño Sarkozy).

- *No caigas en la trampa de estar preparada para la fiesta perfecta.* En teoría, te sentirás segura si tienes un aspecto impecable, pero si estás convencida de que tienes que estar perfecta para que algo suceda, entonces es probable que no llegue a suceder. La chica que se ha gastado el sueldo de una semana en tratamientos exclusivos y accesorios es probable que piense: «Más vale que alguien haga que todo este esfuerzo valga la pena, maldita sea. ¡Apartaos! Tengo que encontrar a un hombre que admire mi pelo brillante y mis relucientes piernas. Si incluso me he blanqueado los dientes». No quieres ser esta chica que infringe todas las reglas de la seducción. Además, si comparas las veces que has triunfado y las que no, te aseguro que descubrirás que unas raíces necesitadas de tinte y unas uñas mordidas no son ningún obstáculo para despertar la lujuria de un hombre equilibrado.

- *Olvídate de tus amigas.* Sé que te parecerá una locura. ¿Qué es una mujer soltera sin sus leales amigas? ¿Quién se quedará a tu lado en la barra del bar hasta que la fiesta comience a animarse y te rescatará del tío que te lanza miradas lascivas? ¿Quién te meterá en un taxi al final de la noche y te llamará más tarde por teléfono para asegurarse de que no te has quedado dormida en la escalera? No obstante, pese a lo mucho que las quieres y las necesitas, tus amigas limitan tu estilo. Tienes que ser capaz de coquetear sin reservas y de reinventarte un poco si quieres atraer al hombre de tu vida, y tus amigas no son el público ideal para ello. Al igual que tu familia, tienen una idea bastante fija sobre quién eres, y comoquiera que te vean —payasa, cínica, loca extrovertida, inocente e idealista—, no aceptan que te desvíes del guión. No necesitas que tu Amiga Mentora entorne los ojos cuando te vea mordisquear con aire seductor el borde de la copa de champán o que la Soltera Cabreada grite: «¡Vamos, haz tu famosa imitación de Papá Oso!».

Además, si llega a suceder algo mientras tus amigas están cerca de ti, lo más probable es que reaccionen de alguna de las siguientes maneras:

- Que se queden boquiabiertas y que te persigan a una distancia insuficiente mientras envían mensajes a tus otras amigas en los que les relatan tus avances.

- Que levanten los pulgares en señal de aprobación desde detrás de las espaldas del hombre.

- Que se entrometan para echarte una mano («¿No es preciosa? ¡La adoro! ¿No está impresionante esta noche? ¿No es genial?»).

- Que revoloteen a tu alrededor e inicien una investigación («Entonces ¿quién es este chico? Parece que os lleváis bastante bien, ¿no? ¿Acabáis de conoceros o qué?»).

- También es posible, si están lo bastante borrachas, que empiecen a asomar la cabeza por detrás de sofás, intentando contener la risa.

Todo esto no cambia con la edad; en realidad empeora, porque es mucho lo que está en juego y tus amigas han invertido más en ti. (Las amigas también tienen sus Listas.) Así pues, no llames de inmediato a un par de chicas para ir con ellas a la fiesta, ni, cuando estés allí, corras en busca de gente que conoces de toda la vida. Para mí, el ir sola aquella noche hizo que me sintiera libre de responsabilidades (lo que es bueno), que estuviera obligada a hacer un esfuerzo (lo que es bueno), que necesitara que alguien me llevara a casa (lo que es bueno) y lo mejor de todo fue que nadie me estaba observando. Además, cuando llegó el momento de marcharme, solo éramos dos, haciendo nuestros planes, no seis personas, entre ellas tres que gritaban: «¡Vayamos a tu piso a asaltar la nevera!». Piensa en ello.

- *Elige tú al hombre.* No esperes a que él te encuentre (y no te conformes con hablar con la primera persona que te llame la atención, porque esa podría ser tu noche y tú tienes el control). El hombre de mi vida cuenta que me vio contonearme por la habitación, con la frente en alto, apartando a las mujeres a codazos de mi camino, pero eso no es verdad. Es cierto que lo vi de lejos y podría decirse que me abrí paso para llegar hasta él. Entablé conversación con un hombre que estaba justo detrás de él y a continuación me volví y fingí sorpresa al encontrarlo allí. (En realidad, creo que exageré demasiado, porque no es tan extraño coincidir con alguien con quien se tienen amigos en común en una fiesta organizada por uno de ellos.) Lo que sí es verdad es que fui yo quien hizo que sucediera. Y entonces —redoble de tambores, por favor—, hice eso que las mujeres solteras y felices a menudo se olvidan de hacer: me dispuse a gustarle (en lugar de esperar que él me demostrara que valía la pena).

- *Coquetea lo que sea necesario y aún más.* Por mucho que creas estar coqueteando, duplica la dosis. Qué demonios, cuadruplícala. Si coqueteas con cautela, entenderá que estás siendo agradable, eso en caso de que se dé cuenta. Ya hemos establecido que la soltería nos vuelve cautelosas. Estamos preocupadas por no parecer cazadoras de hombres locas, tristes y desesperadas. Así que, confía en mí: tienes que coquetear a un nivel que te haga pensar: «¡Madre mía! ¡Ojo! ¡Creerá que eres una profesional de esto!» para llegar a estar segura de que él se ha dado cuenta de que te interesa. Esa noche coqueteé con el hombre de mi vida de tal modo que diría que fui casi ofensiva. Si me hubiera visto desde fuera, me habrían entrado arcadas. (De hecho, hice un comentario sobre su impresionante altura y repetí, varias veces, «Oh, ¡me alegro taaanto de verte!».) Pero eso resultó del todo necesario, porque, hasta la fecha, él sostiene que no se dio cuenta de ello. No recuerda el comentario sobre su altura, ni el contacto visual prolongado, ni que alzara la vista para mirarlo con adoración al estilo de Cherie Blair cada vez que decía algo serio. (Por supuesto, se dio cuenta, es solo que no fue consciente de ello. En un contexto de coqueteo, los hombres se quedan ciegos.)

Algunas normas del coqueteo

(Son las mismas que cuando tenías dieciocho años, pero ahora que no puedes recurrir a la carne núbil y a los pantalones ajustados, tienes que hacer un esfuerzo para ponerlas en práctica.)

- Ríete mucho, como una desquiciada. Nunca puedes sonreír o reír demasiado.
- Muéstrate exageradamente interesada en todo lo que dice (desviar la mirada es contraproducente, sobre todo si es para seguir la bandeja de los canapés).
- Mantén el contacto visual el tiempo suficiente para que ambos estéis seguros de que no es accidental.
- Muéstrate muy impresionada.
- Bromea, pero solo un poco, y nunca sobre temas prohibidos: altura, pelo, su ceceo, su madre, su nivel de embriaguez, lo mucho que suda.

- Halágalo, pero con mesura, de pasada, y no más de una vez. (No exageres. No digas, por ejemplo: «Oooh, eres tan musculoso», y le agarres después los bíceps. Quedaría raro.)
- No hables de ti, a menos que insista, y si lo haces, sé breve. Si te oyes decir: «El otro proyecto del que estoy muy satisfecha es...», haz el favor de dejarlo ahí, da marcha atrás y añade a toda prisa: «Pero eso es muy aburrido. Prefiero saber más cosas sobre ti».
- Muestra una actitud de complicidad. Cuando se acerque a vosotros un hombre que no deja de hablar de *El código Da Vinci*, dirígele tu mirada especial.
- No lo toques. Puedes rozarle el antebrazo, tal vez. Pero mejor que no lo hagas.
- Desaparece en algún momento. Unos diez minutos. Dale la ocasión de echarte de menos.
- Hay quien aconseja que juguetees con el pelo, el escote, los pendientes. Yo te diría que no te arriesgues a que dé la impresión de que tienes pulgas. No te lamas los labios ni los dientes bajo ninguna circunstancia. Puede que piense que estás buscando restos de canapé.
- Sé exageradamente abierta sobre todas las cosas (excepto sobre tu historial médico). La franqueza desarma.
- Haz que se ocupe de ti. Di: «¿Me traes otra copa?», «¿Puedo apoyarme en ti para abrocharme el zapato?», «¿Qué opinas sobre comprar propiedades inmuebles cuando el mercado está cayendo en picado?». (No, como es evidente, no puedes pasarte. Pero a los hombres les gusta que les hagan sentirse especiales. Siempre que no sea para tener que cambiarte la rueda del coche.)
- Coquetea con otros hombres. Puedes hacerlo de dos maneras distintas. Bien coquetea de manera evidente con todo el mundo con la esperanza de que se ponga un poco celoso, o bien coquetea mucho con otros hombres, pero

> que se note que estás reservando lo mejor para él. Es difícil saber cuál de las dos es más efectiva. Sin embargo, es crucial que seduzcas a otros hombres... eso les provoca el escalofrío necesario de la competición.

Mientras tú coqueteas con él, el hombre de tu vida (o el posible hombre de tu vida, al fin y al cabo os acabáis de conocer) ha decidido que mereces su atención porque haces que se sienta bien (¡ajá!) y por tanto, se decide a coquetear contigo. ¡Es deslumbrante, atractivo, atento, divertido, inteligente y sexy! Es MARAVILLOSO. ¿Cómo no te diste cuenta antes? Pero claro, la última vez que os visteis le diste cero facilidades (él diría que fueron incluso menos). Tú recuerdas que fuiste agradable y accesible, pero él se acuerda de las flechas que llovían de todas partes mientras intentaba ponerse a salvo tras el escudo y pensaba: «Oh, a la mierda con esto. Hablaré con mi vecino».

En otras palabras, la única diferencia entre él durante aquel almuerzo y él en este momento es el modo en que tú te relacionas con él. (Aparte de que le ha crecido mucho el pelo. Y de que ahora no lleva a un niño sentado en los hombros, pero bueno.)

Ahora que has decidido que tenéis tiempo el uno para el otro, estás preparada para comprobar vuestra compatibilidad. Cuanto más alto sea el marcador de compatibilidad, más sentiréis que existe entre vosotros una auténtica conexión, y más probabilidades habrá de que continúe tras la fiesta (si no os ponéis de acuerdo en casi nada, también es bueno saberlo en este estadio). Si mencionas a Philip Seymour Hoffman, la ceja de Fiona Bruce, la canción «Tiny Dancer» de Elton John, la importancia de las tortugas en tu infancia, además de las barritas de caramelo, y él se te queda mirando perplejo en más de una ocasión, el asunto pinta feo. Claro que si te dice que está enganchado a *Curb your enthusiasm*, que una vez tuvo un perro de caza y que ahora tiene un bichón maltés, que está leyendo *Stalingrado* y que no le importa admitir que le encanta Neil Diamond, podrás estar segura de que si tienes tantas ganas de besarlo no es solo por culpa del champán. Estábamos jugando al juego de las preguntas cuando descubrimos que los padres de ambos llegaron a generales de división. ¿Te lo puedes creer? Así pues, no te sorprenderá que a las dos horas de llegar a la fiesta, ya me dijera: «Esto es demasiada coincidencia. Es obvio que terminaremos casados».

¿Qué ocurre después?

¿Te vas de la fiesta con él? Sí. ¿Vais a algún otro sitio? Sí. A un bar y después a un karaoke es lo ideal. (No paréis a comer, eso supondría un bajón. Si crees que corres el riesgo de morirte de hambre, llévate unos cacahuetes.) ¿Vais a su casa? No. Vais a la tuya. Evidentemente. Así tendrás el control de la situación y él verá tu piso de chica soltera, que le causará la impresión de que eres una chica moderna y de que has mantenido relaciones sexuales en lo que va de siglo (¡buen trabajo!). Y verá tu colección de CD y descubrirás que ambos tenéis *Madman Across the Water* (lo que es un poco esperpéntico), por no mencionar los primeros discos de Fleetwood Mac, lo más raro de Neil Young y casi todo de David Bowie en su época previa a *Tin Machine*. Y él se fijará en la fotografía en la que apareces con el actor famoso (no hay nada de malo en insinuar que tuviste algo con él). Y verá las cuidadas macetas que adornan tu ventana (bueno, tal vez no, pero ya te haces una idea). ¿Te acuestas con él? Eso depende.

Como regla general, no es aconsejable acostarse con un hombre en la primera cita a menos que:

• Viva en otro país. Tiene que tomar un vuelo al día siguiente y tú te dices: «¡Qué diablos!».

- Tengáis una historia (por ejemplo, habéis coincidido en un par de ocasiones y han intentado emparejaros una vez, o dos).

- Sean las 4.30 de la mañana y hayáis pasado juntos el tiempo equivalente a dos citas largas, o tres cortas, y llamar a eso una noche sería como ceñirse a las reglas de un internado suizo para señoritas.

- De repente sientas que no puedes soportar que todos tus esfuerzos por estar estupenda sean en vano (véase la historia del tratamiento exfoliante con algas marinas).

- Parezca del todo inevitable, así que, ¿para qué andarse con rodeos? Si tiene que suceder... y casi todo apunta a que podría suceder... mantén eso en mente.

El hombre de tu vida se lo está pasando de maravilla. Si pensara en ello —no lo ha hecho—, se daría cuenta de que estáis progresando hacia una segunda cita. Pero es imposible que se esté planteando algo más allá de ese punto. Tiene a algunas otras mujeres en su agenda y se ha prometido a sí mismo no salir con nadie en serio al menos durante un año. A partir de aquí —pese a la inevitabilidad de que estéis juntos—, tienes que mantener la cabeza fría.

Acuéstate con él, por supuesto, pero bajo ningún concepto asumas todavía que a partir de este momento todo serán victorias.

Los primeros días de relación

Estás atrapada en una suerte de locura: no duermes, no comes (aunque sigues yendo a restaurantes), no paras de bailar, de besar, de comportarte como una turista, tomas barcos, taxis, pides té y bollos con nata en hoteles apartados, y vas de compras todo el día.

Todas las relaciones serias comienzan con un enorme despilfarro de dinero, y esta no es ninguna excepción. Gastas a lo tonto en depilaciones de mantenimiento (cada cuatro días, más o menos), pedicuras y aceite para las piernas, por no mencionar la ropa que te compras y que hace un mes no se te habría pasado por la cabeza ponerte (ropa que deja a la vista más escote, buena parte de los brazos y de las piernas, en colores rosa y lila, o una mezcla de ambos. Es posible que durante esta fase te compres ropa que es tan poco de tu estilo que cuando, un año más tarde, abras el armario y la veas, descubras al fin lo que significa «perder la razón»).

Olvídate de la ropa. Compras cojines nuevos y portavelas casi a diario; compras Prosecco como si fuera Pepsi y abundantes ramos de lirios, y fruta decorativa con la que adornar los cuencos, y exclusivo aceite de oliva y aún más productos de belleza. Entretanto, dejas de comprar suplementos vitamínicos del tamaño de pastillas para caballos y de visitar a la mujer que te colocaba las botas hinchables y magnetizaba el agua, la misma que te convenció de que te vistieras de morado para trabajar frente al ordenador; como ves, al final todo termina nivelándose. (Nota: Este es el momento en que, oficialmente, dices adiós a todos los hábitos y costumbres que, sin riesgo de ofender a nadie, podemos agrupar de manera general bajo el título de «sustitutivos del sexo». Entre ellos están: los largos rituales de belleza; el yoga en exceso; el acaparamiento de vitaminas; el cargar con botellas de agua de litro y medio todo el día; los cepillados en seco del cuerpo; la compra de anillos semipreciosos, dedicar horas de tiempo libre a buscar de manera obsesiva telas de color fresas con nata para el cojín del banco de la ventana, etcétera...)

No cabe duda de que esto va en serio. Pero, aun así, los dos o tres primeros meses son el período de prueba de cualquier relación, también para las que funcionarán. Durante ese tiempo, necesitarás un comité de amigas cuyos números de teléfono debes tener en la función de marcado rápido, disponibles las veinticuatro horas del día, que te ayuden a mantenerte en el buen camino y que eviten que cometas una estupidez. Tu equipo ideal debería consistir en la Soltera Cabreada (con mucha experiencia reciente en ese campo), la Casada Sensata y tu Amiga Mentora. Los consejos de tu comité tienen un valor inestimable, porque ellas tienen algo que a ti te falta —perspectiva— y no duermen tan solo cuatro horas al día.

El amor tardío es un milagro tan grande que te parecerá que, ahora que lo has encontrado, nada podría interferir en su camino. El comité está ahí para recordarte que las reglas de los primeros días nunca cambian.

A continuación reproduzco la conversación que tuve con mi Amiga Mentora diez días (y tres citas) después de que empezara a salir con el hombre de mi vida.

Yo: ¡Me está enviando mensajes extraños!
Amiga Mentora: ¿De qué estilo?
Yo: De los que enviaría alguien con fobia al compromiso. Algo como: «Te llamaré un día de esta semana y tal vez podamos vernos el fin de semana».
Amiga Mentora: Estará ocupado, pobre hombre.
Yo: Y eso no es todo. Me dijo: «Mi vida es un caos absoluto en estos momentos». Y: «Es mal momento para comenzar una relación».
Amiga Mentora: Bueno, es que lo es. Está siendo sincero contigo.
Yo: Quiero saber qué está pasando. Voy a llamarle y preguntárselo.
Amiga Mentora: Muy bien. ¿Y qué le preguntarás, exactamente? «¿Me quieres?»
Yo: Pues...
Amiga Mentora: Lleváis diez días. Ni se te ocurra llamarle.
(No lo llamo.)

Esta es la conversación que tuve con la Casada Sensata:

Yo: ¡Me está enviando mensajes extraños!

Casada Sensata: Oh, no, mensajes. No me gustan los mensajes.

Yo: Sí, mensajes y nada más, y encima dice cosas raras.

Casada Sensata: Da igual lo que diga. Los mensajes demuestran un distanciamiento emocional. Tienes que acabar con ellos de raíz.

Yo: Pero tendré que responder, ¿no? Solo uno.

Casada Sensata: Si quiere hablar contigo, que te llame. Esa es la norma. Nada de mensajes.

(No le envío un mensaje.)

Y esta la que mantuve con la Soltera Cabreada:

Yo: ¡Me está enviando mensajes extraños!

Soltera Cabreada: Oh, mierda.

Yo: Creo que algo va mal. Se está comportando de un modo muy raro.

Soltera Cabreada: Oh, no. ¿Cómo de raro?

Yo: Está siendo muy impreciso sobre cuándo volveremos a vernos. Me dijo que tal vez nos veríamos el fin de semana.

Soltera Cabreada: Joder, qué asco. Dile que, de todos modos, tú no estarás por aquí.

Yo: ¿Cómo? ¿Que le mienta?

Soltera Cabreada: ¡Sí! Envíale un mensaje agradable en el que le dices que no hay ningún problema, porque vas a pasar fuera el fin de semana. Y si te pide detalles, invéntate un plan sexy.

Yo: Pero ¿y si me encuentro con él?

Soltera Cabreada: Vive en las afueras. Como si fuera tan fácil.

Yo: De acuerdo, está bien.

(Él me llama de inmediato y me propone que nos veamos el lunes. ¡Ja!)

Nota: Todas estas mujeres han vivido historias diferentes, pero juntas han evitado una escalada de los nervios propios de los primeros días, que podría haber hecho que me presentara en su casa en mitad de la noche (tal vez no... ¡vive demasiado lejos! pero ya me entiendes) y que gritara desde el otro lado de la puerta: «Estamos hechos el uno para el otro. Es un milagro. ¿Es que no te das cuenta? Holaaaa...». Su propósito es recordarte que la transparencia total no se produce hasta la fase número dos, cuando ya te ha dicho que te quiere.

Las reglas de la primera base

Escucha: está enganchado. La parte racional y crítica de su cerebro está desconectada y ya no tienes que morderte la lengua, ni esconder barriga, ni fingir que te gusta *CSI*. Resulta que no has necesitado hacer nuevas rutinas gimnásticas en la cama (al menos ninguna que no puedas comentar con tus amigas). La depilación brasileña es, por supuesto, opcional. Es probable que la depilación normal sea un factor positivo, pero puedes permitirte relajarte un poco al respecto. Y no le importa en absoluto que tengas edad suficiente para acordarte de *Z-cars*, aquella vieja serie de televisión (es más, le gusta). En pocas palabras, la química ha actuado y nada de lo que hagas le disgustará. Dicho esto, más vale evitar la clase de comportamiento que provoca pensamientos negativos en el cerebro del hombre medio. A saber:

Es un desastre
No bebas y luego lo llames por teléfono. El hombre adecuado está preparado para sacarte de un aprieto de vez en cuando y asegurarse de que no se te vean las bragas. Sin embargo, eso no significa que reaccione bien si decides llamarle desde un taxi a las tres de la mañana después de una noche de fiesta con tus compañeras de trabajo. Como es natural, a ti te parecerá que

tu comportamiento es espontáneo, divertido, sexy y desinhibido, más o menos como el de Goldie Hawn en *Hay una chica en mi sopa*. Sin embargo a él le sonará a algo como: «Soy un poco desastre. Estoy medio loca, doy un poco de miedo. No tengo dignidad. Quiéreme, quiéreme, QUIÉREME, ¡yo no me quiero! Soy un desastre». Y es muy injusto, sobre todo porque lo único que pretendías era contarle la anécdota tan divertida que había tenido lugar en el baño de señoras del restaurante. Pero eso es lo que él oirá.

Está suponiendo demasiado
No lo haces. Por favor. Claro que no. Te comportas con normalidad: haces planes de futuro, invitas a unos veinte amigos a tu casa, invitas a tus padres a almorzar, te planteas dónde estarás en Navidad. Sin embargo, el hombre de tu vida es una persona moderna y está al corriente del ritmo imparable del reloj biológico de toda mujer. Sabe que, si bien en el pasado el peor pecado que un novio podía cometer era dejar preñada a una chica, en estos momentos es no dejarla preñada y hacerle perder ese potencial... o hacerle perder el tiempo, simplemente. Una de las principales desventajas del amor tardío es que, por muy relajada que tú estés acerca del futuro, es normal que el hombre de tu vida se sienta presionado por todos los frentes. Por esta razón, debes:

- Mantener a la familia y a los amigos lejos de ti durante un par de meses. Siempre cabe el riesgo de que uno de tus amigos hombres se emborrache, se ponga sentimental y empiece a decirle al hombre de tu vida que eres una persona muy, pero que muy especial, y que más le vale tratarte bien porque bla, bla, bla. Además, hay muchas probabilidades de que, en algún momento, tu madre comente: «La verdad es que ya habíamos perdido la esperanza».

- Mantener tu propia vida. Nota: Tienes varias ventajas sobre la versión más joven de ti misma, y la primera de ellas es que tienes millones de cosas que solucionar antes de poder empezar a pensar qué harás el fin de semana. A los hombres les gusta no ser los responsables de la felicidad de una mujer. Desde las series *Prime Suspect y Silent Witness,* todos ellos esperan encontrar a una mujer que tenga una pasión en su vida aparte de ellos. Si en el trabajo has llegado a un punto muerto y en realidad llevas en casa desde las 15.30 de la tarde, lista para salir, no dejes que eso te impida cruzar las puertas del restaurante con ese aire de «Ya he cerrado el trato y, ahora, a disfrutar».

- Evitar convertirte en su ama de casa. Desde luego, cocina para él cuando vaya a tu casa, pero que no se te pase por la cabeza reorganizar su estantería de las especias, limpiarle el horno, tirar sus viejos cacharros de cocina y reemplazarlos por los mejores modelos de la gama Le Creuset. Aunque sea algo que haces de manera automática (en cuyo caso, eres afortunada), parecerá que estés emulando a su madre. Y no queremos el menor rastro de eso.

Está intentando cambiarme

¡No es verdad! No lo estás haciendo; es solo que has visto una chaqueta en Gap que es perfecta para él, y algunas lámparas que mejorarían mucho su salón, y es de lo más normal que quieras que vaya a tu peluquera, porque tu peluquera les corta el pelo a muchos hombres, y el pelo ondulado es su especialidad. No, no y no. Ya harás cambios radicales cuando llegue el momento, pero empezar ahora resultaría desconsiderado y contraproducente. (Como dice mi amiga casada sensata: «Nunca le compres ropa a tu hombre; es como vestir a tu muñeca».)

Es muy delicada

Por supuesto no quieres que te tome por una mujer poco delicada. Es importante que vaya a recogerte a la estación, aunque esté a tan solo cinco minutos a pie de su casa, y que se inquiete si tu habitación de hotel tiene vistas a la unidad de aire acondicionado, y que se preocupe si te quedas esperando a la salida del cine bajo la lluvia. Pero, de igual modo, tiene que estar seguro de que estarás dispuesta a bajar del coche para empujarlo, aunque sea de noche y esté atascado en un camino de fango, y aceptar las salpicaduras de las ruedas. Nota: Cuando son más jóvenes, muchos hombres creen que las mujeres finas y delicadas son sexies. Les gustan las mujeres adorno que tardan tres horas en estar listas y que son groseras con sus amigos. Por si eras una de esas chicas y tienes la impresión de que la mejor manera de volver loco a un hombre es comportarte como una diva con dolor de muelas piensa que todos los hombres superan esa etapa (con la notable excepción de los actores) y que, a partir de los cuarenta, toleran cada vez menos a las mujeres conflictivas. Desde este momento en adelante, por comportamiento en exceso remilgado se entiende: que siempre le hagas llegar tarde; que no hagas el más mínimo esfuerzo con sus amigos o colegas; que te enfurruñes en compañía de sus familiares; que esperes que todos los sábados por la noche sean noches de gala; que insistas para que te preste toda su atención, incluso cuando vais a visitar a su madre, en la residencia de ancianos.

Está estancada en su actitud de soltera profesional

Tú no eres esa clase de mujer, pero tal vez haya aspectos de tu vida que linden con la soltería profesional. Por ejemplo: esas enormes almohadas con estampado *toile de juoy* encima de la cama. La cafetera individual que sigues utilizando sin darte cuenta algunas mañanas. Los suelos blancos, difícilmente compatibles con sus botas de fútbol. Los platos decorativos colgados en la pared del baño, allí donde él habría esperado encontrar un espejo para afeitarse. Las cenas a base de ensalada con un poco de pollo rustido. La ausencia de pan o galletas en la cocina. Tu maleta en miniatura (donde no cabe ni su bolsa de la ropa sucia). Las cajas de zapatos etiquetadas con una foto Polaroid (en las que no caben sus zapatos). Las velas aromáticas que le provocan alergia. El minúsculo televisor sin Sky Sport. Todo esto está bien siempre y cuando aceptes su desorden y no lo hagas sentir como un oso en una casa de muñecas cuando está en tu territorio. Si alguna vez te oyes decir: «Oh, lo siento, solo he servido una copa de vino» o «¿Te importaría quitarte los zapatos y la ropa antes de entrar en el baño?», entonces procura cambiar, haz el favor.

Otras cosas que debes evitar una vez has encontrado al hombre de tu vida

- No disecciones su historial sexual. Hay momentos, por lo general hacia las cuatro de la mañana, en que te sientes inspirada para hablar en detalle sobre sus relaciones anteriores (en otras palabras, quieres que te cuente una historia acerca de cada una de sus ex, que empiece con algo como «Era muy agradable, pero esa celulitis...». A él no le gustan esas conversaciones porque sabe que nada bueno saldrá de ellas. Y sabe que a ti se te quedarán grabadas todas las palabras que diga, lo cual ahora, durante el primer arrebato de confesiones amorosas, puede no tener importancia, pero seguro que surgirá de nuevo más adelante.
- No compartas tu historial. Es muy sencillo. No le interesa. Si tu novio anterior era impotente y le gustaba disfrazarse de payaso, piensa que a él no le interesa en absoluto. Estos comentarios le producen escalofríos.
- No des demasiada información. Los forúnculos que tienes. Los pelos que te has arrancado. La vez que sufriste disentería, y cómo fue, con todos los detalles. Es probable que estés tan entusiasmada por haber encontrado a tu alma gemela que la confundas con la persona a quien hablarle de tus imperfecciones. No le interesan tus verrugas.

- No lo llames por el nombre de tu último novio. Todas hemos pasado por ello. Una vez puede tener gracia, tal vez dos. Pero no dejes que suceda una tercera vez.
- No te pongas mandona. Llevas un tiempo navegando en solitario y puede resultarte frustrante ceder parte del control. Por favor, hazlo. Deja que él reserve los vuelos, aunque tú habrías elegido el que salía un poco más tarde, con mejores enlaces, y cien libras más barato.
- No hables de tu avanzada edad ni de tus marchitos ovarios. No hay casi nada de lo que no puedas hablar con este hombre, pero este es un tema que harás bien en evitar, al menos hasta llegar a la segunda fase. ¡Él lo sabe!

Las reglas de la segunda base

Bueno, lleváis diez semanas y todo va a las mil maravillas. Has llegado a la segunda etapa. Es oficial, estáis saliendo: la gente espera que aparezcáis juntos, los amigos te presionan para que hagas la presentación oficial. Ya has pronunciado la palabra «amor» al tiempo que has dejado de hablar de tus anteriores relaciones (una puerta se abre, otra se cierra). La rutina de bares y copas, cinco noches a la semana, ha disminuido un poco y ya has cruzado la frontera del «no esperar demasiado», y él deja las camisas y el estuche de afeitado en tu casa. Todas hemos llegado a la segunda base alguna vez, así que, ¿cómo saber que esta vez será diferente?

Si él es el hombre de tu vida, lo sabrás porque el que sigáis juntos para siempre te parecerá algo inevitable. Tal vez pienses que ya has tenido antes esta sensación —y por eso no acabas de creértelo—, pero en realidad no es así. Lo que has tenido antes ha sido una sensación del todo diferente, del estilo «Quiero que este sea el hombre adecuado». ¿Te acuerdas de él? Pusiste toda tu voluntad para que funcionara, pero siempre faltaba algo, que podría resumirse en que —ahora ya lo sabes— no hablabais el mismo idioma. Sin embargo, con el hombre adecuado te sentirás totalmente en sintonía. Se inclinará sobre ti mientras estéis viendo *Pozos de ambición* y susurrará «Me muero de aburrimiento» justo en el momento en que tú dabas la primera cabezada. Recordará todo lo raro que también tú recuerdas, como pésimos anuncios de televisión, frases de canciones, camareros siniestros. Jamás tendrás que volver a introducir una observación con el comentario «Es probable que no sepas de qué hablo, pero...» o «No querría que sonara extraño/como si estuviera loca/como si fuera una crítica, pero...» porque él estará de acuerdo contigo. No me malinterpretes. Seguiréis en desacuerdo en muchas cosas importantes y os pelearéis como chacales, pero el hecho es que él te entiende. Así de simple. Y esa sensación no es solo muy atractiva (me conoce y me ama, no es que me ame porque hay muchas cosas de mí que desconoce), sino que hace que te des cuenta de lo triste que resulta la alternativa. Las personas creen que se separan porque se desenamoran. No es por eso. Se separan porque no pueden pasar por alto más tiempo la sensación de vacío que se experimenta cuando uno se da cuenta de que la persona que se suponía que debía ser su compañero del alma es tan solo un compañero.

Tal vez esa sea la definición del amor —no del amor adolescente, no del deseo sexual, ni del «Fuimos juntos a esquiar y mira qué sucedió», sino del amor con mayúscula—: desaparece la necesidad de dar explicaciones, o esa sensación de que sería mejor guardar silencio.

Otras señales de que es el hombre de tu vida

- Hace que sientas que, indiscutiblemente, eres la mujer más atractiva del mundo. En todas las relaciones, hay un breve período al principio durante el cual te sientes bastante confiada y segura. Pero esto es distinto. Ahora te sientes omnipotente. Él podría marcharse a una excursión en favor de la paz con Scarlett Johansson y tú dormirías como un bebé.

- Tienes la sensación de que todo va a gran velocidad —hacéis planes, conocéis a gente— y él mantiene ese ritmo acelerado. (Sabes que estás en una relación que no va a ninguna parte cuando él se muestra reacio a cumplir con los compromisos familiares. El hombre adecuado, en cambio, está dispuesto a afrontar los asuntos de familia. Quiere su aprobación. Tiene un plan.)

- No quiere que cambies. ¿Sabes que algunos hombres se sienten incómodos porque preferirían que no fueras tú misma, o que no estuvieras allí, en ese momento, delante de sus amigos? Eso nunca sucede con el hombre de tu vida. Él se siente orgulloso de ti.

- Los dos estáis igual de entusiasmados. Igual de nerviosos. Le aterroriza conocer a tu mejor amigo y se corta el pelo para conocer a tus padres (si no lo hace, es que no le importa demasiado).

- Le gusta que vuelvas de comprar con montañas de bolsas y te pide con insistencia que te pruebes toda la ropa.

- Conduce durante horas para pasar la noche contigo.

- Tus arrebatos de mal humor le resultan entretenidos/absurdos en lugar de exasperantes.

- Escucha tus historias cuando incluso a ti te aburren.

- Es capaz de darte un buen abrazo liberador de tensiones.

- Puedes sentarte en sus piernas sin preocuparte por si pesas demasiado.

- Nada de lo que hacéis juntos, aunque sea salir a comprar bolas de naftalina, resulta aburrido.

- Te ha sujetado la cabeza sobre la taza del váter cuando has estado enferma por haberte comido una ostra en mal estado (ejem). (Si eres francesa, esto tal vez no cuente como un rito iniciático importante, pero si eres británica, te aseguro que es fundamental. Tal vez no exista relación entre una cosa y la otra, pero el hombre que te sujeta la cabeza sobre la taza del váter sin quejarse es probable que sea un buen compañero cuando empieces a manifestar los primeros síntomas de Alzheimer.)

- El sexo es mejor que nunca (evidentemente).

- Podéis hablar de sexo y no solo al estilo de un dispositivo de navegación por satélite.

- Ninguno de los comentarios que suelen avergonzar a las nuevas parejas resultan realmente vergonzosos. La gente que ha bebido demasiado y os dice: «¿Y para cuándo la boda?». Conversaciones sobre vuestras antiguas parejas. Hablar de tener hijos. Nada de eso lo pone nervioso.

- Por primera vez en la historia de vuestra relación, no te apetecerá en absoluto hablar de él con nadie. Tu amiga te preguntará: «¿Cómo os va? ¿Qué tal es todo? Cuéntame», y tú sentirás que no hay nada que contar. Imagínatelo, sin dramas. Nada de: «Bueno... diría que va bien, pero no nos hemos visto mucho este mes». Nada de: «No lo sé, es un poco complicado ahora que yo trabajo y él no». En vuestras vidas están ocurriendo situaciones que os ponen a prueba. Hay crisis laborales, dramas domésticos, flemones en la muela del juicio, huidas del perro y coches declarados siniestro total, pero nada de eso ha hecho mella en vuestra burbuja de la felicidad. Sigues durmiendo como si tomaras pastillas porque, como ya hemos dejado claro, sabes lo que haces.

La fase dos puede durar entre seis y dieciocho meses, pero no indefinidamente porque en algún momento tiene que derivar hacia alguna de las palabras con M (matrimonio o mudanza).

En mi caso, terminó en matrimonio. No te aburriré con detalles de la proposición. Puedo contarte que fue en Cortina, en la nieve, en Navidad, y que yo estaba cubierta por un eccema causado por el frío que hacía pensar que había tenido un accidente con el aceite de la fondue. Puedo contarte que me quedé sin habla cuando sucedió y que —si bien mi vida entera no pasó ante mis ojos— fui consciente de que se había terminado un largo capítulo de ella y de que él siguiente sería muy distinto. Puedo contarte que el anillo era de Argos y que cerramos el trato brindando con Prosecco. Pero, en realidad, lo que debo decirte es que sucedió. Resultó que no era demasiado mayor, ni estaba demasiado fofa, ni demasiado atrapada en mi rutina de soltera. No tuve que resignarme, ni visitar a un cirujano plástico ni inscribirme en un chat de citas por internet. Y puedo decir con total sinceridad —y con total seguridad— que encontré al hombre adecuado en el momento adecuado (¡Tiene trabajo! ¡Tiene pelo! ¡Me hace reír!), si bien es cierto que llegó un poco más tarde de lo que es habitual. Y si a mí me pasó, desde luego puede pasarte a ti.

Y ya que estamos hablando del amor tardío...

¿Estás practicando tanto sexo como sería conveniente?

Esta es una pregunta que nos preocupa a todas. O, más bien, la pregunta para la que queremos respuesta es: ¿Practico tanto sexo como otras mujeres en mi misma situación? Debo confesar que había elaborado una tabla con la cantidad adecuada de sexo según la clase de relación (por ejemplo, soltera, en una relación de cinco años, de diez años, etc...) pero cuando la puse a prueba con las amigas de mi equipo de supervivencia, se pusieron como locas.

Casada Sensata: Me parece que eres un poco optimista. Harás que todo el mundo se sienta incómodo.

Amiga Mentora: ¿Estás de broma? Eso es una pensión de jubilado. Puede que llevemos bastante tiempo juntos, pero aún no estamos acabados, gracias.

Soltera Cabreada: No encajo en ninguna de estas categorías. Tuve alrededor de siete relaciones sexuales la semana pasada, pero el mes pasado creo que ninguna. ¿Qué te han dicho las demás?

Al parecer, no hay consenso sobre lo que se considera cuánto sexo es el adecuado, pero todas tenemos una idea sobre lo que es razonable, en base a las conversaciones que mantenemos con nuestras amigas, los cotilleos, los programas de televisión, las noticias y algunas anécdotas como los rumores sobre Brad y Angelina, que despertaron a los animales salvajes en aquel safari. Es lo que tiene el sexo: creemos que viene dictado por la libido, la edad y factores por el estilo, pero sobre todo está relacionado con las expectativas.

Por si te interesa, te diré que me quejé al hombre de mi vida porque creía que durante nuestra luna de miel no mantuvimos relaciones sexuales tantas veces como yo habría querido. Lo hicimos muchas veces, sí, pero no nos refugiábamos en nuestra habitación a la mínima oportunidad, y a veces dedicábamos la hora de la siesta solo a dormir, y no lo hicimos ni una vez en el baño o debajo del piano en el bar. Esto me preocupaba, porque no se correspondía con mi idea de la cantidad de sexo adecuada para una luna de miel (es decir, en cantidades indecentes, adornada con ropa interior al estilo de la de Sienna Miller en *Crimen organizado* que, a decir verdad, yo no tengo). Comenté el tema con mi flamante marido, que pareció aceptar la reprimenda, aunque no sin cierta sorpresa. Me recordó que ya habíamos mantenido relaciones una vez ese día, y era solo la una de la tarde, y también la noche anterior, y la tarde anterior a esa. ¿Quería de verdad más sexo o era tan solo que me estaba inquietando porque ya había terminado mi libro y él aún iba por la mitad de *The Insider*?

¡Y tenía razón! En realidad no me sentía insatisfecha, pero las expectativas de lo que tenía que ser una luna de miel pesaban sobre mí. Cuando dispones de camas del tamaño de una pista de bádminton —que te observan con ojos acusatorios—

y no tienes ninguna razón para llevar ropa, y tienes por delante días calurosos sin nada que hacer aparte de pedir daiquiris, te sientes decepcionada si no aprovechas al máximo ese espacio. La intimidad. Las interminables oportunidades, veinticuatro horas al día, siete días a la semana. Te entra el pánico. Crees que estás desaprovechando el momento y que no estás practicando el sexo suficiente, teniendo en cuenta tu situación. Sin embargo, debes recordar algo al respecto: el tema del sexo no funciona como tú crees.

Cómo practicar el sexo suficiente
Busca tiempo (y haz que suceda). Nada más empezar una relación siempre tienes tiempo para el sexo porque tu vida real queda en suspenso. Pero la vida pronto se impone de nuevo y entonces tienes que esforzarte un poco más para que suceda. Por ejemplo:

- Deja de ver ese programa de televisión que se emite tan tarde.

- Despídete del perro. (Cuando conocí al hombre de mi vida, el perro tuvo que ser expulsado de la cama, porque ocupaba todo el espacio y bastaba con que nos miráramos para que volviera la cabeza hacia la pared con gesto de desaprobación. Después se arrojaba contra la puerta de la habitación, todas las noches, pero, aun así, supuso una mejora.)

- Escapa de la rutina. Deja de repasar facturas en la cama y de leer tus correos electrónicos. No, no y no.

- En la cama no saques temas que no solo os quitarán las ganas de practicar sexo sino que, posiblemente, desembocarán en una pelea (dinero, trabajo, familias...).

- Arreglaos. Salid a tomar algo. Y cuando volváis a casa no os sentéis a la mesa de la cocina a beber otra botella de vino.

- Sufrid una crisis. Si el techo de la cocina se desploma, si lleváis media noche en vela esperando al técnico que ha de arreglar la alarma de inundación, si ambos estáis desesperados pero mantenéis una actitud heroica, eso favorecerá más el sexo que una cena a la luz de las velas en el Maurice.

- Reíd. No hace falta que os paséis la velada viendo *Curb your enthusiasm* porque eso interferirá en vuestros planes, pero no elijáis una noche de sexo para hablar de vuestro patrimonio neto negativo.

- Luce tu ropa interior sexy. Demuestra cierta disposición (porque es posible que la expresión de tu rostro no le baste para darse cuenta).

- Quedad con otra gente. Está bien pasar tiempo a solas, pero a veces es agradable ver al otro lucirse.

- No seas una niña buena. Olvídate de sacar la cena del congelador.

- Olvídate de apagarlo todo, de ordenar y de asegurarte de que los pendientes están en su cajita. No digas: «Tengo que ir un momento a escurrir la ropa que he lavado a mano». Tal vez no mate el momento, pero sí le dará una patada allí donde más duele.

- Planéalo. Lo quiero ahora mismo, o dentro de una hora, cuando termine el partido. De ese modo no habrá malentendidos.

Algunos mitos sobre el sexo

- Si vais a un hotel fabuloso, habrá sexo. No es así. Iréis a un hotel fabuloso, beberéis demasiado y es posible que os venza la presión de tener que cumplir en el hotel.

- Un dormitorio adornado con velas y aceites de aromaterapia es el primer paso para tener relaciones satisfactorias. Falso. Todo eso tiene connotaciones de terapia sexual, y lo último que necesitas es sentir que estás en el paso tres de un programa de revitalización de tu vida sexual. El primer paso es siempre que estéis solos en casa.

- No podéis mantener relaciones si estáis cansados. ¡Sí que podéis! Si esperas a estar más descansada, o a que él lo esté, porque los dos estáis hechos polvo, es la receta para no volver a practicar sexo jamás.

- Deberíais estar haciendo algo de manera diferente. ¿Como qué?

- Deberíais estar haciéndolo como los protagonistas de *Deseo, Peligro*. Bueno, podéis intentarlo, pero ten el número de emergencias médicas a mano.

Y por fin, piensa que si puedes hablar de «el sexo suficiente», es porque, probablemente, ya lo estás practicando.

¿No estás contenta por haber esperado? (o por qué el amor tardío es mejor)

Conocer al hombre de tu vida un poco más tarde de lo habitual tiene algunos inconvenientes, por ejemplo: el bagaje que aportan dos vidas adultas; el incómodo asunto del vestido de boda (solo diré que no puedes llevar velo, bajo ningún concepto); y, por último pero también fundamental, tus jadeantes ovarios. No puedes obviar el hecho de que, si quieres una familia y no encuentras al hombre de tu vida hasta después de los cuarenta, las posibilidades oscilan entre pocas y ninguna, y eso es una verdadera lástima. Sin embargo, en palabras de mi doctora (que también se casó tarde y no tuvo hijos): «No solo hay un camino hacia la felicidad. Además, ¿no sería aburrida la vida si todos tomáramos el mismo camino?».

Con todo, el amor tardío tiene multitud de ventajas. Por ejemplo:

Lo que ves es lo que hay

Si te prometes en matrimonio con alguien cuando se espera que lo hagas, lo mires por donde lo mires, estarás arriesgándote mucho. El hombre que tienes delante no es el hombre que tendrás delante (posiblemente encorvado) en vuestro vigésimo aniversario. ¿Lo tratará bien el paso de los años o se hinchará como un globo y sus cejas mutarán? (¿Quién ha superado lo que sucedió con David Hemmings?) ¿Es posible que su crisis de los cuarenta llegue acompañada de un deportivo y un reloj Tag Heuer o tal vez se acueste con todas tus amigas, una detrás de otra? ¿Acaso su gusto por las fiestas derivará en un grave problema con la bebida? ¿Su costumbre de jugar al golf puede llevarlo a alquilar un apartamento en multipropiedad en Sotogrande? ¿Y si cuando cumpla los cuarenta decide dejarlo todo y que salgáis a navegar por el mundo con tres niños y un manual de autoaprendizaje? ¿Lo ves? De repente, el matrimonio a la edad adecuada parece un acto temerario. Si, por el contrario, las circunstancias te obligan a esperar diez años más de lo que se considera recomendable, reduces las probabilidades de llevarte sorpresas desagradables a la larga. Enamórate cuando rondes los cuarenta y sabrás con exactitud qué puedes esperar, desde su patrón de caída del cabello hasta sus ingresos potenciales. Si aspira a vivir en el campo o a hacer carrera en la política, eso ya habrá aflorado por entonces. Si es tacaño, no podrá utilizar la excusa de un crédito para los estudios pendiente de pago. Sabrás adónde se dirige y de dónde viene. Incluso si eres tan solo un poco controladora, no se te pasarán por alto todas estas ventajas.

Ha pasado por todo eso antes

De acuerdo. No habías planeado casarte con un divorciado. Habrías preferido casarte con alguien sin experiencia previa, de modo que fuera una aventura para ambos y pudierais aprender juntos de ella. Pero bueno, ¿te has vuelto loca? ¿Con quién preferirías cruzar el desierto: con el guía turístico que conoce todos los peligros o con el novato que nunca ha salido de casa? Un hombre que ya ha estado casado sabe que la terrible bronca que acabáis de tener puede solucionarse fácilmente (cuando tú creías que era el fin de vuestro matrimonio). Ha tenido que ceder y negociar. Ha vivido las fluctuaciones hormonales. Está al día de lo que enloquece a las mujeres en cualquier relación, sabe lo que le molesta a él, y cómo evitarlo. No solo ha pasado por todo eso antes, sino que conoce los puntos críticos, los errores que podéis cometer, lo que se da por hecho y que de ningún modo quiere volver a pasar por ello. Es como tener en casa a tu propio asesor de parejas.

Lo que ven es lo que hay

Le gustas, tal como eres, ahora mismo. Eso hace que te sientas estupenda, segura como nunca, y a él lo convierte en el hombre más atractivo que hayas conocido jamás (¡Qué hombre, mira que abrirse paso entre esas jóvenes rusas para llegar hasta ti!). Y plantéate lo siguiente: no tendrás que preguntarle eso de: «¿Te atraigo lo mismo que cuando me conociste?». Al menos no hasta que hayáis cumplido los setenta.

Los hombres mejoran con la edad

Cuando eres más joven no te lo crees: piensas que es propaganda que distribuyen las mujeres en busca de figuras paternas y de cuentas bancarias rebosantes de dinero. Sin embargo, es totalmente cierto. Ya han pasado los años de egoísmo desmesurado, de fiestas continuas y de inestabilidad laboral. Si tenían que pasar la crisis de los cuarenta, ya la han pasado. Están más calmados. Más seguros. Como es inevitable, tienen más experiencia sexual y en hacer la compra, y no les queda mucho por demostrar. No se sienten amenazados por tu independencia; de hecho, están aliviados. Sus amigos se han reducido a unos pocos, los de verdad, y ya no necesitan salir en grupo (podrías quedarte en casa tranquilamente, la noche de fin de año, y no se lo tomarían a mal). No les importa que seas divertida (a los hombres jóvenes también les encanta, pero solo hasta que empiezan a salir contigo, momento a partir del cual creen que los estás desautorizando). No les importa que seas discutidora (a los jóvenes también les encanta eso, pero solo hasta que empiezan a salir contigo, momento a partir del cual creen que eres estridente y radical). No les importa que vistas de un modo un poco extraño. (Les gusta. Ya no les preocupa encajar.) En resumidas cuentas, son lo bastante adultos para dejarte ser quien eres y quererte por ello.

Nosotras también mejoramos con la edad

La gran ventaja del amor tardío es que llega en el mejor momento de la vida de una mujer: cuando por fin tenemos la autoestima en su sitio. Algunas jóvenes tienen suerte y las visita de manera periódica el hada de la autoestima durante la década de los veinte y los primeros años de los treinta, pero la mayoría de nosotras tenemos que esperar para recibir esa inyección de energía hasta haber cumplido los cuarenta (y ya iba siendo hora). Ese es el momento en que empiezas a preocuparte sobre lo que piensas y lo que quieres, y no sobre lo que la gente piensa y quiere de ti. Lo cual supone una enorme ventaja si tienes una relación seria. Al fin puedes decir: «Lo quiero, porque...» en lugar de: «Creo que me gusta, pero ¿le gustaré yo a él? Eso es lo que importa».

Estás lista para darte cuenta de que tu situación no puede ser mejor

El problema de encontrar a tu pareja definitiva cuando lo hace la mayoría de la gente es que nunca sabes qué podría haberte sorprendido a la vuelta de la esquina de haber esperado un poco más. Los tribunales de pleitos matrimoniales están llenos de parejas en las que uno de sus miembros, o los dos, no logran quitarse de la cabeza que sus vidas habrían sido mucho mejores si hubieran tenido las agallas de esperar un poco más de tiempo. ¡A nosotros no nos ha sucedido eso! Los amantes tardíos tenemos una ventaja enorme sobre aquellos que se casan cuando es habitual hacerlo: hemos visto lo suficiente para estar completamente seguros de que nuestra situación es inmejorable. De un modo u otro, hemos cubierto todas las opciones: chicos guapos, chicos de ciudad, artistas, locos por la velocidad, los que se secan el pelo con secador, los que no se lavan y ¡de todo un poco! Hemos demostrado, de manera concluyente, que el mundo no es un crisol de parejas en potencia. Jamás infravaloraremos el amor tardío, porque sabemos lo difícil que es de encontrar. Además, tenemos la ventaja de haber sido testigos de los matrimonios de nuestras amigas y de lo que sucede cuando la gente empieza a perseguir intereses distintos y a marcharse de las fiestas por separado. (Y, seamos honestos, este es el momento perfecto para elaborar una lista de boda. Has superado la fase de los muebles artesanales, la de las lucecitas en forma de chile para la cocina y la fase en la que te empeñabas en vivir en un mundo de cuero, y por fin has conseguido algo que podrías llamar tu propio estilo. Imagínate que te hubieras casado quince años antes. La de trastos que te habrían regalado. Menudo desperdicio.)

Tus padres no están ni un poco decepcionados

Para que tus padres estén absolutamente encantados con tu elección de pareja, primero tienen que haberse fijado en el abismo al fondo del cual parpadea el enorme cartel de HIJA SOLTERA. El miedo es la clave. Tu soltería forma parte de su lista de «cosas que no están dispuestos a tolerar» y, con el paso del tiempo, los corroe hasta tal punto que se sentirían aliviados si llevaras a su casa a Hugh Hefner ataviado con una máscara de cuero. (Una vez mi madre se cruzó con un mensajero motorista en la escalera de camino a mi piso —un hombre con traje de motorista, con un casco negro y visera tintada— y me dijo que le parecía «un chico muy agradable». Le bastaba con que el hombre respirara, y eso fue hace seis años.)

Como es natural, la aprobación de los padres no es lo más importante para ti a la hora de encontrar al hombre de tu vida. Sin embargo, hay tan pocas cosas que puedas hacer para recompensar todos los esfuerzos que tus padres han hecho por ti a lo largo de los años que es reconfortante pensar que puedes hacerlos muy, pero que muy felices anunciándoles tu compromiso cuando ya habían perdido toda esperanza.

Y por último, aunque sin duda no por ello menos importante, te conviertes en la madre a tiempo parcial de tres hijos adolescentes.

YA ERES MADRASTRA

Vayamos directos al grano en esto. Nadie te dirá jamás: «¿Tienes tres hijastros? ¡Qué maravilla!». De vez en cuando alguien te dedicará una sonrisa de aliento. Una vez, una amiga me dijo, literalmente: «Me encantaría tener adolescentes en mi vida. ¡Tiene que ser tan divertido!». Sin embargo, en general, a la mujer que hereda los hijos de otros se la contempla con una mezcla de respeto, pena e incredulidad. Eso es bueno. Si no eres la clase de persona desinteresada y sin pretensiones que pasa por la vida sin necesidad de llamar la atención (en otras palabras, la madre media), entonces deberías ser Madrastra.

Las Madrastras se llevan todo el mérito. Te conviertes en una heroína por aparecer en el partido de rugby de la escuela. Una superheroína por tomarte uno o dos días libres porque tu hijastro está enfermo. Una super-superheroína por dejar que sus amigos pasen la noche en tu casa y que coman pizza delante del televisor. Todo el mundo espera que las madres hagan esta clase de cosas de manera automática. Sería impensable que una madre llamara por teléfono a una amiga y chillara: «¡Esta tarde vienen a casa cinco niños de doce años! ¿Qué voy a hacer con ellos?». Sin embargo, una Madrastra puede hacerlo, mostrarse abiertamente resentida, y masculla cosas como:

«Maldita sea, no es así como imaginaba pasar la tarde del sábado», y quien te esté escuchando se reirá y se maravillará de lo mucho que aguantas y de tu buen talante.

¡Y aún hay más! Si hacemos las cosas mal, resulta divertido, encantador, ¡perdonable! La Madrastra caótica y excéntrica es un personaje sufriente. (¡Lo está intentando! Dadle un respiro... Dios, si ni siquiera son hijos suyos.) Sin embargo, la madre que se equivoca, que no lleva a su hijo a la escuela con el equipo de deporte apropiado durante dos semanas seguidas es una mala madre. Y ni siquiera ha llegado lo mejor. Ahí va. Salgan como salgan esos niños, no es culpa tuya. O, dicho de otro modo, si la niña acaba convertida en Amy Winehouse, será por culpa de su madre, pero si es una joven simpática y presentable, será gracias a tu influencia estabilizadora. ¿No es genial?

Nadie menciona nada de esto cuando habla del papel de las Madrastras. Es una tarea desagradecida, implica lo peor de ambos mundos, te toca hacer todo el trabajo duro sin la recompensa de ver tus genes reproducidos y saber que te quieren de manera incondicional. Bueno, tal vez. Pero también llegas a hacer el trabajo más gratificante que existe sin correr el riesgo de que te responsabilicen de ello, y tus niveles de culpabilidad son muy bajos comparados con los de los padres biológicos. Aunque de ningún modo es un camino de rosas.

Algunos miedos comunes

No estás preparada para cuidar de menores

La primera diferencia fundamental entre madres y Madrastras es que los niños/adolescentes (en mi caso, dos chicos, de doce y dieciséis años, y una chica de dieciocho) conocen las reglas mejor que tú. La segunda diferencia es que esperan que alguien se haga con el control de la situación, y tú esperas lo mismo, hasta que te das cuenta de que no hay nadie más aparte de ti.

La verdad es que tu experiencia tiene algunas lagunas abismales. Por ejemplo, jamás has hecho una de esas compras en el supermercado que implican conducir hasta el punto de recogida y llenar el enorme maletero hasta el techo con bolsas de comida. Jamás has cocinado macarrones con queso, ni has hecho un pastel de cumpleaños, ni has comprado patatas congeladas. Ni has organizado una fiesta infantil. Ni iniciado una conversación con una madre en la línea de banda durante un partido de rugby. Ni has tenido que enfrentarte a piojos. Ni has «envejecido» un trabajo de historia con una bolsa de té. Ni has hecho la maleta de un niño de doce años. Ni has tenido que preocuparte de que alguien que no fueras tú llevara sombrero y protección solar. Ni has escrito un diario en el que aparecen cinco personas. Y la posibilidad de convertirte en una de esas mujeres que afrontan todo eso con calma, día tras día, resulta en realidad bastante... desalentadora.

Siempre ha habido mujeres así en tu vida, de nombre Caroline, principalmente, cuya apabullante competencia te deja asombrada. Son las mujeres por las que sientes un respeto reverencial. En ocasiones, cuando una de ellas dice: «Oh, dejé un par de pasteles de pescado en el congelador antes de llevar a los niños a la escuela y de pasear a los perros, y después caí en la cuenta de que tenía que recoger las mesas de caballete y montar la carpa del jardín, lo cual no me llevó tanto tiempo como creía, así que pude repasar las cuentas antes de empezar a confeccionar los disfraces de los niños...», a ti te apetece postrar una rodilla ante ella y pedirle que se haga cargo de tu vida. Sientes ganas de decir: «¡Me he quedado en lo de los pasteles de pescado! Por favor, ven a vivir con nosotros. No soy competente». Como es evidente, todas las Caroline te dirán: «Oh, todo irá bien; es cuestión de sentido común, en realidad», y es lo mismo que dice todo el mundo. Pero no se dan cuenta del alcance real del problema.

La mayor parte del tiempo puedes arreglártelas sola. Tu hijastro dirá: «¿No conviene diluir el Dettol?», justo en el momento oportuno. O: «Juraría que los portavelas van al revés». O: «¿No deberíamos llevarnos toallas si vamos a nadar?». Sin embargo, en algún momento, fallarás. Cuando esto suceda —por ejemplo, pones hielo, en lugar de una tirita en la quemadura de tu hijastro pequeño, y una madre tiene que señalarte el error que has cometido (¿en qué momento el aire pasó a ser el gran enemigo? Pero si acabamos de salir del remedio de la mantequilla...)—, no te dejes llevar por el pánico y pienses «Esto es tan solo la punta del iceberg. No puedo más». Si los niños de los que te ocupas son relativamente listos y están alerta ante la posibilidad de que cometas alguna que otra pifia, no es tan terrible como crees. Es frecuente que estudien sobre pérdida de sangre en biología, o sobre fugas de gas en geografía, de modo que podrán proporcionarte información relevante, como: «El torniquete tiene que quedar por encima de la herida, no por debajo». Se llama trabajo en equipo, y es el futuro.

Te convertirás en la clase de mujer que lleva jerséis a rayas y gafas con cordones, y perderás tu identidad

¡Es ridículo! Tienes hijastros, ¡no te estás mudando a una granja de cerdos en Exmoor! Sin embargo, hay una serie de cosas típicas en las familias que —para la mente aturdida de la nueva Madrastra— representan la sentencia de muerte de la civilización y el primer paso hacia la pendiente resbaladiza que conduce a llevar forros polares sin mangas y a olvidarte de depilarte el bigote. Son las cosas pequeñas, aparentemente insignificantes; por ejemplo, las cajas de cereales alineadas en los módulos de la cocina. Allí donde, en tu cocina de soltera, solía haber una resplandeciente cafetera, una pequeña selección de elegantes libros de cocina, un mortero de granito y un cuenco con cabezas de ajos frescos (Marisa Tomei debe de tener una cocina así, supongo que estarás de acuerdo conmigo), hay ahora un metro de cajas de cartón polvorientas, demasiado grandes para guardarlas en cualquiera de los armarios. (Hay quien dice que los recipientes de plástico son el mal menor en estos casos, pero yo digo que si los recipientes de plástico son el último recurso, y tal vez sea una manía personal, entonces mejor no utilizarlos.)

Temes que esos paquetes de cereales a la vista sean una advertencia de lo que está por llegar. Te conducirán, de manera inexorable, a la cubertería barata con mangos de colores, a las fundas a prueba de niños para las sillas (cualquier cosa que acuse poco la suciedad) y a la vida social sencilla (mejor no salir de la zona, de todas formas estarás demasiado cansada para ir a ningún sitio). Cuando quieras darte cuenta, habrá un par de zapatos cómodos para conducir al lado de la puerta de casa y usarás tu bolsa de la compra reutilizable como bolso de mano. «Al fin y al cabo, en tu nuevo papel tendrás que ser práctica —dice el Hada de la Culpabilidad de toda Madrastra—. ¿Pretendes cocinar la salsa boloñesa con ese jersey de cachemir? Oh, Dios.» «¿De verdad quieres llevarlos a ese restaurante para adultos en lugar de a ese otro de pollo frito que hay cerca de tu casa? Bueno, allá tú.» «¿Te estás planteando pintar los suelo de blanco? Oh, no seré yo quien te lo impida. Es solo que ahora tienes una familia y tus prioridades han cambiado, ¿no te parece?»

Te encontrarás con el Hada de la Culpabilidad de vez en cuando, y a veces tendrá razón, pero nunca cuando trate de ponerte en contra de los cambios para crear un ambiente a prueba de niños y que sea fácil de limpiar. Tu Hada Guardiana es en quien debes confiar de cara a las nimiedades de tu vida, y ella dice: «Que le den. Compra platos que no te duela que se descascarillen. Deja las fundas del sofá, son lavables. Llévalos al bar de sushi, por el amor de Dios (¡les encanta!). Bajo ningún concepto cedas y hagas una de esas tablas con diferentes colores en las que se detallan los movimientos de cada uno de los miembros de la familia, ni pongas un tapete de hule sobre la mesa. No hay ninguna ley que dicte que un hogar familiar tenga que parecerse a un anuncio de Play-Doh.» Lo que el Hada Guardiana quiere decir es que si no haces las cosas a tu manera, te deprimirás, y entonces te volverás retorcida y paranoica y acusarás a tu marido de convertirte en una mujer desaliñada y sin estilo que nunca se retoca las raíces a tiempo y que no se ha comprado ni un vaquero en las dos últimas temporadas. Y, sencillamente, no merece la pena.

Nota: Cuando hablas con hombres que vienen de matrimonios anteriores, este es el mensaje que siempre te transmiten: «No caigas en el error de pensar que puedes cambiar a tus hijastros. Mi (nueva) esposa cree que puede convertirlos en la clase de niños que se lavan las manos antes de comer. ¡Simplemente, no sucederá!». Hagas lo que hagas, no escuches a estos hombres. No entienden que el único modo de hacer toda esta aventura manejable, por no decir placentera, es ciñéndote a tus principios. Conseguir que se laven las manos antes de comer tal vez sea un objetivo demasiado ambicioso, pero si resulta que para ti es fundamental que lo hagan, entonces, adelante, inténtalo. Lo importante es que te sientas cómoda y que controles un tanto la situación. A tus hijastros no les importa tener que pasar por unos cuantos aros si con ello consiguen que los dejes en paz. En realidad no les importa demasiado que tengas tus teorías sobre cuándo pueden ponerse los pantalones del chándal y cuándo no, o cuándo pueden comerse el humus directamente del recipiente de plástico. Pero entienden el mensaje subyacente (tienes que conservar el juicio). Y ¿sabes qué? Cuanto antes empieces a exponer tus normas, antes lograrás convertir tu casa en un hogar.

No harán lo que les digas

Tardarás algún tiempo en comprobar este punto. Como Madrastra novata, tu instinto te dicta lo que hay que hacer, pero el instinto de supervivencia te dice que es mejor que dejes que tu marido se ocupe de ello. Esto significa que mantendrás muchas conversaciones de este estilo:

Hijastro mayor: Hoy salgo y puede que llegue a tiempo para las clases del lunes.
Marido: Mmm...
Tú: [arqueas las cejas, das un golpe con el codo a tu marido y le pides que se acerque al espacio que queda detrás de la puerta de la cocina] Dile que no va a ninguna parte.
Marido: De acuerdo.
Tú: Dile que no puede ir, y si no sabe por qué, entonces...
Marido: De acuerdo.
Tú: ESCUCHA. Esto es lo que tienes que decirle: «Si crees que es razonable, que en época de exámenes...».
Marido: [de vuelta en la cocina] Muy bien. Si crees que es razonable, etcétera, etcétera...
Hijastro mayor: ¿Papá? ¿Por qué estás tan raro?

La fase de los susurros apartados por parte de los padrastros o madrastras es un estadio de adaptación necesario y pospone la confrontación directa entre hijastro y madrastra. Sin embargo, llegará el día —tal vez al cabo de seis meses, tal vez más tarde— en que te oigas bramando: «Sube a tu habitación, ahora mismo», y ahí estará: el inicio de tu vida real, de Madrastra implicada y sin obstáculos.

Es una impresión bastante grande descubrir que vienes preprogramada con un léxico de frases típicamente maternales como «Porque yo lo digo», «Habrá problemas si no» y «Voy a contar hasta cinco», pero así es, esas frases están ahí, esperando a que las utilices de manera deliberada. Y aún más —pese a tus peores miedos—, tus hijastros harán, con más frecuencia de la esperada, lo que les ordenes. Eso no tiene nada que ver con tu autoridad natural, o con el profundo respeto que puedan sentir hacia ti. Se da, sencillamente, porque están acostumbrados a recibir órdenes. «Quítatelos», «Apaga eso», «Limpia aquello», «Déjalo ya», es la banda sonora de sus vidas y, por lo que a ellos respecta, no importa demasiado quién sea el adulto que les da la lata. Además, no les molesta en exceso. Tú crees que todas tus instrucciones son una puesta a prueba de tu autoridad y estás nerviosa, a la espera de que uno de ellos te dedique esa mirada desafiante con la que te diga «Oblígame a hacerlo». Por fortuna, la mayoría de los niños no están interesados en enfrentarse a ti, y suele resultarles más cómodo acatar una orden que rebelarse. La excepción a esta norma son los adolescentes rebosantes de hormonas.

He tenido una suerte inmensa con mis hijastros. No se han inventado un lenguaje secreto ni han hecho pedazos mi vestido de novia. Pero ha habido momentos complicados y los seguirá habiendo. Cuando esos momentos lleguen, estas son algunas de las cosas que debes recordar:

- No debes soltar tacos. Sucederá en algún momento acalorado, pero cuando ocurra no conviene que adoptes la actitud de quien está intentando dejar de fumar: como ya he sucumbido una vez, no veo por qué no seguir. Tus hijastros te perdonarán la ocasional sarta de palabras malsonantes, pero, a la larga, eso no te hace ningún favor.

- No te impliques. Los adolescentes están deseando que los adultos sensatos y equilibrados los dejen en paz. Cuando dicen «Voy a quemar mi dormitorio, intenta impedírmelo», no empieces a gritar y amenaces con llamar a la policía. Si te limitas a dar media vuelta, conseguirás resultados mucho más efectivos. (Pasado un tiempo desde ese episodio, si les recuerdas el comentario ofensivo que hicieron, es probable que respondan algo como «Sí, pero es que entonces me comportaba como un idiota», como si dieran por hecho que no deberías haber caído en la provocación.)

- No tienes que arreglarlo ahora mismo. Ya pensarás más adelante en el castigo. Si intentas decidirlo en el momento, nada te parecerá suficiente y saldrás con el «Se te han acabado los privilegios durante el resto de tu vida», que será difícil de poner en práctica.

- No tienes que ponerlo en contexto. Con los adolescentes, existe la tentación de iniciar un enfrentamiento y comparar su decepcionante comportamiento con los increíbles esfuerzos que haces para que sus vidas sean fáciles y cómodas. Son tan caros de mantener como Elton John. Solo piensan en sí mismos. Haces lo imposible por ellos y ni siquiera se molestan en dejar el plato sucio en el fregadero. No tienen ni idea de lo afortunados que son en comparación contigo a su edad, de la libertad que les das, ni de lo pasmados que se quedarán el día que salgan al mundo real y descubran que los helados no crecen de los árboles y que la televisión en alta definición no es un derecho fundamental del ser humano. Sin embargo, esto solo puede terminar mal. Nunca lograrás que estén de acuerdo contigo y solo conseguirás que te respondan con alguna provocación que no serás capaz de pasar por alto.

- Hacer que abandonen la escena del conflicto o abandonarla tú es una buena manera de calmar los ánimos. Sal a dar un paseo. Mándalos al parque. El espacio es una cura genial.

- Si se han portado fatal, no cocines. Nada como un fin de semana a base de sándwiches de Babybel para recordar a un adolescente en qué se está equivocando.

Pensarán que eres rara

En realidad, no. Si eres un poco rara, se acostumbrarán a ello, y, además, a los niños les gusta todo lo que sea un poco excéntrico (de ahí el vínculo con los abuelos). Sin embargo, no son ellos quienes deben preocuparte, sino sus amigos.

Es imperativo que no anuncies, delante de un grupo de niños de doce años, que amas a tu sirvienta (aunque tu hijastro pequeño sabe que lo que en verdad quieres decir es: «¡Estoy tan contenta de que lograra sacar la mancha de cera de la alfombra!», sus amigos se inquietarán). Además, deberías contenerte a la hora de hablar con acento ruso, de cantar a voz en grito en la cocina, de hablar con el horno, de reñir a la nevera, al ordenador, etcétera..., de merodear a sus espaldas y de guiñarles un ojo mientras juegan a Call of Duty tres, de ofrecerles fruta (como si fueran a aceptarla). Y nunca, bajo ningún concepto, digas nada que pueda considerarse una pijada excesiva, como: «¿A alguien le apetece una chocolatina?». Todo lo mencionado responde a un comportamiento increíblemente embarazoso y les da motivos de sobra para que te etiqueten como rara. La regla es, en presencia de sus amigos, limitar la charla a: «¿Queréis otra salchicha? ¿Un poco más de Coca-Cola?». De ese modo, no decepcionarás a nadie.

Pensarán que eres horrible

De todos es sabido que las generaciones más jóvenes consideran físicamente repugnante a cualquier mujer mayor que Keira Knightley, y estos chicos te verán recién levantada de la cama, en la playa, en chándal, sudada después de haber salido a correr (esto último es broma). No tienes por qué estar tan mal, pero no tenéis la misma sangre y, por lo tanto, te juzgarán como a una persona cualquiera, mayor y en decadencia. No te costará recordar aquellos momentos en que, siendo adolescente, tomaste el sol con las amigas de tu madre y deseaste que hubieran tenido la decencia de cubrirse con un poco de recato. Y eso era en la época en que era normal que las mujeres estuvieran recubiertas de celulitis; antes de las mamás sexies y de la obsesión por el índice de masa corporal, y de que las mujeres de mediana edad dejaran de existir. Además, ¡estos niños son tan críticos! Se fijan en las raíces de tu pelo, en tus uñas de los pies, saben el día y la hora en que necesitas depilarte las cejas. Tiran de cualquier trozo de carne floja y, con aire distraído, juguetean con la grasa que te sobra de los brazos. De vez en cuando, dirán cosas como: «Anna está muy delgada» o «La mamá de Jessie tiene un pelo precioso», y tú temerás que esa sea su manera de comunicarte que tu aspecto inadecuado está afectando su posición social. Pero puedes estar tranquila; les da igual. Tal vez les gustaría que te acicalaras para la entrega de premios del último día de la escuela —y ten en cuenta que abrir la puerta de casa a sus amigos con el bigote cubierto de crema decolorante tal vez no sea una decisión acertada—, pero que lleves los mismos pantalones de pana día sí día también no es una tortura para ellos.

Dicho esto, por supuesto hay maneras en las que avergonzar a tus hijastros que tienen que ver únicamente con tu aspecto. Y siempre se encuentran en una de estas tres categorías: llevar complementos con los que parece que te mueres por llamar la atención (sombreros del tamaño de un transatlántico, abrigos con estampado de cebra, pintalabios rojo); ir vestida como si te murieras de ganas por llamar la atención de los hombres (camisetas muy cortas, faldas muy cortas, vaqueros muy ajustados); llevar complementos o ir vestida como si creyeras que eres una de ellos (pulseras con mensaje, vestidos encima de mallas, gorras de lana, diademas, botas Ugg, y otras cosas que comentaré en breve).

Te dirán: «Tú no eres mi madre»

Es la constatación de un hecho, pero, aun así, todas las Madrastras temen esas cinco palabras porque creen que significan: «Eres tan solo una mujer que nuestro padre ha introducido en nuestras vidas. Lo estás haciendo de pena. ¿Podemos dejar de fingir que significas algo para nosotros?».

Según los hijastros, hay solo dos clases de Madrastras: la que apartó a su padre de su madre, y las otras. Si estás en la primera categoría, tienes una desventaja importante, pero todas las Madrastras son mujeres de fuera que entran en sus vidas por el mero hecho de haber atraído la atención de su padre (y los niños tienen razones para dudar de su buen criterio). Si eres la mujer o la novia de un hombre con hijos, merece la pena recordar —cuando se vuelven hoscos y poco dispuestos a colaborar— que esto podría deberse a que tienen que tratar con una desconocida que toma muchas de las decisiones importantes que afectan a sus vidas. No es de extrañar que, en ocasiones, la situación les parezca injusta, o azarosa, porque lo es. Si alguna vez llegan a pronunciar las temidas palabras (y lo más probable es que no lo hagan, porque incluso los niños saben identificar un tópico manido cuando lo oyen), lo que (probablemente) querrán decir es: «No me puedo creer que sea hijo de padres divorciados y que me toque aguantar toda esta mierda». Lo cual es un poco diferente.

También vale la pena recordar que esta situación también comporta ventajas para tus hijastros: para empezar, no eres responsabilidad de ellos. Tu madre lo es para lo bueno y para lo malo. Una Madrastra es como un ex novio: si tienen cualidades positivas, puedes aceptar tu vínculo con ellos; si no, puedes negar tranquilamente la relación.

Piensa en ello. Panorama uno: estás en una fiesta de ambiente multigeneracional y tu madre está bailando de manera desinhibida al ritmo de «Sexual Healing» con un hombre sudoroso vestido de esmoquin. Panorama dos: la misma escena, solo que esta vez es tu Madrastra la que baila al ritmo de «Sexual Healing». Lo primero es tu muerte en sociedad. Es probable que te deje cicatrices de por vida. Lo segundo es algo de lo que puedes reírte sin temor a traicionar tus lazos familiares (los de sangre). O que puedes pasar por alto. O que puedes tomarte con calma. Como sea, no es en absoluto un reflejo de ti. Para un adolescente, el poder decir «No es mi madre» es la mejor forma de aliviar tensiones. Y más aún, como tus decisiones no afectan de manera directa a su imagen, a veces, pueden incluso parecerle divertidas. Así pues, por ejemplo, si te compras una parka Spiewak, tu hijo adolescente se morirá de vergüenza y se negará a salir a la calle contigo, pero tu hijastro adolescente tal vez te la pida prestada. Las madres son una fuente permanente de bochorno potencial. Las Madrastras son, más bien, unas anfitrionas excéntricas... con ellas, nunca se sabe.

Además, no se sienten como extensiones de ti. Cuando una adolescente habla con su madre, suele pensar: «Estás haciendo que me sienta culpable, estás entorpeciendo mi estilo, me tratas como a una niña, no entiendes nada (nadie escribe cartas de agradecimiento, nadie llama a los padres de los otros chicos), no tienes ni idea de lo que me costó, no te escucho porque estoy pensando en qué ponerme».

Entretanto, por debajo de todo esto, se oye un grave zumbido de inquietud: la sensación de que no puede hablar con su madre y aun así esta lo sabe todo sobre ella. Las Madrastras, por el contrario, no saben nada de sus hijastras, aparte de lo que ven con sus propios ojos. Son capaces de tratar a una adolescente como a una adolescente porque no están pensando: «Pero si parece ayer cuando te di a luz, mi pequeña. ¿Cómo puedes estar pensando en un piercing en la lengua?».

En otras palabras, puedes hablar de algo sin desviarte del tema.

Y funciona en ambos sentidos. Cuando tu hijastra elige no ir a la misma universidad que tú, puedes estar bastante segura de que no es un desaire intencionado. Cuando habla de chicos, tú no comparas de inmediato sus experiencias con las tuyas y temes que vaya a cometer los mismos errores que tú. Cuando da muestras de una leve ansiedad, no te asustas porque sospechas que le venga de la vez que la dejaste llorando en aquella casa de vacaciones y después te diste cuenta de que había un murciélago atrapado en la tela mosquitera. Las mejores madres del mundo son capaces de dar marcha atrás y de tratar un tema con la distancia necesaria con sus hijos, pero incluso la Madrastra más inepta hace eso con bastante facilidad. Y siempre es una ventaja poder dar consejo sin que la persona que lo recibe piense: «Dices eso porque es lo que querías para tu vida».

Nota: En algún momento, alguien te confundirá con la madre de tus hijastros, y el modo en que manejes la situación será crucial. Tu primer instinto será corregir el error, de inmediato, para evitar al niño la vergüenza de tener que hacerlo él mismo. Tú lógica te dicta que si se lo dejas al niño, parecerá que tiene un problema («ella no es mi mamá»), así que te parecerá mejor tomar tú la iniciativa. Esto tiene mucho sentido hasta el momento en que lo dices («Soy su Madrastra, en realidad»), cuando, créeme, parece que eres tú quien tiene un problema. Suena como si hubieras dicho: «Esto... espera un segundo. Ni de broma. Ni siquiera me gustan los niños. Estoy casada con su padre y este era uno de los aspectos que no admitían negociación». La única forma de evitar esa situación violenta es corrigiendo el error solo si es estrictamente necesario. Si la dependienta de la zapatería te pregunta: «¿Su hijo quiere las Converse en azul o en verde?», limítate a responder. No hace falta que aclares nada. Sin embargo, si su profesora —el día de los padres en la escuela—, o la madre de su nuevo mejor amigo, o la policía cometen el mismo error, tal vez te convenga corregirlo. En algún momento, siempre habrá alguien que tendrá que ser sacado de su error, pero no hay ninguna prisa (y el hecho de que no tengas prisa se traduce en: «Me hace inmensamente feliz que me confundan con su madre, sean cuales sean sus sentimientos hacia mí», lo cual solo puede ser bueno).

Llegará el día en que tendrás la rutina por la mano: recepcionista del hotel: no le importa. Mujer chillona en una fiesta: mejor aclararlo antes de que se compliquen las cosas. Dentista: quizá te convenga que lo sepa, y así con todo el mundo.

Algunos consejos para las Madrastras (o cómo no fastidiarla demasiado)

Los niños/adolescentes son bastante tolerantes con la incompetencia. Por ejemplo, son capaces de soportar:

- Ponerse ropa que les queda varias tallas grande, porque era más barata.

- Nadar en ropa interior porque te has olvidado sus bañadores.

- Que les limpies el corte de la cabeza con vodka porque no tienes antiséptico.

- Que les cortes el pelo a lo marine porque estabas enfrascada leyendo *Vogue* durante el momento crucial.

- Dejarse abrazar con fuerza por una *au pair* llorosa durante media hora (otra más de cuyos servicios has tenido que prescindir).

- Ver dibujos animados durante cinco horas con niños seis años más pequeños que ellos, porque tú te estás emborrachando con sus padres en la habitación de al lado.

- Subsistir con dos camisetas porque les has encogido todas las demás.

Sin embargo, no tolerarán pifias que tengan que ver con la escuela, por ejemplo, que metas en la lavadora su tarjeta de conducta cinco veces seguidas. La que sigue es una conversación que a mi hijastro pequeño le resulta demasiado familiar:

Hijastro pequeño: ¿Por qué intentas parar la lavadora?
Tú: Quiero comprobar una cosa.
Hijastro pequeño: Está ahí dentro, ¿verdad?
Tú: No estoy segura.
Hijastro pequeño: [con la cara pegada al cristal de la lavadora] ¡No me lo puedo creer! ¡Es la segunda vez esta semana! ¿Mi teléfono también está ahí dentro?
Tú: ¡Ah! ¡Eso es lo que hace tanto ruido!

La incompetencia en estas áreas nunca se asume demasiado bien. Puedes ser incompetente en otros aspectos siempre que este lo tengas controlado. A continuación, otros escollos que te conviene salvar:

No impongas reglas que sean demasiado difíciles de mantener

Crees que las reglas son muy sencillas cuando empiezas a realizar este trabajo. Quitaos los zapatos llenos de barro. Esa es una. Dejad las mochilas de la escuela aquí. Esa es otra. Duchaos después del partido de fútbol. La número tres. Todas ellas funcionan como deberían hacerlo todas las normas. Genial. Pero después hay otras normas que te inventas sobre la marcha, en respuesta a un incidente en particular. Por ejemplo, la norma que dicta «No más comida ni bebida en la sala de la tele porque habéis vuelto a derramar la Coca-Cola». Esta es una regla que cualquier madre experimentada sabría, de inmediato que está abocada al fracaso. Es una regla mala e inviable porque también tú quieres tomarte una copa de vino mientras ves *Nigella Express*. ¿Y las mandarinas, cuentan como comida? ¿Y qué pasa con un vaso de agua que, al fin y al cabo, si se derrama no mancha? La regla, según ha quedado adaptada, es que no puede entrar comida ni bebida a la sala de la tele a excepción de: la comida para llevar de los sábados por la noche (servida en cuencos grandes, para evitar manchas) y el helado (también servido en cuencos). Se permite comer fruta en un plato (excepto las mandarinas, que pueden comerse en la palma de la mano) y tomar el té los fines de semana, siempre que antes se haya soltado el discurso que comienza con «Si lo derramáis...». Esta regla está sometida en todo momento a revisiones y constituye un ejemplo evidente de los peligros de una legislación precipitada, por no mencionar las increíbles aptitudes de negociación de los adolescentes cuando pueden sacar algún provecho. Siempre salen con cosas como: «Pero si va en una lata, y dijiste que podíamos entrar latas. ¿Y si me quedo junto a la chimenea», o «Esto no necesita plato porque tiene piel, ¿te acuerdas?».

El sexo y la desnudez

Lo peor del divorcio para los niños (aparte de culparse por ello, de sentirse rechazados, de tener que vivir en dos casas, ninguna de las cuales será nunca tan bonita como la casa anterior, de no ver más a los hijos de los mejores amigos de sus padres, de tener que dormir en literas y de tener que entretener a sus padres los fines de semana y demostrarles que están bien todo el tiempo) es que sus padres, hasta entonces criaturas indefinidas que existían solo como mamá y papá, se han convertido en adultos que tienen una vida sexual. Un día son los procuradores sin rostro de su felicidad, que a veces se agarran del brazo cuando pasean por el parque, cuya conversación gira en torno a repostar gasolina y a recoger a su hermana de la clase de ballet. Y al día siguiente descubren que se compran vaqueros Diesel y CD de Keane, y que no dejan de susurrar pegados al móvil, y a continuación traen a casa a alguien del sexo contrario y se comportan como adolescentes que se acurrucan en el sofá y todo lo demás. Jamás creyeron que verían a su padre tan atontado y ahora es todo lo que ven.

El papel de la Madrastra, en este escenario, es no empeorar aún más las cosas paseando por casa desnuda u olvidándose de cerrar la puerta del baño. (Hay otro hecho que separa a los padres del resto de la población adulta: los hijos pueden verlos en cueros y no sentir arcadas.) Mantener una conversación con tu hijastro mayor cuando solo llevas puesto un sujetador y unas medias opacas podría ser aceptable, pero solo si debajo llevas bragas o, en caso contrario, si las medias son muy tupidas, de un negro impenetrable. De otro modo, tendrás que preguntarte por qué no deja de mirar la luz que tienes encima de la cabeza durante vuestra conversación, y más tarde, cuando te mires en el espejo y te des cuenta de que da la impresión de que tienes una araña atrapada entre los muslos, te sentirás mal.

En esta situación, y en cualquier otra en que hayas avergonzado mortalmente a alguno de tus hijastros, tienes que ir enseguida a disculparte y a dar una explicación (por ejemplo: «Creía que eran medias Wolford, pero deben de ser unas de esas que compré de oferta en el supermercado. ¡Dios! ¡Lo que transparentan! ¡No volveré a ahorrar en medias opacas!»). Si no hablas con ellos, y de inmediato, imaginarán que están por llegar indiscreciones aún peores y no tardarán en recluirse en sus habitaciones. (Nota: Cuando se trata de su desnudez, tampoco ocupas una posición privilegiada. Si tienen que desnudarse delante de ti, debes comportarte como el caballero de una novela decimonónica, volverte de espaldas durante un momento y hablar de algo que os distraiga.)

Lo único menos digerible para tus hijastros que verte desnuda es la más mínima insinuación de que tienes vida sexual. Aparte de tomar las precauciones obvias, está terminantemente prohibido mantener conversaciones subidas de tono, y ten en cuenta que bailar agarrada a tu marido en la cocina les provocará arcadas.

No seas demasiado «divertida»

De igual modo que necesitas una madre y no una «mejor amiga» (por favor), quieres una Madrastra, no una hermana mayor medio chalada. No caigas en la tentación de mantener conversaciones enrolladas, como si fueras una de ellos («Qué buenos eran los Arcade Fire, ¿verdad?»), sobre todo no las que tengan relación con sus amigos. No cantes las canciones que escuchan. No muestres demasiado interés por los programas de televisión que siguen ellos. No pretendas saber más sobre sus amigos y sus vidas que ellos, por ejemplo: «Creí que Jenny iría a Bar Eight y después a Fabric, ¡no me puedo creer que fuera directamente a Fabric! Qué pava». No utilices palabras como «pava». No caigas en la tentación de contar la anécdota de aquella vez que perdiste el control y se incendió tu tienda de campaña. No intentes empezar guerras de comida. Y, como norma general, no es buena idea que tengas algo que tu hijastra también tiene. Aunque tú te lo compraras antes. Aunque de verdad creas que un par de modernos mocasines de piel es justo lo que necesitas en tu armario, ni siquiera te plantees comprártelos.

Esta generación de adolescentes no ha conocido la época en que una mujer adulta se mostraba horrorizada al verlas bajar por la escalera con una minúscula falda vaquera deshilachada (en lugar de quedarse embobadas y exclamar: «Me encanta. ¿Es de Jack Wills? ¿Las hacen un poquito más largas?»). Llevan bastante bien el hecho de que su mundo se haya visto invadido por gente mayor, y tu hijastra está acostumbrada a salir de compras contigo a Topshop y a que te compres los zapatos de tacón con la tira alrededor del tobillo. (No pasa nada, a ella no le van los tacones.) Sin embargo, eso no significa que no vayas con cuidado para no ocupar su territorio. No te la juegues.

Cíñete a la verdad

No mientas ni exageres. Ni siquiera sobre algo insignificante, como que una vez te golpeó un diminuto pedazo de meteorito; ni siquiera si lo que pretendes es hacerles creer que te interesan sus aficiones («Me encanta *South Park*»). Estos jóvenes están recabando información sobre ti para decidir si te mereces o no su respeto y tal vez su afecto, así que, haz el favor, no les des motivos para que duden de cosas que son verdad.

Algunos consejos para vivir con un adolescente

- No te molestes en intentar que entiendan que utilizan mal algunas palabras. En realidad, ni siquiera te escuchan.
- Habla con ellos de cosas importantes mientras dais un paseo, cocináis, en el coche, o por teléfono. Cualquier situación que les permita evitar el contacto visual será bienvenida. Incluso puedes hablar con ellos por teléfono cuando estéis bajo el mismo techo (qué más da). Les resultará diez veces más fácil.
- No les des malas noticias antes de lo necesario. Por ejemplo, si vais a quedaros en casa de una familia que no tiene televisor, no tienen por qué saberlo hasta que estéis llamando a la puerta.
- Si te parece buena idea, compra un perro. Los perros ayudan a niños y a adultos de distintas y sutiles maneras.
- De vez en cuando, cocina con ellos. Es lo más cerca que estarás de ellos sin abrazarlos.
- Siéntate a ver la televisión con ellos. Es tranquilizador comprobar que os partís de risa por las mismas cosas.
- Dales de comer a una hora más bien temprana. Está comprobado que reducirás el número de gritos en un sesenta por ciento.

- Deja que el fin de semana se queden en la cama todo el tiempo que quieran.
- Estalla de vez en cuando. No hay nada de malo en que sepan que puedes ser un monstruo aterrador.
- Cómprales un artículo de ropa de lo más guay.
- Recuerda que absorben toda tu ansiedad y que te la devuelven con creces.
- Evita las conversaciones de cortesía cuando estéis cansados.
- Mete la pata, quema la cena, rompe algo de porcelana, pierde las llaves. Cada tanto, conviene que sean ellos quienes adopten el papel de salvador calmado y tranquilo.

La importancia de él

Todos los hombres divorciados se sienten culpables en lo que respecta a sus hijos, como es normal. Saben que ir cambiando de una casa a otra y mantener un armario y una sección de juegos en dos lugares distintos no es divertido, y son conscientes de que ellos son, al menos en parte, los responsables. Este sentimiento de culpa, combinado con las lagunas que tienen en la experiencia práctica, hace que el divorciado medio se sienta poco preparado para realizar en solitario sus tareas como padre. Por lo general, oscilará entre consentir de manera exagerada a sus hijos y tomarse tiempo libre para compensarlos por la falta de atención. Se gastará una fortuna en comida tailandesa para llevar, en juegos de PS3, salidas al cine y paquetes de vacaciones con todo incluido, y, cuando no lo haga, se gastará el dinero en los bares y en salidas de compras a Gap y Habitat. Esto es inevitable. Solo te queda esperar que, cuando tú lo conozcas —corrijo, lo mínimo que puedes esperar— es que no se sienta tan culpable que no esté abierto a cambiarlo... todo.

Un padre superculpable resulta tan poco conveniente para la madrastra novata como un adolescente con una orden por comportamiento antisocial (y ambos suelen ir de la mano). Es probable que se haya convencido de que él y los niños son una unidad de combate cerrada, unida por la adversidad, y de que las convenciones normales de la vida familiar no son aplicables en su caso. «No puedes esperar que coman con cuchillo y tenedor después de lo que han pasado», es más o menos su actitud. (Una parte de él cree en eso, pero otra parte más importante de él está demasiado aburrida y demasiado ocupada saliendo con mujeres para imponer un montón de reglas insignificantes.) El resultado final es que los hijos del padre superculpable quedan, de manera oficial, exentos de tener un comportamiento civilizado. No puedes esperar que se diviertan si los llevas a ver *Billy Elliot*, y mucho menos que te lo agradezcan, porque han estado en el lado oscuro, y es responsabilidad de él (y tuya) respetar este hecho y aprender a aceptarlo.

Algunas novias/madrastras novatas se dejan engatusar adaptándose a esa situación e imaginan que no tienen derecho a interferir en un asunto tan delicado, pero no te dejes engañar. Hay una única regla en lo concerniente a tu relación con un divorciado con hijos, y es que tú eres la prioridad. Tiene que amarte lo suficiente para tragarse su orgullo, cambiar su visión de las cosas y dejarte llevar la casa. Si esto no ocurre, estás en un aprieto. Cuando oigas que una mujer tiene «dificultades» con los hijos de su pareja, eso suele significar que se relaciona con un padre superculpable: un hombre que no está preparado para apoyarla al cien por cien, por miedo a que sus hijos lo culpen aún más por la situación. Por supuesto, no hace falta que él lo anuncie; sus hijos se darán cuenta al instante, y después es probable que te endilgue alguna tarea del jardín, y deje que los niños se ocupen del resto.

Formar un hogar

Todos los hombres, a menos que sean coleccionistas de arte o arquitectos, saldrán de sus casas y abrazarán el estilo de interior del macho divorciado. Se comprarán, sin duda alguna, un par de sofás de piel; una mesita auxiliar de cristal; una chimenea de gas; una nevera Smeg; una tostadora Dualit; una cama de dos metros cuadrados con cabecera de cuero; montones de fotografías enmarcadas de partes del cuerpo en blanco y negro que se supone que deberías confundir con melocotones, cisnes o lirios, y otras fotografías que sí son de lirios; un baño adjunto a la habitación al estilo de los que podría haber en un hotel de Amman, solo que construido sobre una octava parte del espacio, y con una lechada de mala calidad entre los azulejos; un aseo en el piso de abajo decorado con tiras humorísticas enmarcadas y su historia (premarital) documentada en fotografías. Si no tiene un equipo de música Bang & Olufsen instalado en la pared, tendrá un televisor de plasma con sonido envolvente y altavoces del tamaño de balizas de carretera. Como es natural, todo esto tiene que desaparecer. La primera norma de los segundos matrimonios es que no pueden esperar que te acomodes a ese estilo de divorciado. Además, eso no es más que su cámara de descompresión: un redil temporal donde el divorciado se lame las heridas, exhibe su mal gusto y permanece a la espera. Nada de lo que hay allí le importa de verdad (ni siquiera los sofás de piel, que no me atrevo a confesar cuánto le costaron), lo cual es una buena noticia, porque ahora podrás elegirlo todo tú.

Es lo justo. Tú eres la que abandona su precioso apartamento y la que renuncia a un estilo de vida de desayunos en cafeterías. Además, en breve tendrás que poner en venta, en eBay, montañas de cajas de botas Jimmy Choo, un armario entero de vestidos y chaquetas Voyage, abrigos de piel de cordero mongol, chaquetas de cuero Agnès B, y trajes pantalón de pana APC. Porque a) esa parte de tu vida está oficialmente acabada y, a decir verdad, lleva acabada algún tiempo y b) en la casa donde viváis juntos, el espacio de almacenaje lo ocuparán palos de críquet, bolsas de golf, sacos de dormir, tiendas de campaña, equipos de bádminton, trajes de neopreno, tablas de surf, mantas de picnic, sacos de boxeo y cestas llenas de enchufes, mandos a distancia y varias piezas fundamentales de material eléctrico. Te lo debe. Su primera obligación consiste en asegurarse de que tu entorno se acerca lo máximo posible a tu ideal, y, si tu corazón suspira por el papel pintado de Neisha Crosland, el que lleva pan de oro, entonces que así sea. En los largos, los interminables días que están por llegar, cuando te encuentres de nuevo inclinada sobre una sartén pegajosa, o cuando intentes limpiar las manchas de bolígrafo del que algún día fue tu sofá blanco, será mucho mejor para todos que no hayas tenido que ceder en los muebles de la cocina.

Apoyo incondicional

En circunstancias normales, un padre normal diría a una madre normal: «Cariño, solo por curiosidad, cuando le has ordenado que apagara el ordenador, ¿sabías que estaba haciendo un importante trabajo que tiene que entregar mañana?». Y la madre normal respondería: «Oh, cariño. ¿En qué estaría pensando? Lo siento». Sin embargo, el marido de una Madrastra novata tiene que apoyar cualquier decisión de su mujer, por descabellada o poco práctica que resulte, y estar listo para sacarle las castañas del fuego cuando las cosas salen mal. (Transcurridos unos años, tendrás la suficiente experiencia para que él se cuestione la sensatez de algunas de tus palabras. Pero no por ahora.) Por ahora, las cosas van así:

Tú: Muy bien. Salid ahora mismo, que os dé un poco el aire.
Hijastro mayor: ¿Cómo dices?

Hijastro menor: Pero...

Tú: He dicho ahora. No quiero discutir.

Hijastro mayor: Me niego. ¿Has mirado por la ventana?

Hijastros (mayor y menor): [se dirigen juntos a buscar a su padre, que ha oído los gritos y entra en escena] ¡Quiere que salgamos fuera!

Marido: [expresión familiar de sorpresa seguida de inmediato gesto de resignación] Pues ya lo habéis oído. Fuera.

Hijastro menor: Pero, papá... Hay pronóstico de huracán. El país está siendo azotado por vientos de ciento treinta kilómetros por hora. Lleva diez horas lloviendo sin parar y la calle está cerrada.

Marido: No quiero oír una palabra más. [Abre la puerta de la calle y ve escombros flotando por el aire, árboles arrancados de raíz, coches volcados.]

Tú: Bueno... tal vez...

Marido: Como tú lo veas, mi amor.

Con apoyo incondicional es el único modo de cimentar la confianza de la Madrastra novata. Además, el marido de la Madrastra novata debería ir con mucho cuidado para no hacer comparaciones inocentes, del tipo: «Les encantaba cualquier cosa que Caroline preparara para cenar. ¿Quieres que le pida la receta?». Y no es que te importe demasiado. Es solo que tienes que sentir que únicamente una persona está juzgando tu rendimiento.

Tiempo libre

A partir de este momento, tus vacaciones, hasta ahora períodos de puro hedonismo, o curas de descanso, o experiencias de las que cambian la vida, estarán centradas en alguna clase de actividad deportiva, y es probable que se desarrollen en Cornualles. Resulta que, durante unas vacaciones familiares, no puedes pasarte el día tomando el sol. Se tienen que hacer actividades, planes, excursiones y otras cosas que te alejarán del libro que estás leyendo. Tal vez haya tratamientos de belleza, si encuentras algún lugar para ello en Polzeath. Puede que tengas ocasión de salir de compras, pero solo por el supermercado. Por esta razón, necesitas un marido que esté dispuesto a hacer miniescapadas contigo, en las que os dediquéis en exclusiva a beber cócteles y a comprar inútiles accesorios para el verano, como chanclas decoradas y bolsos de paja con forros interesantes.

Nota: Es contraproducente mostrar una actitud de mártir en tu nuevo papel. No creas que tienes que estar con ellos todo el tiempo para que vuestra relación termine de cuajar. No solo es sensato, sino también saludable que te desprendas de todas tus obligaciones familiares durante una semana al año (y mejor si te llevas contigo a tu recién estrenado esposo).

Momentos claves en la relación con tus hijastros

- El momento en que te tratan con el mismo desdén que a su padre, en lugar de hacer un ligero esfuerzo en tu presencia, para no ofender a su padre. Eso significa que has pasado de ser una visitante a una más de la familia.
- La primera vez que pierdes los nervios con ellos.
- El día en que tu hijastra te pide prestados unos zapatos. ¡Viva! ¡Has aprobado!
- Cuando empiezas a tener celos de la *au pair*. Tú has estado en India, maldita sea. Y has leído la obra de Buda.
- El día que te preguntan si pueden llevar amigos a casa.
- El momento en que te das cuenta de que sus amigos te ven como a una madre y te piden permiso para servirse un vaso de agua.

- La primera vez que te dan un beso de manera voluntaria.
- La primera vez que te piden que asistas a algún acontecimiento de la escuela en el que tu presencia no es necesaria.
- La primera noche que cenáis solos en casa, sin él. (Te las arreglas bien. Nadie dice: «Espera un momento, ¿qué estamos haciendo sentados a la mesa de la cocina comiendo contigo? ¿Que deje los platos dónde, has dicho?».)
- La primera vez que entras en casa y piensas: «Mmm, mi casa», en lugar de sentirte un poco como Clarice de visita a la celda de Hannibal Lecter.

Habrá lágrimas

Mira, no puedo decirte que no las habrá. Sin duda se verterán lágrimas. Y el motivo de esas lágrimas será, casi con total seguridad, la incapacidad de tu familia de ajustarse a tus ideales.

Una de las ventajas de estar soltera es que puedes dedicarte a juzgar los matrimonios de la gente, y los métodos que emplean para educar a sus hijos, así que, mucho antes de formar su propia familia, la Madrastra novata tiene una visión muy clara sobre cómo deberían hacerse las cosas. Llevas años observando desde fuera y has visto de todo: la actitud de «rutina, rutina, rutina»; la de «nada de rutina, nada de hora de ir a la cama, nada de reglas»; la de «salvajes pero educados»; la de «cien por cien asilvestrados». Sabes la clase de niños que no habrías tenido jamás, y la clase de niños que habrías tenido sin pensártelo dos veces (traviesos, encantadores, brillantes, atractivos) y ahora te encuentras con una familia ya formada que es algo con lo que tú no contabas: infeliz. En el sentido de que no se lo pasan bien. Ese es el único problema de comportamiento que no se trata en *Supernanny*, porque no hay silla de castigo, eliminación de privilegio o multa a pagar que pueda hacer frente a la amargura no disimulada. Y eso puede llevar a sentimientos de frustración, autocompasión y culpa.

Mis lágrimas (las de verdad) rodaron en un restaurante de montaña, durante unas vacaciones familiares de esquí (sin quitarme las gafas, para esconder los ojos hinchados). Estábamos en un lugar precioso, se suponía que debíamos pasarlo de lujo, pero los niños apenas hablaban, se mostraban resentidos, y de repente me desmoroné. Me encerré en el baño y lloré por el lío disfuncional en el que me había metido, y deseé con desesperación que fuéramos una de esas familias normales y felices en las que todos se querían. Pero entonces mi marido sugirió una posibilidad que no me había planteado: que los niños estuvieran tristes porque hacía frío, nevaba y necesitaban un chocolate a la taza. Tristes al estilo de cualquier niño, incluso aquellos que parecen sacados de una viñeta de los años cincuenta y cuya peor experiencia fue perder la escarapela azul durante una gincana. Tristes (aunque él no lo dijo) en un sentido que no justificaba que yo perdiera la fe en nuestro matrimonio. Fue por ese entonces cuando descubrí las siguientes verdades, a las que toda Madrastra debería aferrarse:

- Habrá tristeza. La habrá por mucho que te esfuerces en evitarla, y no siempre tendrá su explicación en la frase «se ha roto».

- Formar una nueva familia lleva un tiempo. Se tarda un año en sentir auténtica preocupación, dos en sentir que las cosas funcionan e incluso más tiempo para que forméis un vínculo realmente sólido (¿Quién sabe cuánto tiempo tardan ellos?).

- Tienes que relajarte. Si eres feliz, es mucho más probable que también ellos lo sean. Evita estar siempre tensa y deseando que sean felices para poder justificar todo el esfuerzo que has invertido en convertir estas vacaciones o esta vida en general en una experiencia feliz.

- Las vacaciones familiares son extrañas. También lo eran para ti. Siempre eres demasiado mayor para ellas, o demasiado joven, o por ir de vacaciones te pierdes algo muy interesante. Y tus padres esperan de ti demasiado entusiasmo, la mayor parte del tiempo.

- No importa mucho lo que piense la gente. Tómate un respiro. O escríbete un mensaje en la palma de la mano: «Estamos haciendo algunos cambios. Gracias por su paciencia».

- No puedes culparlo a él. Aunque lo haces, cuando te conviene. Eso es como culparlo por tener los ovarios viejos y una pensión más bien escasa. Las cosas son como son.

- Y por fin: no te tomes nada de manera demasiado personal. Crees que tiene que ver contigo, y lo más probable es que no sea así.

EPÍLOGO

Llevamos ya dos años. Mi repertorio de cocina se ha ampliado y ahora incluye tortitas. Mi hijastra se ha marchado a la universidad (he vivido la experiencia familiar completa, desde Madrastra novata al síndrome del nido vacío). Me resulta extraño que tan solo un par de veranos atrás estuviera soltera, mirando por la ventana de mi apartamento, esperando el coche que me llevaría a la fiesta que cambiaría mi vida para siempre. Pero no miro atrás para recrearme en aquella época de independencia y tiempo libre (que es lo que mis amigas que llevan muchos años casadas imaginan). No me arrepiento de no haber hablado con el hombre de mi vida en aquel primer almuerzo, tres años antes (porque entonces era demasiado pronto para él, y también para mí). No deseo que las cosas hubieran salido de otra manera porque ahora me doy cuenta de que algunas personas vamos a un ritmo más lento que otras, y esto no es algo que se deba precipitar. Además, cuanto más esperas, más feliz es el desenlace.

Si encuentras al hombre de tu vida cuando la espera se está haciendo angustiosa, cuando lo máximo a lo que aspirabas era a encontrar una solución de compromiso, entonces resultará mejor que cualquier final nevado en una película de Richard Curtis. A los divorciados resentidos se les llenan los ojos de lágrimas, los mujeriegos más desencantados sonríen de oreja a oreja, tus padres, que Dios los bendiga, descorchan el cava más caro. Todos tus conocidos se alegrarán muchísimo por ti, en particular, pero más allá de eso, tu historia confirmará algo que todos necesitamos creer: que nunca es demasiado tarde para encontrar lo que estamos buscando. El amor tardío es un pequeño milagro que hace aflorar lo mejor de cada uno y restaura la fe en la especie humana, en la vida y en nuestra capacidad de arriesgar nuestro corazón, incluso cuando ya lo hemos envuelto en paja y lo hemos guardado en lo alto de una estantería del garaje. Y, aunque no eligieras permanecer soltera durante todos esos años, te sentirás como la heroína de una historia apasionante llena de giros inesperados y con un largo y aburrido fragmento en su mitad. Porque, de algún modo, eso es justo lo que eres.

AGRADECIMIENTOS

Me gustaría dar las gracias a mis grandes amigas, y a mis agentes, Felicity y Sarah, a mi estupenda editora, Juliet Annan, y a mi mentora y más dura crítica, Nicola. Gracias a Tiffanie por su tolerancia e inspiración. También, y de manera especial, gracias a Caroline por darme asilo y por ser la mejor amiga que una pueda tener. En último lugar, pero no por eso menos importante, tengo que dar las gracias a mi marido, sin el cual este libro no habría sido posible, en distintos niveles, y a mis hijastros, Harriet, Tom y Guy, por soportar descuidos que van más allá de lo normal.

El papel utilizado para la impresión de este libro
ha sido fabricado a partir de madera
procedente de bosques y plantaciones
gestionados con los más altos estándares ambientales,
garantizando una explotación de los recursos
sostenible con el medio ambiente
y beneficiosa para las personas.
Por este motivo, Greenpeace acredita que
este libro cumple los requisitos ambientales y sociales
necesarios para ser considerado
un libro «amigo de los bosques».
El proyecto «Libros amigos de los bosques» promueve
la conservación y el uso sostenible de los bosques,
en especial de los Bosques Primarios,
los últimos bosques vírgenes del planeta.